Freud
choix de textes

COLLECTION MÉDECINE ET PSYCHOTHÉRAPIE

ADOLESCENCES ET DÉPRESSIONS, par D. MARCELLI.

AUTISME DU NOURRISSON ET DU JEUNE ENFANT, par D. SAUVAGE.

CHOIX DE TEXTES DE FREUD, textes choisis par M.-Th. LAVEYSSIÈRE.

DICTIONNAIRE TAXINOMIQUE DE PSYCHIATRIE, par J. GARRABÉ.

ÉCHELLES D'ÉVALUATION DES ÉTATS D'ANXIÉTÉ, DE DÉPRESSION, DE MANIE, DE SCHIZOPHRÉNIE, par P. BECH, M. KASTRUP et O.J. RAFAELSEN.

GYNÉCOLOGIE PSYCHOSOMATIQUE, par R. GÉRAUD.

INITIATION À LA PSYCHIATRIE, par L. ISRAËL.

L'ABORD PSYCHOSOMATIQUE EN GASTRO-ENTÉROLOGIE, par S. BONFILS, J.-C. HACHETTE et O. DANNE.

L'APPROCHE THÉRAPEUTIQUE DE LA FAMILLE, par G. SALEM.

L'AUTISME DE L'ENFANT, par G. LELORD et D. SAUVAGE.

L'ENNUI, OU LA DOULEUR DU TEMPS, par M. HUGUET.

L'EXPÉRIENCE HALLUCINOGÈNE, par J.-P. VALLA.

L'HYSTÉRIQUE, LE SEXE ET LE MÉDECIN, par L. ISRAËL.

LA NOURRITURE, LA SOCIÉTÉ ET LE MÉDECIN, par M. LAXENAIRE.

LA PSYCHOLOGIE D'ADLER, par H. SCHAFFER.

LE COUPLE MALADE, par G. MAUREY.

LE DÉPRIMÉ ET SON LITHIUM, par H. LÔO, J.-P. OLIÉE et Ch. GAY.

LE DÉVELOPPEMENT AFFECTIF ET INTELLECTUEL DE L'ENFANT, sous la direction de B. GOLSE.

LE PSYCHIATRE ET SON MALADE EN PRATIQUE QUOTIDIENNE, par G. BESANÇON.

LE RÊVE ET SES FONCTIONS, par J. PICAT.

LE STRESS PERMANENT, par P. LÔO et H. LÔO.

LES PERSPECTIVES DE LA PSYCHIATRIE, par P.R. Mc HUGH et Ph. R. SLAVNEY.

LES TENTATIVES DE SUICIDE DES ADOLESCENTS, par F. LADAME.

LES THÉRAPIES COMPORTEMENTALES ET COGNITIVES, par J. COTTRAUX.

MORT, NAISSANCE ET FILIATION, par J. GUYOTAT.

PENSER, PARLER, REPRÉSENTER : ÉMERGENCES CHEZ L'ENFANT, sous la direction de B. GOLSE et Cl. BURSZTEJN.

PSYCHANALYSE ET PSYCHOPHARMACOLOGIE, par P.A. LAMBERT.

PSYCHIATRIE D'URGENCE, sous la direction de M. DEBOUT.

PSYCHOPÉDAGOGIE DE L'ENFANT PSYCHOTIQUE, par J.-P. FAVRE, M. MIDENET, A. COUDROT et M. COUDROT.

PSYCHOSES ET ADOLESCENCE, sous la direction de F. LADAME, Ph. GUTTON et M. KALOGERAKIS.

PSYCHOSE ET AUTISME DE L'ENFANT, sous la direction de R. DE VILLARD.

« PSYCHOSOMATIQUE » ET MÉDECINE COMPORTEMENTALE, par J. COTRAUX.

PSYCHOTHÉRAPIES MÉDICALES, sous la direction de J. GUYOTAT.
- Tome 1. — Aspects théoriques, techniques et de formation.
- Tome 2. — Situations de pratique médicale.

SOIGNER, ÉDUQUER L'ENFANT AUTISTE, sous la direction de Ph.-J. PARQUET, Cl. BURSZTEJN et B. GOLSE.

STRATÉGIES ÉDUCATIVES DE L'AUTISME, par E. SCHOPLER, R.J. REICHLER et M. LANSING.

THÉRAPIE COGNITIVE DE LA DÉPRESSION, par I.M. BLACKBURN et J. COTTRAUX.

THÉRAPIES COGNITIVO-COMPORTEMENTALES EN PSYCHIATRIE INFANTO-JUVÉNILE, par L. VERA et J. LEVEAU.

THÉRAPIES COMPORTEMENTALES EN PSYCHIATRIE, par J. LEVEAU, E. GRIEZ et J.-B. MAZEL.

COLLECTION MÉDECINE ET PSYCHOTHÉRAPIE

Freud
choix de textes

rassemblés par

M. Th. LAVEYSSIÈRE

3e tirage

MASSON

Paris Milan Barcelone Bonn

1991

ISBN : 2-225-46684-X
ISSN : 0398-6756

Masson S.A. — 120 bd Saint-Germain, 75280 Paris Cedex 06
Masson S.p.A. — Via Statuto 2, 20212 Milano
Masson S.A. — Balmes 151, 08008 Barcelona
Dürr und Kessler — Maarweg, 30, 5342 Rheinbreitbach b. Bonn

table des matières

II. Le pathologique

avant-propos

Pour celui qui veut connaître la psychanalyse dans ses origines, et la pensée de Freud de façon aussi complète et nuancée que possible, il n'est d'autre méthode que de lire l'œuvre du maître dans l'ordre chronologique de son élaboration afin de découvrir la psychanalyse avec Freud, au rythme même de la recherche; afin d'entrer avec Freud dans le débat ou le dialogue, jamais clos, qu'il mène avec lui-même et dont témoigne, tout particulièrement, l'aventure de la métapsychologie.

Pour cela, il faut de la méthode, du temps et maintes fois reprendre la lecture et refaire le chemin.

Disant cela, il peut paraître paradoxal de proposer un recueil de textes de Freud et de présenter en quelque 250 pages le parcours rapide d'une œuvre monumentale dont l'élaboration s'étend sur plus de cinquante ans.

Ce paradoxe mérite explication : cet ouvrage s'adresse à des débutants; or, pour des débutants, ce qui rend particulièrement difficile l'approche de l'œuvre de Freud, c'est la durée de son élaboration, son rythme même, où les exigences de la conceptualisation, l'inlassable poursuite des principes et des fondements, tissent avec les découvertes cliniques, un tissu aux motifs complexes.

Pendant plus de cinquante ans Freud a travaillé, cherché, publié, reprenant sans cesse les mêmes problèmes et les mêmes thèmes pour les creuser à nouveau, les éclairer à la lumière d'une culture toujours plus vaste. Il faut, pour tenter de la comprendre, suivre l'œuvre pas à pas, et en situer les diverses expressions; il faut donc être très attentif aux dates. On peut trouver plus d'un fil d'Ariane pour la lecture de l'œuvre de Freud et ce serait une illusion de croire que suivre l'ordre chronologique nous mettra à l'abri d'une lecture subjective. Il n'y a pas de lecture objective, mais il y a des lectures qui dépouillent l'œuvre de sa vie, qui en rabotent les aspérités, en suppriment les contradictions, bref la réduisent à un système.

C'est pourquoi notre projet a été de proposer un programme de lecture qui, bien loin de suppléer à la rencontre des textes eux-mêmes, y soit une invitation. C'est la raison de ce choix de textes.

Par définition un choix n'est jamais totalement justifié, ni justifiable. D'autres choix sont possibles, comme sont possibles d'autres lectures de Freud.

Avant tout cet ouvrage devrait constituer un instrument de travail. Pour cela, la répartition générale répond à la volonté de faire apparaître l'unité de la psychanalyse :

1) du normal au pathologique,

2) de la recherche clinique à la théorie,

3) de l'individuel au social et au culturel.

A l'intérieur de cette répartition un classement par thèmes dégage les grandes voies de la recherche.

Enfin, la présentation de chaque thème s'efforce de faire paraître l'évolution de la pensée de Freud, ses remaniements importants (ex : 1911-1914, Introduction de la notion de narcissisme, et l'évolution de la conception de la thérapeutique analytique, du « nettoyage » à la « construction », etc.) en évitant toutefois de donner le sentiment qu'il y a deux « époques » de la pensée de Freud, des « coupures », des « avant et après 1920 » par exemple.

Dans une pensée vivante toute découverte est longtemps en gestation; ses racines, parfois infimes, plongent souvent loin en arrière, elle reste latente avant que ne convergent et ne se joignent les éléments qui feront éclater la nouveauté.

Il ne s'agit donc ici ni de résumer, ni de donner une vue d'ensemble de l'œuvre de Freud, mais plutôt de présenter une recherche avec ses difficultés, ses interrogations, ses conclusions et ses incertitudes.

En cela, le recueil ne prétend pas pallier les difficultés de la lecture de Freud mais y préparer. Comme le dit Freud, « si nous ne pouvons pas y voir clair, nous voulons du moins voir nettement les obscurités ».

Notre projet étant de fournir aux lecteurs un instrument de travail leur permettant d'aller plus avant dans la connaissance de Freud, nous avons complété ce recueil par la présentation sous forme de tableaux :

1° de la biographie de Freud,

2° d'une bibliographie détaillée, mais non exhaustive, limitée aux ouvrages et publications traduits en français.

— Les tableaux biographiques doivent permettre une lecture aisée des événements essentiels de la vie de Freud, parallèlement à l'élaboration de son œuvre et au développement de la psychanalyse. Nous avons voulu aussi y faire apparaître l'importance des rencontres, des amitiés et des ruptures, celle des voyages en Italie où Freud accomplissait régulièrement ce que nous sommes tenté d'appeler ses « pélerinages » à l'une des sources de sa culture.

— Les tableaux bibliographiques doivent permettre une lecture chronologique claire du développement des travaux de Freud. C'est pourquoi nous avons tenu à présenter les traductions et publications en français de ses écrits en référence à la première publication dans la langue originale et, parfois, en référence à la période d'élaboration de l'œuvre. Cela nous a paru d'autant plus nécessaire, que, actuellement, un certain nombre d'éditions françaises des travaux de Freud regroupent des textes écrits à des dates très différentes, et parfois déjà publiés une première fois en français dans diverses revues. Nous avons tenu également à indiquer la première traduction et publication en français et les différentes traductions quand il y a lieu. Par conséquent, pour situer chacun des textes cités dans le recueil, le lecteur devra se reporter aux tableaux bibliographiques.

Enfin, nous tenons à remercier MM. les Editeurs qui ont bien voulu nous autoriser à puiser aussi largement que possible dans leurs fonds pour l'élaboration de cet ouvrage.

bibliographie

Rédaction et publication originale	*Première traduction et publication en français*	*Edition citée*
1893-1895 : Studien über Hysterie.	*Etudes sur l'hystérie*. Trad. A. Berman, Paris, P.U.F., 1956.	*Etudes sur l'hystérie*, Paris, P.U.F., 1967.
1895 : Obsessions et Phobies — leur mécanisme psychique et leur étiologie.	Publié en français in *La Revue neurologique*, Paris, 1895.	*Névrose, psychose et perversion*, Paris, P.U.F., 1973.
1896 : L'hérédité et l'étiologie des névroses.	Publié en français in *La Revue neurologique*, Paris, 1898.	*Névrose, psychose et perversion*, Paris, P.U.F., 1973.
1896 : Weitere Bemerkungen über die Abwehr-Neuropsychosen.	Nouvelles remarques sur les psychonévroses de défense. Trad. J. Laplanche, in *Névrose, psychose et perversion*, Paris, P.U.F., 1973.	*Névrose, psychose et perversion*, Paris, P.U.F., 1973.
1899-1900 : Die Traumdeutung.	*La science des rêves*. Trad. Meyerson, Paris, Alcan, 1926.	*L'interprétation des rêves*, trad. revue par A. Berger, Paris, P.U.F., 1971.
1901 : Ueber den Traum.	*Le Rêve et son interprétation*. Trad. H. Legros, Paris Gallimard, 1925.	Collection Idées, Gallimard, 1969.
1901-1905 : Bruchstück einer Hysterie-Analyse.	Fragment d'une analyse d'hystérie (Dora). Trad. M. Bonaparte, R. Loewenstein, in *Revue française de Psychanalyse*, 1928.	*Cinq Psychanalyses*, Trad. revue par A. Berman, Paris, P.U.F., 1973.

Rédaction et publication originale	*Première traduction et publication en français*	*Edition citée*
1901 : Zur Psychopathologie des Alltagsleben.	*Psychopathologie de la vie quotidienne.* Trad. S. Jankelevitch, Paris, Payot, 1922.	Payot, Bibliothèque Scientifique, 1960.
1903-1904 : Die Freudische psychoanalytische Methode.	La Méthode psychanalytique de Freud. Trad. A. Berman in *La Technique psychanalytique,* Paris, P.U.F., 1953.	P.U.F., 1970.
1904-1905 : Ueber Psychothérapie.	De la Psychothérapie. Trad. A. Berman in *La Technique psychanalytique,* Paris, P.U.F., 1953.	*La Technique psychanalytique,* P.U.F.
1905 : Der Witz und seine Beziehung zum Unbewussten.	*Le Mot d'Esprit et ses rapports avec l'inconscient.* Trad. M. Bonaparte, Paris, Gallimard, 1930.	Collection Idées, Gallimard, 1971.
1905 : Drei Abhandlungen zur Sexualtheorie.	*Trois Essais sur la théorie de la sexualité.* Trad. B. Reverchon, Paris, Gallimard, 1923.	*Trois Essais sur la théorie de la sexualité.* Trad. revue par J. Laplanche et J. B. Portalis. Collection Idées, Gallimard, 1971.
1906 : Tatbestandsdiadiagnostik und Psychoanalyse.	La psychanalyse et l'établissement des faits en matière judiciaire par une méthode diagnostique Trad. M. Marboy et M. Bonaparte, in *Essais de Psychanalyse appliquée,* Paris, Gallimard, 1933.	Collection Idées, Gallimard, 1971.
1906-1907 : Der Wahn und Die Traüme in W. Jensens : « Gradiva ».	*Délire et Rêves dans la « Gradiva » de Jensens.* Trad. M. Bonaparte, Paris, Gallimard, 1931.	Collection Idées, Gallimard, 1971.
1907 : Zwangshandlungen und Religionsübungen.	Actes obsédants et exercices religieux. Trad. M. Bonaparte in : *L'avenir d'une illusion,* Paris, Denoël et Stekle, 1932.	Paris, P.U.F., 1971.

Rédaction et publication originale	*Première traduction et publication en français*	*Edition citée*
1907 : Zur Sexuellen Aufklärung der Kinder.	Les explications sexuelles données aux enfants. Trad. D. Berger et J. Laplanche in : *La vie sexuelle,* Paris, P.U.F., 1969.	*La vie sexuelle,* P.U.F., 1972.
1907-1908 : Der Dichter und das Phantasieren.	La création littéraire et le rêve éveillé. Trad. E. Marty et M. Bonaparte in : *Essais de Psychanalyse appliquée,* Paris, Gallimard, 1933.	*Essais de Psychanalyse appliquée,* Collection *Idées,* Gallimard, 1971.
1908 : Hysterische Phantasien und ihre Beziehung zur Bisexualität.	*Les fantasmes hystériques et leur relation à la bisexualité.* Trad. J. Laplanche et J. B. Portalis, 1973.	*Névrose, psychose et perversion,* Paris, P.U.F., 1973.
1908 : Die « kulturelle » Sexualmoral und die moderne Nervosität.	La morale sexuelle civilisée et la maladie nerveuse des temps modernes. Trad. D. Berger et J. Laplanche in : *La vie sexuelle,* Paris, P.U.F., 1969.	*La vie sexuelle,* Paris, P.U.F., 1972.
1908 : Charakter und Analerotik.	*Caractère et érotisme anal.* Trad. D. Berger, P. Brund et D. Guerinau, 1973.	*Névrose, psychose et perversion,* Paris, P.U.F., 1973.
1908 : Ueber infantile Sexualtheorien.	Les théories sexuelles infantiles. Trad. J. B. Pontalis in : *la vie sexuelle,* Paris, P.U.F., 1969.	*La vie sexuelle,* Paris, P.U.F., 1972.
1909 : Der Familienroman der Neurotiker.	*Le roman familial des névrosés.* Trad. J. Laplanche, Paris, P.U.F., 1973.	*Névrose, psychose et perversion,* Paris, P.U.F., 1973.
1909 : Analyse der Phobie eines fünfjährigen Knaben.	*Analyse d'une phobie d'un petit garçon de cinq ans (le petit Hans).* Trad. M. Bonaparte, in Revue française de Psychanalyse, 1928.	*Cinq psychanalyses,* Paris, P.U.F., 1973.
1909 : Allgemeines über den hysterischen Anfall.	Considérations générales sur l'attaque hystérique. Trad. D. Guérineau in : *Névrose, Psychose et perverison,* Paris, P.U.F., 1973.	*Névrose, psychose et perversion,* Paris, P.U.F., 1973.

Rédaction et publication originale	*Première traduction et publication en français*	*Edition citée*
1909 : Bermerkungen über einen Fall von Zwangsneurose.	Remarques sur un cas de névrose obsessionnelle (l'homme aux rats). Trad. M. Bonaparte et R. Loewenstein in : *Revue française de psychanalyse,* 1932.	*Cinq psychanalyses,* Réédition, P.U.F., 1973.
1909-1910 : Ueber Psychoanalyse.	Origine et développement de la psychanalyse. Trad. Y. Le Laf in : *Revue de Genève,* 1920-1921.	*Cinq leçons sur la psychanalyse,* Petite bibliothèque Payot, 1972.
1910 : Die Zukünftigen Chancen der pschychoanalytischen Therapie.	Perspectives d'avenir de la thérapeutique analytique. Trad. A. Berman, Paris, P.U.F., 1953.	*Réédition,* P.U.F., 1970.
1910 : Ueber einen besonderen Typus der Objektwahl beim Manne (Beiträge zur Psychologie des Liebeslebens).	D'un type particulier de choix objectal chez l'homme. (Contribution à la psychologie de la vie amoureuse.) Trad. M. Bonaparte et A. Berman in : *Revue française de psychanalyse,* 1936.	*La vie sexuelle,* Trad. D. Berger et J. Laplanche, Paris, P.U.F., 1972.
1910 : Ueber wilde » Psychoanalyse.	A propos de la psychanalyse dite « sauvage ». Trad. A. Berman in : *La technique psychanalytique,* Paris, P.U.F., 1953.	*La technique psychanalytique,* Paris, P.U.F., réédition 1970.
1910 : Eine Kindheitserinnerung des Leonardo da Vinci.	*Un souvenir d'enfance de Léonard de Vinci.* Trad. M. Bonaparte, Paris, Gallimard, 1927.	Paris, Gallimard, 1949.
1910 : Ueber den Gegensinn der Urworte.	Des sens opposés dans les mots primitifs. Trad. E. Marty et M. Bonaparte in : *Essais de psychanalyse appliquée,* Paris, Gallimard, 1953.	*Essais de psychanalyse appliquée,* Collection Idées, Gallimard, 1971.
1910 : Die psychogene Sehstörung in psychoanalytischer Auffassung.	Le trouble psychogène de la vision dans la conception psychanalytique. Trad. D. Guérineau.	*Névrose, psychose et perversion,* Paris, P.U.F., 1973.

Rédaction et publication originale	*Première traduction et publication en français*	*Edition citée*
1910 : Typisches Beispiel eines verkappten Odipustraumes.	Un exemple typique de rêve œdipien déguisé Trad. Meyerson in : *La Science des rêves.*	*L'interprétation des rêves,* Paris, P.U.F., 1971.
1911 : Psychoanalytische Bemerkungen über einen autobiographisch beschriebenen Fall von Paranoia.	Remarques psychanalytiques sur l'autobiographie d'un cas de paranoia (le président Schreber) Trad. M. Bonaparte et R. Levenstein in : *Revue française de psychanalyse,* 1932.	*Cinq psychanalyses,* Trad. revue par A. Berman, Paris, P.U.F., 1973.
1911 : Die Handhabung der Traumdeutung in der Psychoanalyse.	Le maniement de l'interprétation des rêves en psychanalyse. Trad. A. Berman in : *La technique psychanalytique,* Paris, P.U.F., 1953.	*La technique psychanalytique,* Paris, P.U.F., 1970.
1912 : Ueber neurotische Erkrankungstypen.	*Sur les types d'entrée dans la névrose.* Trad. J. Laplanche, 1973.	*Névrose, psychose et perversion,* Paris, P.U.F., 1973.
1912 : Zur Dynamik der Uebertragung.	La dynamique du transfert. Trad. A. Berman in : *Revue française de psychanalyse,* 1952.	*La technique psychanalytique,* Paris, P.U.F., 1970.
1912 : A Note on the Unconscious in Psycho-Analysis.	Quelques observations sur le concept d'Inconscient en psychanalyse. Trad. M. Bonaparte et A. Berman in : *Revue française de psychanalyse.*	*Métapsychologie.* Trad. J. Laplanche et J. B. Pontalis Paris, Collection Idées, Gallimard, 1972.
1912 : Ueber die allgemeinste Erniedrigung des Liebeslebens (Beiträge zur Psychologie des Liebeslebens II).	Considérations sur le plus commun des ravalements de la vie amoureuse. (Contributions à la psychologie de la vie amoureuse.) Trad. M. Bonaparte et A. Berman in : *Revue française de psychanalyse.*	*La vie sexuelle,* Trad. D. Berger et J. Laplanche, Paris, P.U.F., 1972.
1912 : Ratschläge für den Arzt bei der psychoanalytischen Behandlung.	Conseils aux médecins sur le traitement psychanalytique. Trad. A. Berman in : *La technique psychanalytique,* Paris, P.U.F., 1953.	*La technique psychanalytique,* Paris, P.U.F., réédition 1970.

Rédaction et publication originale	*Première traduction et publication en français*	*Edition citée*
1912-1913 : Totem und Tabu.	*Totem et Tabou.* Trad. S. Jankelevitch, Paris, Payot, 1923.	*Totem et Tabou.* Réédition : Petite Bibliothèque Payot, 1972.
1913 : Zwei Kinderlügen.	Deux mensonges d'enfants. Trad. P. Jury et F. Engel, in : *Revue française de psychanalyse,* 1934.	*Névrose, psychose et perversion,* Trad. J. Laplanche et D. Berger, Paris, P.U.F., 1973.
1913 : Zur Einleitung der Behandlung.	Le début du traitement. Trad. A. Berman in : *Technique psychanalytique,* P.U.F., 1953.	*La technique psychanalytique,* Paris, P.U.F., réédition 1970.
1913 : Die Disposition zur Zwangsneurose.	La prédisposition à la névrose obsessionnelle. Trad. E. Richon et H. Hoesli in : *Revue française de psychanalyse,* 1929.	*Névrose, psychose et perversion,* Trad. D. Berger, P. Bruno, D. Guérineau et F. Oppenot, Paris, P.U.F., 1973.
1913 : Das Motiv der Kästchenwahl.	Le thème des trois coffrets. Trad. E. Marty et M. Bonaparte in : *Revue française de psychanalyse,* 1927.	*Essais de psychanalyse appliquée,* Collection Idées, Paris, Gallimard 1971.
1913-1914 : Der Moses des Michelangelo.	Le Moïse de Michel-Ange. Trad. E. Marty et M. Bonaparte, in : *Revue française de psychanalyse.*	*Essais de psychanalyse appliquée,* Collection Idées, Paris, Gallimard, 1971.
1914 : Zur Geschichte der psychoanalytischen Bewegung.	Contribution à l'histoire du mouvement psychanalytique. Trad. S. Jankelevitch in : Essais de psychanalyse, Paris, Payot, 1937.	*Cinq leçons sur la psychanalyse,* Paris, Petite Bibliothèque Payot, 1973.
1914 : Ueber fausse reconnaissance (« déjà raconté »).	De la fausse reconnaissance (déjà raconté). Trad. A. Berman in : la technique psychanalytique, Paris, P.U.F., 1970.	*La technique psychanalytique,* Paris, P.U.F., 1970.
1914 : Zur Einführung der Narzissmus.	Pour introduire le Narcissisme. Trad. J. Laplanche et D. Berger in : *La vie sexuelle,* Paris, P.U.F., 1969.	*La vie sexuelle,* Paris, P.U.F., 1972.

Rédaction et publication originale	*Première traduction et publication en français*	*Edition citée*
1914 : Erinnern, Wiederholen und Durcharbeiten.	Remémoration, répétition et élaboration. Trad. A. Berman in : *La technique psychanalytique,* Paris, P.U.F., 1953.	*La technique psychanalytique,* Paris, P.U.F., 1970.
1914-1915 : Bemerkungen über die Uebertragungsliebe.	Observations sur l'amour de transfert. Trad. A. Berman in : *La technique psychanalytique,* Paris, P.U.F., 1953.	*La technique psychanalytique,* Paris, P.U.F., 1970.
1915 : Zeitgemässes über Krieg und Tod.	*Considérations actuelles sur la guerre et la mort.* Trad. S. Jankelevitch, Paris, Payot, 1951.	*Essais de psychanalyse.* Trad. Revue par J. Hesnard, Paris, Petite Bibliothèque Payot, 1972.
1915 : Triebe und Triebschicksale.	Pulsions et destin des pulsions. Trad. A. Berman et M. Bonaparte in : *Métapsychologie,* Paris, Gallimard, 1972.	*Métapsychologie.* Trad. J. Laplanche et J. B. Pontalis Paris, Collection Idées, Gallimard, 1972.
1915 : Die Verdrängung.	Le refoulement. Trad. A. Berman et M. Bonaparte in : *Métapsychologie,* Paris, Gallimard, 1952.	*Métapsychologie.* Trad. J. Laplanche et J. B. Pontalis Paris, Collection Idées, Gallimard, 1972.
1915 : Das Unbewusste.	L'Inconscient. Trad. A. Berman et M. Bonaparte in : *Métapsychologie,* Paris, Gallimard, 1952.	*Métapsychologie.* Trad. J. Laplanche et J. B. Pontalis Paris, Collection Idées, Gallimard, 1972.
1915 : Mitteilung eines der psychoanalytischen Theorie widersprechenden Falles von Paranoia.	Un cas de paranoïa qui contredisait la théorie psychanalytique de cette affection. Trad. P. Jury in : *Revue française de psychanalyse,* 1935.	*Névrose, psychose et perversion.* Communication d'un cas de paranoïa en contradiction avec la théorie psychanalytique. Trad. D. Guérineau, Paris, P.U.F., 1973.

Rédaction et publication originale	*Première traduction et publication en français*	*Edition citée*
1916 : Mythologische Parellele zu einer plastischen Zwangsvorstellung.	Parallèles mythologiques à une représentation obsessionnelle plastique. Trad. M. Bonaparte et E. Marty in : *Essais de psychanalyse appliquée,* Paris, Gallimard, 1933.	*Essais de psychanalyse appliquée,* Paris, Collection Idées, Gallimard, 1971.
1916 : Einige Charaktertypen aus der psychoanalytischen Arbeit.	Quelques types de caractères dégagés par la psychanalyse. Trad. M. Bonaparte et E. Marty : in *Essais de psychanalyse appliquée,* Paris, Gallimard, 1933.	*Essais de psychanalyse appliquée,* Paris, Collection Idées, Gallimard, 1971.
1917 : Eine Kindheitserinnerung aus Dichtung und Wahrheit.	Un souvenir d'enfance in : Fiction et Vérité de Gœthe. Trad. M. Bonaparte et E. Marty in : *Essais de psychanalyse appliquée,* Paris, Gallimard, 1933.	*Essais de psychanalyse appliquée,* Paris, Collection Idées, Gallimard, 1971.
1916-1917 : Ueber Triebumsetzungen insbesondere der Analerotik.	Sur les transformations des pulsions particulièrement dans l'érotisme anal. Trad. D. Berger in : *Revue française de psychanalyse,* 1928.	*La vie sexuelle,* Paris, P.U.F., 1972.
1915-1917 : Metapsychologische Ergänzung zur Traumlehre.	Complément métapsychologique à la doctrine des rêves. Trad. M. Bonaparte et A. Berman in : *Métapsychologie,* Paris, Gallimard, 1952.	*Métapsychologie,* Trad. J. Laplanche et J. B. Pontalis, Paris, Collection Idées, Gallimard, 1972.
1915-1917 : Trauer und Melancholie.	Deuil et Mélancolie. Trad. M. Bonaparte et A. Berman in : *Métapsychologie,* Paris, Gallimard, 1952.	*Métapsychologie,* Trad. J. Laplanche et J. B. Pontalis, Paris, Collection Idées, Gallimard, 1972.
1915-1916-1917 : Vorlesungen zur Einführung in die Psychoanalyse.	*Introduction à la psychanalyse.* Trad. S. Jankelevitch, Paris, Payot, 1921.	*Introduction à la psychanalyse,* Paris, Payot, Bibliothèque, Scientifique, 1961.

Rédaction et publication originale	*Première traduction et publication en français*	*Edition citée*
1916-1917 : Eine Schwierigkeit der Psycho-analyse.	Une difficulté de la Psychanalyse. Trad. M. Bonaparte et E. Marty in : *Essais de psychanalyse appliquée,* Paris, Gallimard, 1933.	*Essais de psychanalyse appliquée,* Paris, Collection Idées, Gallimard, 1971.
1917-1918 : Das Tabu der Virginität.	Le tabou et la virginité. (Contribution à la psychologie de la vie amoureuse III.) Trad. D. Berger in : *Revue française de psychanalyse,* 1933.	*La vie sexuelle,* Paris, P.U.F., 1972.
1914-1918 : Aus der Geschichte einer infantilen Neurose.	Extrait de l'histoire d'une névrose infantile. L'homme aux loups. Trad. M. Bonaparte et R. Loewenstein in: *Cinq psychanalyses,* Paris, P.U.F., 1954.	*Cinq psychanalyses.* Trad. revue par A. Berman, Paris, P.U.F,. 1973.
1918-1919 : Wege der psychoanalytischen Therapie.	Les voies nouvelles de la thérapeutique psychanalytique in : *La technique psychanalytique.* Trad. A. Berman, Paris, P.U.F., 1953.	*La technique psychanalytique,* Paris, P.U.F., 1970.
1919 : Ein Kind wird geschlagen.	On bat un enfant. Trad. Hoesti in : *Revue française de psychanalyse,* 1933.	*Névrose, psychose et perversion,* Trad. D. Guérineau, Paris, P.U.F., 1973.
1919 : Das Unheimliche.	L'inquiétante étrangeté in : *Essais de psychanalyse appliquée.* Trad. M. Bonaparte et E. Marty, Paris, Gallimard, 1933.	*Essais de psychanalyse appliquée,* Paris, Collection Idées, Gallimard, 1971.
1920 : Ueber die Psychogenese eines Falles von weiblicher Homosexualität.	Psychogenèse d'un cas d'homosexualité féminine. Trad. Hoesli in : *Revue française de psychanalyse,* 1933.	*Névrose, psychose et perversion,* Trad. D. Guérineau, Paris, P.U.F., 1973.
1920 : Jenseits des Lustprinzips.	Au-delà du principe de plaisir. Trad. S. Jankelevitch in : *Essais de psychanalyse,* 1937.	*Essais de psychanalyse.* Trad. revue par J. Hesnard, Paris, Petite Bibliothèque, Payot, 1972.

Rédaction et publication originale	*Première traduction et publication en français*	*Edition citée*
1921 : Massenpsychologie und Ich-Analyse.	Psychologie collective et analyse du Moi. Trad. S. Jankelevitch in : *Essais de psychanalyse,* 1937.	*Essais de psychanalyse.* Trad. revue par J. Hesnard, Paris, Petite Bibliothèque, Payot, 1972.
1921-1922 : Ueber einige neurotische Mechanismen bei Eifersucht, Paranoia und Homosexualität.	De quelques mécanismes névrotiques dans la jalousie, la paranoïa et l'homosexualité. Trad. J. Lacan in : *Revue française de psychanalyse,* 1932.	*Névrose, psychose et perversion.* Trad. D. Guérineau, Paris, P.U.F., 1973.
1923 : Das Ich und das Es.	Le Moi et le Ça. Trad. S. Jankelevitch in : *Essais de psychanalyse,* 1937.	*Essais de psychanalyse.* Trad. revue par J. Hesnard, Paris, Petite Bibliothèque, Payot, 1972.
1921-1923 : Eine Teufelsnevrose im siebzehnten Jahrhundert.	Une névrose démoniaque au XVIIe siècle. Trad. M. Bonaparte et E. Marty in : *Essais de psychanalyse appliquée,* Paris, Gallimard, 1933.	*Essais de psychanalyse appliquée,* Paris, Collection Idées, Gallimard, 1971.
1923 : Die intantile Genitalorganisation.	L'organisation génitale infantile. Trad. J. Laplanche in : *La vie sexuelle,* Paris, P.U.F., 1969.	*La vie sexuelle,* Paris, P.U.F., 1972.
1924 : Das ökonomische Problem des Masochismus.	Le problème économique du masochisme. Trad. Pichon et Hoesli in : *Revue française de psychanalyse,* 1928.	*Névrose, psychose et perversion,* Trad. J. Laplanche Paris, P.U.F., 1972.
1924 : Der Untergang des Odipuskomplexes.	Le déclin du complexe d'Œdipe. Trad. D. Berger in : *La vie sexuelle,* Paris, P.U.F., 1969.	*La vie sexuelle,* Paris, P.U.F., 1972.
1924 : Der Realitätsverlust bei Neurose und Psychose.	La perte de la réalité dans la névrose et la psychose. Trad. D. Guérineau 1973 in : *Névrose, psychose et perversion,* Paris, P.U.F., 1970.	*Névrose, psychose et perversion,* Paris, P.U.F., 1970.

Rédaction et publication originale	*Première traduction et publication en français*	*Edition citée*
1924-1925 : Selbstdarstellung.	*Ma vie et la psychanalyse.* Trad. M. Bonaparte, Paris, Gallimard, 1949.	*Ma vie et la psychanalyse,* Paris, Collection Idées, Gallimard, 1972.
1925 : Einige psychische Folgen des anatomischen Geschlechtsunterschieds.	Quelques conséquences psychologiques de la différence anatomique entre les sexes. Trad. D. Berger in : *La vie sexuelle.* Paris, P.U.F., 1969.	*La vie sexuelle,* Paris, P.U.F., 1972.
1925 : Die Verneinung.	La négation. *Revue française de psychanalyse,* 1934.	
1926 : Hemmung, Symptom und Angst.	*Inhibition, Symptôme et Angoisse,* Paris, P.U.F., 1951.	*Inhibition, Symptôme et Angoisse,* Paris, P.U.F., 1973.
1926 : Die Frage der Laien analyse.	Psychanalyse et Médecine in : *Ma vie et la Psychanalyse.* Trad. M. Bonaparte, 1933.	*Ma vie et la psychanalyse,* Paris, Collection Idées, Gallimard, 1972.
1927 : Nachtrag zur Arbeit über den Moses der Michelangelo.	Appendice au Moïse de Michel Ange. Trad. M. Bonaparte et E. Marty in : *Essais de psychanalyse appliquée,* Gallimard, 1973.	*Essais de psychanalyse appliquée,* Paris, Collection Idées, Gallimard, 1971.
1927 : Die Zukunft einer Illusion.	*L'avenir d'une illusion.* Trad. M. Bonaparte, Paris, P.U.F., 1932.	*L'avenir d'une illusion,* Paris, P.U.F., 1971.
1927 : Der Humor.	L'humour in : *Le mot d'esprit et ses rapports avec l'inconscient.* Trad. M. Bonaparte, Gallimard, 1930.	*Le mot d'esprit et ses rapports avec l'inconscient,* Paris, Collection Idées, Gallimard, 1971.
1927 : Fetischismus.	Le fétichisme. Trad. D. Berger in : *La vie sexuelle,* Paris, P.U.F., 1969.	*La vie sexuelle,* Paris, P.U.F., 1972.
1928 : Ein religiöses Erlebnis.	Un événement de la vie religieuse. Trad. M. Bonaparte in : *L'avenir d'une illusion.* P.U.F., 1932.	*L'avenir d'une illusion,* Paris, P.U.F., 1971.

Rédaction et publication originale	*Première traduction et publication en français*	*Edition citée*
1929-1930 : Das Unbehagen in der Kultur.	Malaise dans la civilisation. Trad. C. Odier, Paris, P.U.F., 1934.	*Malaise dans la Civilisation,* Paris, P.U.F., 1973.
1931 : Ueber libidinöse Typen.	Des types libidinaux. Trad. D. Berger in : *La vie sexuelle,* Paris, P.U.F., 1969.	*La vie sexuelle,* Paris, P.U.F., 1972.
1931 : Ueber die weibliche Sexualität.	Sur la sexualité féminine. Trad. D. Berger in : *La vie sexuelle,* Paris, P.U.F., 1969.	*La vie sexuelle,* Paris, P.U.F., 1972.
1933 : Neue Folge der Vorlesungen zur Einführung in die Psychoanalyse.	Nouvelles conférences sur la Psychanalyse. Trad. A. Berman, Gallimard, 1936.	*Nouvelles Conférences sur la Psychanalyse,* Paris, Collection Idées, Gallimard, 1971.
1937 : Die endliche und die unendliche Analyse.	Analyse terminée et analyse interminable, trad. A. Berman, *Revue Française de Psychanalyse,* 1939.	
1937 : Moses ein Agypter : Der Mann (Moses und die Monotheistische Religion).	Un Egyptien : Moïse (première partie de *Moïse et le Monothéisme*). Trad. A. Berman, Paris, Gallimard, 1948.	*Moïse et le Monothéisme,* Paris, Collection Idées, Gallimard, 1972.
1937 : Wenn Moses ein Agypter war. (Der Mann Moses und die Monotheistische Religion.)	Si Moïse fut Egyptien (2ᵉ partie de *Moïse et le Monothéisme*). Trad. A. Berman, Paris, Gallimard, 1948.	*Moïse et le Monothéisme,* Paris, Collection Idées, Gallimard, 1972.
1939 : Der Mann Moses und die Monotheistische Religion.	*Moïse et le Monothéisme.* Trad. A. Berman, Paris, Gallimard, 1948.	*Moïse et le Monothéisme,* Paris, Collection Idées, Gallimard, 1972.
1940 : Abriss der Psychoanalyse.	*Abrégé de Psychanalyse.* Paris, P.U.F., 1949.	*Abrégé de Psychanalyse,* Paris, P.U.F., 1973.

COMPLEMENT A LA BIBLIOGRAPHIE

FREUD S. — Le Président T. W. Wilson (rédigé en collaboration avec W. C. Bullit, ambassadeur des Etats-Unis, de 1930 à 1938). Traduction M. Tadié, Albin Michel, 1967.

CORRESPONDANCE

La Naissance de la Psychanalyse. Lettres à Fliess. Notes et Plans. Traduction A. Berman. Paris, P.U.F., 1969.

Correspondance avec K. Abraham, 1907-1926. Traduction F. Cambon et J. P. Grossein. Paris, Gallimard, 1969.

Correspondance. 1875-1939, lettres choisies et présentées par Ernst Freud. Traduction A. Berman et J. P. Grossein, Paris, Gallimard, 1967.

Correspondance avec le Pasteur Pfister, 1909-1939. Traduction L. Jumel, Paris, Gallimard, 1967.

Correspondance avec A. Zweig, 1927-1939. Traduction L. Weibel et J. C. Gehrig, Paris, Gallimard, 1973.

FREUD S. — L'Homme aux rats. Journal d'une analyse, texte établi, traduit et commenté par Elza Ribeiro Hawelka et P. Hawelka, Paris, P.U.F., 1974.

Pour une bibliographie complète en allemand, en anglais, en français des écrits de Freud consulter :

DUFRESNE R. — *Bibliographie des Ecrits de Freud.* Payot, Paris, 1973 (collection Science de l'homme).

Il n'existe pas en français d'édition critique complète regroupant l'ensemble des écrits de Freud.

Il existe en allemand une édition publiée à Londres, les : *Gesammelte Werke* Londres, Imago Publishing, 1940-1952.

La seule édition critique des œuvres complète de Freud existant actuellement est la : *Standard edition of the complete psychological works of Sigmund Freud,* Ed. J. Strachey, Londres, the Hogarth Press, 1953-1970.

Pour l'étude de la vie et de l'œuvre de Freud consulter :

JONES E. — *La vie et l'œuvre de Sigmund Freud.* Traduction A. Berman (trois tomes). Paris, P.U.F., 1958 (réédition 1970).

ROBERT M. — *La Révolution psychanalytique.* La vie et l'œuvre de S. Freud, Paris, Payot (Petite bibliothèque), 1972.

biographie

Vie familiale	*Rencontres Amitiés Ruptures*	*Voyages*	*Etudes. Travaux. Publications*	*Développement de la Psychanalyse*
Naissance de S. Freud le 6 mai 1856 à Freiberg en Moravie, de Jakob Freud 41 ans et Amalia Nathanson, 21 ans.				
Du premier mariage de J. Freud, il y a déjà Emmanuel Freud 24 ans, Philippe 20 ans et John fils de Philippe 1 ans.				
Avril 1857; naissance de Julius Freud.				
Décembre 1858 : naissance de Anna Freud.				
1859 : Crise et ruine Jakob, Emmanuel et Philippe partent pour la Saxe.				

Automne 1859 : départ de Amalia, Sigmund et Anna pour Leipzig.				
1860 : réunion et installation de la famille à Vienne.				
1865 : entrée de S. Freud au lycée (Gymnasium) il n'a que 9 ans.				
			1870 : lecture des œuvres de Ludwig Börne.	
		1872 : retour à Freiberg pour les vacances		
1873 : réussite à l'examen de fin d'études secondaires.			1873 : lecture de *L'Essai sur la nature* de Gœthe.	
1873 : entrée à l'université et découverte de l'antisémitisme.			1873 : assistance aux cours de Brentano.	
		1875 : séjour en Angleterre où il voit Philippe et sa fille.		
			1876 : entrée au laboratoire de Brücke.	

Vie familiale	*Rencontres Amitiés Ruptures*	*Voyages*	*Etudes. Travaux. Publications*	*Développement de la Psychanalyse*
			1877 : publication de ses premiers travaux (sur le système nerveux de la larve de lamproie).	
	1878 : recontre de Breuer.		1878 : travaux auprès de Breuer.	
			1879 : études de neuropsychiatrie auprès de Meynert.	
			1885 : nomination de Privadocent, bourse d'études à Paris, travaux auprès de Charcot à la Salpêtrière.	
	1885-1886 : rencontre de Charcot.	Octobre 1885 - février 1886 : séjour à Paris auprès de Charcot.		
		1886 : séjour à Berlin.	Etudes de neuropathologie infantile.	
Avril 1886 : il ouvre un cabinet à Vienne.				
			1886 : publication de la traduction des Leçons de Charcot sur les maladies du système nerveux	

Septembre 1886 : il épouse Martha BERNAYS.				
Octobre 1887 : naissance de son premier enfant Mathilde.			1887 : son arsenal comprend l'électrothérapie et l'hypnose.	
	Novembre 1887 : rencontre de Fliess.			
	Décembre 1887 : première lettre à Fliess.			
1889 : naissance de Jean-Martin.	1889 : se rend auprès de Bernheim à Nancy.		1889 : travaux auprès de Bernheim.	
			1890 : emploi de la méthode cathartique.	
1891 : naissance de Olivier.				
1893 : naissance de Sophie.			1893 : publication en collaboration avec Breuer de la *Communication préliminaire*.	
	1894 : rupture avec Breuer.		1894 : études sur les psychonévroses de défense.	
1895 : naissance de Anna.			1895 : *Esquisse d'une Psychologie*. 1895 : étude sur la neurasthénie, les obsessions et les phobies.	

Vie familiale	*Rencontres Amitiés Ruptures*	*Voyages*	*Etudes. Travaux. Publications*	*Développement de la Psychanalyse*
		Septembre 1896 : voyage en Italie (vacances à Florence).		
Octobre 1896 : « L'événement le plus important dans la vie d'un homme » la mort de son père J. Freud.			1896 : études sur l'hérédité et l'étiologie des névroses.	1896 : emploi pour la première fois du mot Psychoanalyse.
		Septembre 1897 : Italie Pérouse.	1897 : début de son auto-analyse.	
			1898-1899 : élaboration et publication de *L'Interprétation des rêves. Die Traumdeutung.*	
			1900 : analyse de « Dora ».	
		Septembre 1901 : Italie voyage à Rome.	1901 : *Le rêve et son interprétation.*	
	1902 : rencontre de Adler.	1902 : Italie; Naples, Sorrente, Capri.		1902 : Steckel commence à pratiquer la psychanalyse. 1902 : fondation de la « Société Psychologique du Mercredi ».
			1903 : *Psychopathologie de la vie quotidienne.*	

	1904 : début de la correspondance avec Bleuler.	1904 : Grèce; Athènes.		
		1905 : Italie; les lacs.	1905 : *Trois Essais sur la théorie de la Sexualité. Le Mot d'esprit dans ses rapports avec l'Inconscient.* Publication de l'analyse de Dora.	1905 : nouveaux disciples psychanalystes Jones et Stärcke.
	1906 : commencement de la correspondance avec Jung. 1906 : rencontre de Rank.			
	1907 : reçoit Jung et Binswanger en mars, Abraham en décembre.	Septembre 1907 : en Italie, Florence et Rome.	1907 : publication de la « Gradiva » et *Délires et rêves dans la Gravida de Jensen.* 1907 *Actes Obsédants et exercices religieux.*	1907 : fondation de la société Freud à Zurich par Jung.
	1908 : reçoit Ferenczi en février, Jones en avril.	Septembre 1908 : en Angleterre.	1908 : *La création littéraire et le rêve éveillé.*	1908 : fondation par Abraham de la société de Berlin. 1908 : premier congrès de Psychanalyse à Salzburg.
1909 : mariage de Mathilde.	Reçoit le pasteur Pfister en avril.	1909 : en Amérique avec Jung et Ferenczi. Conférence à la Clark University (les cinq Leçons).	1909 : *Le Petit Hans - Analyse d'une phobie d'un petit garçon de cinq ans. L'homme aux rats* (remarque sur un cas de névrose obsessionnelle).	1909 : création du Jahrbuch de Psychoanalyse.

Vie familiale	*Rencontres Amitiés Ruptures*	*Voyages*	*Etudes. Travaux. Publications*	*Développement de la Psychanalyse*
		1910 : à Paris et en Italie; Florence, Rome Naples. Sicile (avec Ferenczi).	1910 : publication des *Cinq leçons sur la Psychanalyse.* 1910 : publication de *Un souvenir d'enfance* de Léonard de Vinci. De 1910 à 1911 : *Trois Essais sur la Psychologie amoureuse.*	1910 : congrès de Nuremberg. Fondation de la Société Internationale de Psychoanalyse présidée par Jung.
	1911 : rupture avec Adler.		1911 : *Etude d'un cas de paranoïa. Le Président Schreber.*	1911 : fondation de la société de New York et de l'association psychanalytique américaine Jones. 1911 : Congrès de Weimar.
	1912 : rupture avec Steckel.	Septembre 1912 : en Italie Rome (avec Ferenczi).	De 1910 à 1912 : divers articles sur la technique psychanalytique.	1912 : fondation d'Imago. 1912 : Jones fonde le « Comité ».
1913 : Mariage de Sophie.	1913 : rupture avec Jung.	Mars 1913 : en Italie Venise (avec Anna). Septembre 1913 : à Rome.	1910-1914 : Analyse de *l'Homme aux loups.* 1913 : *Totem et Tabou.*	Janvier 1913 : fondation de la Zeitsfrit für Psychoanalyse. Mars 1913 : de la société de Budapest (Ferenczi). Septembre 1913 : Congrès de Munich. Octobre 1913 : fondation de la Société de Londres (Jones).

guerre. Mobilisation de ses fils.			*Histoire du Mouvement psychanalytique.* 1915 : de mars à juin *Essais sur la Métapsychologie.*	
			En 1916-1917 : premières conférences à l'Université de Vienne (Introduction à la Psychanalyse).	
1918 : retour de ses fils, tous vivants, de la guerre.				1918 : congrès de Budapest.
			1919 : commence *Au-delà du Principe de Plaisir. Esquisse de Psychologie collective.*	1919 : fondation du Internationaler Psychoanalytischer Verlag.
Janvier 1920 : mort de Sophie.	1920 : rencontre de Breton à Vienne.		1920 (mai) : achève *Au-delà du Principe de Plaisir.* 1920 (décembre) : achève *Psychologie collective.*	1920 : fondation de la polyclinique de Berlin et de « L'International Journal of Psychoanalysis ». Septembre 1920 : congrès de La Haye.
			1921 : publication de *Psychologie collective et analyse du Moi.*	
	1922 : rencontre de Schnitzler.		1922: *De quelques mécanismes...*	1922 : fondation de la clinique de Vienne. Septembre 1922 : congrès de Berlin.

Vie familiale	*Rencontres Amitiés Ruptures*	*Voyages*	*Etudes. Travaux. Publications*	*Développement de la Psychanalyse*
1923 avril: Diagnostic: cancer de la mâchoire première opération. Juin 1923 : mort de son petit fils « le plus aimé » Heinz.			1923 : *Le Moi et le Ça.*	
	1924 : rupture avec Rank.		1924 : *Le Problème économique du masochisme. Le déclin du Concept d'Œdipe.*	
	1925 (juin) : mort de Breuer. 1925 (décembre) : mort d'Abraham.		1925 : *Ma vie et la Psychanalyse La négation.* 1925 : *Inhibition, Syptôme et Angoisse.*	
	1926 : rencontre d'Einstein à Berlin.		1926 : *Psychologie et Médecine.*	1926 : Fondation de la Société Psychanalytique de Paris. 1926 : fondation de la clinique de Londres.
			1927 : *L'avenir d'une illusion.*	
	1929 : rupture avec Ferenczi.		1929 : *Malaise dans la Civilisation.*	
1930 : mort de sa mère à 95 ans.			1930 : reçoit le Prix Gœthe. 1930 : en collaboration avec Bullit, rédaction de « Thomas Woodrow Wilson » (Publication	

1931 : aggravation du cancer.			1932 : *Nouvelles Conférences sur la Psychanalyse.* 1932 : en collaboration avec Einstein : *Pourquoi la guerre ?*	
	1933 : Mort de Ferenczi.			Mai 1933 : Berlin. Destruction par les nazis de tous les livres de Freud.
			1934 : Rédaction de *Moïse et le Monothéisme.*	
Mai 1936 : 80 ans, noces d'or.	1936 : hommage de Thomas Mann.			
			1937 : *Analyse Terminée, analyse interminable.*	
Mars 1938 : L'Anschluss. Juin 1938 : exil. Départ de Freud pour Londres. Septembre 1938 : Opération (cancer).		1938 : Angleterre, l'exil.	1938 : *L'Abrégé de Psychanalyse* publié en 1950. 1938 (août) : publication de *Moïse et le Monothéisme.*	
Septembre 1939 : Mort de S. Freud.			1939 : Parution de la fin de *Moïse et le Monothéisme.*	
1950 : mort de Martha Freud sa femme.				

I

le normal et le pathologique

le rêve

« Flectere si nequeo Superos
Acheronta movebo. »

Très tôt Freud s'est intéressé au rêve. Dès sa jeunesse il note ses rêves et, fréquemment, en fait état dans sa correspondance. Dès 1894, il rapproche névrose et rêve en soulignant dans les deux domaines la même « compulsion à l'association », c'est-à-dire la compulsion à « relier ensemble des choses présentes à un moment donné, dans un certain état de la conscience » (1).

C'est par la modification de la thérapeutique des névroses (abandon de l'hypnose et de la suggestion) et en laissant ses malades développer librement leurs associations d'idées que Freud comprit l'importance du rêve comme phénomène psychique, « les malades que j'obligeais à me communiquer tout ce qui leur passait par la tête sur un sujet déterminé me racontaient leurs rêves. Ils m'ont appris ainsi que l'on pouvait insérer le rêve dans la suite des états psychiques que l'on retrouve dans nos souvenirs en partant de l'idée pathologique. De là à traiter le rêve comme les autres symptômes et à lui appliquer la méthode élaborée pour ceux-là il n'y avait qu'un pas » (2).

Dès 1897, il souligne l'analogie de structure des rêves et des névroses; les deux voies de recherche sont désormais inséparables.

Toutefois, ce n'est pas par les rêves de malade qu'il entreprend l'étude systématique du rêve car « ils n'autorisent pas d'emblée de conclusions concernant les rêves de normaux » (3), mais par ses propres rêves.

En juillet 1895, déjà, il avait fait l'analyse « complète » d'un de ses rêves : le rêve de l'injection faite à Irma (4); en juillet 1897, il entreprend sa propre auto-analyse et conçoit le projet d'écrire Die Traumdeutung « L'Interprétation des rêves » *où après un exposé documenté de la « Littérature sur le rêve » il développe sa propre théorie de l'interprétation des rêves et la conception du psychisme qui en résulte.*

---

(1) *Etudes sur l'hystérie*, p. 53.
(2) *L'Interprétation des rêves*, p. 54.
(3) *Ibid.*, p. 7.
(4) *Ibid.*, p. 99.

Le titre de l'ouvrage indique, dit Freud, « quelle est la tradition d'idées sur le rêve dont j'aimerais me réclamer. Je me suis proposé de montrer que les rêves sont susceptibles d'être interprétés... » (1).

L'examen de la littérature sur le rêve montre que, en dépit de quelques études de détail intéressantes, il n'y a pas de connaissance scientifique du problème. C'est que, pour une investigation scientifique, il faut poser un certain nombre de questions liées les unes aux autres telles que : les relations du rêve et de la veille, la mémoire dans le rêve, les stimuli et les sources du rêve, l'oubli des rêves, les particularités psychiques du rêve, enfin il faut se demander quel est le sens du rêve, car ici est la question clef, la question qui est au principe de la méthode d'investigation, celle qui commande les autres questions, celle dont la réponse sera le noyau autour duquel s'organiseront toutes les autres réponses.

Le rêve est devenu objet de recherche psychanalytique parce que les malades allégaient leurs rêves, dès lors Freud a supposé que ceux-ci avaient un sens et les a interrogés par la méthode des associations libres.

Cette méthode, qui est toute différente des méthodes populaires d'interprétation symbolique, peut être appelée méthode de déchiffrage. Elle consiste en une analyse en détail à partir des différents fragments du rêve afin de faire apparaître pour chacun d'eux des séries d'idées et d'images que l'on peut considérer comme les arrière-pensées du rêve. Pour cela, il faut réprimer toute critique (et plus encore dans l'auto-observation de ses propres rêves) afin de reconstituer en quelque sorte un état psychique proche de l'état intermédiaire entre la veille et le sommeil.

LE RÊVE ET LE DÉSIR

Fréquemment, les rêves d'enfants expriment clairement les désirs contrariés ou inassouvis de la veille (cf. L'Interprétation des rêves, *p. 118-119-120).*

Le désir est parfois aussi clairement exprimé dans les rêves d'adultes, en particulier dans ce que Freud appelle les « rêves de commodité » (2).

[1] « Quand j'étais jeune, j'avais souvent des rêves de cette sorte. J'ai toujours eu l'habitude de travailler tard dans la nuit et j'avais beaucoup de mal à me lever le matin. Je rêvais souvent que j'étais levé et devant ma table de toilette. Au bout d'un certain temps, j'étais bien obligé de constater que je n'étais pas encore levé, mais j'y avais gagné un moment de sommeil. Un de mes jeunes confrères, qui comme moi aime dormir, a fait ce rêve de paresse sous une forme particulièrement amusante. Il habitait assez près de l'hôpital où il allait tous les matins, et sa logeuse avait ordre de le réveiller de bonne heure, mais elle avait toutes les peines du monde à y parvenir.

---

(1) *L'Interprétation des rêves*, p. 90.
(2) *Ibid.*, pp. 96-97.

Un matin, il dormait d'un sommeil particulièrement profond. Elle cria : "Monsieur Pepi, levez-vous, faut que vous allier à l'hôpital. ! " Le dormeur rêva qu'il était à l'hôpital, dans une chambre, couché dans un lit, avec au-dessus de sa tête une pancarte sur laquelle on pouvait lire : Pepi H., étudiant en médecine, 22 ans, et il se disait en rêve : " Puisque je suis déjà à l'hôpital, je n'ai plus besoin d'y aller. " Il avait ainsi reconnu franchement le motif de son rêve. » (1).

[2] « L'œuvre accomplie par l'élaboration du rêve peut être retracée de la manière suivante : une trame, le plus souvent fort compliquée, de pensées, assemblées durant le jour et non parvenues à réalisation — un " reste diurne " — garde, même pendant la nuit, la somme d'énergie requise — l'intérêt — et menace de troubler le sommeil. Ce reste diurne est transformé, par l'élaboration du rêve, en un rêve, et devient ainsi inoffensif pour le sommeil. Afin de donner prise à l'élaboration du rêve, ce reste diurne doit être apte à susciter des désirs, condition assez facile à remplir. Le désir qui émerge de la pensée onirique constitue le premier échelon, puis le noyau du rêve. L'expérience qui découle de l'analyse des rêves, et non pas la pure théorie, nous apprend que chez l'enfant un désir quelconque, résidu de l'état de veille, suffit à provoquer un rêve, alors cohérent et sensé, mais le plus souvent de courte durée, et dans lequel on peut aisément reconnaître la " réalisation d'un désir ". Il semble que, chez l'adulte, le désir provocateur du rêve doive, dans tous les cas, satisfaire à la condition d'être étranger à la pensée consciente, d'être par suite un désir refoulé, ou du moins susceptible de recevoir des renforcements à l'insu de la conscience. » (2).

Objections

S'il est vrai que le rêve exprime souvent l'accomplissement d'un désir, est-il possible de généraliser cette affirmation ?

Bien des cas semblent s'y opposer : rêves à contenu indifférent, rêves à contenu pénible, rêves d'angoisse, rêves de cauchemar. Freud rappelle, pour répondre à ces objections, que sa théorie « s'appuie sur un examen, non du contenu manifeste du rêve, mais du contenu de la pensée que le travail d'interprétation découvre derrière le rêve » (3).

[3] Le rêve n'est pas un chaos de sons discordants issus d'un instrument frappé au hasard, il n'est pas dépourvu de sens, il n'est pas absurde; pour l'expliquer, il n'est pas nécessaire de supposer le sommeil d'une partie de nos représentations et l'éveil d'une autre. C'est un phénomène psychique dans toute l'acceptation du terme, c'est l'accomplissement d'un désir. Il doit être intercalé dans la suite des actes mentaux intelligibles de la veille : l'activité intellectuelle qui le construit est

(1) *L'Interprétation des rêves*, p. 115-116.
(2) *Le mot d'esprit dans ses rapports avec l'inconscient*, p. 246.
(3) *L'Interprétation des rêves*, p. 124.

une activité élevée et compliquée. Mais cette notion suscite toute une série de questions. Si le rêve, après analyse, se révèle comme un désir accompli, d'où vient l'aspect étrange et surprenant de cet accomplissement ? Quelle modification ont subie nos pensées pour aboutir au rêve tel que nous nous le rappelons au réveil ? A quelles règles a obéi cette transformation ? D'où vient le contenu représentatif qui a été élaboré en rêve ? D'où viennent certains caractères qui nous frappent quand nous analysons un rêve, tels que la contradiction ? .... Le rêve peut-il nous apprendre du nouveau sur notre vie psychique, peut-il corriger les notions et les croyances de la veille ? » (1).

LE RÊVE MANIFESTE LES PENSÉES LATENTES ET LES ASSOCIATIONS

[4] « Le rêve proprement dit, nous l'appellerons texte du rêve, rêve manifeste, et, ce que nous cherchons derrière lui, pour ainsi dire, les pensées latentes du rêve. Voici dès lors en quoi consistera notre tâche : il nous faudra transformer le rêve manifeste en rêve latent et expliquer comment a pu se produire, dans le psychisme du rêveur, l'élaboration inverse. Le premier travail est d'ordre pratique, il fait partie de l'interprétation du rêve et se plie à une certaine technique; le second est d'ordre théorique et doit servir à expliquer l'élaboration du rêve, ne peut donc être qu'une théorie. Technique de l'interprétation du rêve et théorie de son élaboration doivent toutes deux être créées de toutes pièces. » (2).

[5] « Toutefois, ne nous y méprenons pas ! Il ne faut pas confondre les associations provoquées par le rêve avec les pensées latentes du rêve; ces dernières sont contenues dans les associations comme dans une lessive-mère., mais pas entièrement. Les associations nous fournissent d'une part bien plus d'éléments qu'il ne nous en faut pour formuler les pensées latentes du songe, c'est-à-dire tous les développements, transitions, rapports que l'intellect du patient a dû produire en se rapprochant des pensées du rêve. D'autre part, l'association s'est souvent arrêtée au seuil des véritables pensées du rêve, n'a fait après s'en être approchée que les effleurer par des allusions. C'est ici que nous intervenons en complétant les allusions, en tirant d'impérieuses conclusions et en précisant ce que l'analyse n'a fait que mentionner à peine dans ses associations. Il semble alors que nous disposions à notre gré, à notre fantaisie, des matériaux fournis par le rêveur et que nous en abusions pour glisser dans ses assertions ce que celles-ci n'exprimaient pas. » (3).

---

(1) *L'Interprétation des rêves,* p. 124.
(2) *Nouvelles conférences,* p. 15.
(3) *Ibid.*, pp. 18-19.

[6] « Une jeune fille rêve que le second enfant de sa sœur vient de mourir et qu'elle se trouve devant le cercueil exactement comme elle s'est trouvée, quelques années auparavant, devant celui du premier-né de la même famille. Ce spectacle ne lui inspire pas le moindre chagrin. La jeune fille se refuse naturellement à voir interpréter son rêve dans le sens d'un désir secret. Telle n'est pas non plus notre interprétation. Mais il y a ceci, qu'auprès du cercueil du premier enfant elle s'est rencontrée avec l'homme qu'elle aime; elle lui a parlé; depuis ce moment, elle ne l'a plus jamais revu. Nul doute que, si le second enfant mourait, elle ne rencontrât de nouveau cet homme dans la maison de sa sœur. Elle se révolte contre cette hypothèse, mais elle en souhaite ardemment la conséquence, la rencontre de l'homme aimé. Et le jour qui a précédé le rêve elle avait pris une carte d'entrée pour une conférence où elle espérait le voir. Le rêve est donc un simple rêve d'impatience, comme il s'en produit avant un voyage, avant une soirée au théâtre, dans l'attente de n'importe quel plaisir. » (1).

[7] « Une autre de mes malades, la plus spirituelle de toutes mes rêveuses, a démontré d'une manière plus simple encore comment le non-accomplissement d'un désir peut indiquer l'accomplissement d'un autre. Je lui avais expliqué un jour que le rêve était l'accomplissement d'un désir; le lendemain elle rêvait qu'elle partait à la campagne avec sa belle-mère. Je savais combien elle s'état débattue pour ne point passer l'été auprès de se belle-mère, je savais aussi que peu de jours avant elle s'était délivrée de cette terreur en louant une maison de campagne très éloignée du lieu où sa belle-mère résidait. Le rêve annulait la solution tant désirée, n'était-ce pas là précisément le contraire de ma théorie ? Assurément, on pouvait, pour comprendre ce rêve, s'en tenir à sa conclusion : d'après ce rêve, j'avais tort : elle désirait que j'aie tort, ce rêve lui montrait donc son désir comme accompli. Mais le désir que j'aie tort, s'il se réalisait au sujet de la maison de campagne, avait trait, en réalité, à un autre objet plus sérieux. Vers le même moment, j'avais conclu, à partir du matériel qu'elle offrait à l'analyse, qu'il devait s'être passé quelque chose d'important pour sa maladie dans une certaine période de sa vie. Elle l'avait nié parce qu'elle n'en trouvait pas de traces dans sa mémoire. Nous reconnûmes peu après que j'avais eu raison. Son désir que je puisse avoir tort qui, dans le rêve, prenait l'aspect d'un départ à la campagne avec sa belle-mère, répondait donc au désir très normal que la chose soupçonnée alors ne se fût jamais passée. » (2).

LE RÊVE EST UN RÉBUS

De L'Interprétation des rêves *(1900) aux* Nouvelles Conférences *(1932), la méthode des associations libres reste pour Freud la méthode*

---

(1) *Le rêve et son interprétation*, pp. 137-138.
(2) *L'Interprétation des rêves*, pp. 137-138.

fondamentale. Le rêve est un rébus qu'il faut déchiffrer comme tel, c'est-à-dire terme à terme. Les pensées manifestes et le contenu manifeste sont comme deux rédactions en deux langues différentes. Or, si l'on peut comprendre les pensées du rêve immédiatement, dès qu'elles apparaissent, le contenu manifeste, au contraire, se présente comme un texte écrit en hiéroglyphes dont il faut trouver la clef et dont on ne peut connaître les signes et les règles qu'après avoir comparé la traduction et l'original. C'est là tout le problème de l'interprétation dont la technique est fondée sur l'idée que les images du rêve doivent être considérées comme les signes conventionnels d'une langue et non comme les parties constitutives d'un dessin.

[8] « Supposons donc que le malade nous ait raconté un rêve qu'il nous faille expliquer. Nous l'avons écouté avec calme, en évitant de spéculer sur son récit. Qu'allons-nous faire ensuite ? Nous décidons de nous préoccuper le moins possible du rêve manifeste. Il va de soi que ce rêve manifeste présente toutes sortes de caractères qui ne nous laissent pas entièrement indifférents. Il est soit cohérent, nettement composé à la manière d'un poème, soit confus, inintelligible, presque semblable à un délire ; il peut renfermer des éléments absurdes, ou bien, des pointes, des conclusions en apparence spirituelles. Le rêveur le trouve clair et subtil ou nébuleux et confus ; les images qu'il offre peuvent avoir l'intensité de perceptions sensorielles ou bien être vagues comme une vapeur indistincte, et les caractères les plus variés coexistent parfois dans un même rêve, répartis en plusieurs endroits ; enfin le rêve est capable soit de ne susciter qu'indifférence, soit d'être accompagné des émotions les plus joyeuses ou les plus pénibles. Ne croyez pas que nous tenions pour rien cette diversité infinie dans le rêve manifeste ; nous y pourrons glaner, au contraire, nombre d'éléments propres à nous faciliter l'interprétation. Mais pour le moment, nous laisserons cette question de côté, quitte à y revenir plus tard, et nous nous engagerons sur la voie principale, celle qui mène à l'interprétation du rêve. C'est-à-dire que nous inviterons le rêveur à négliger, lui aussi, l'impression produite par le rêve manifeste et à reporter son attention sur les différents éléments du contenu du rêve et à nous faire part, au fur et à mesure qu'elles se présenteront, des associations que ces fragments font naître. » (1)

LE TRAVAIL DU RÊVE

Freud compare le travestissement du désir latent dans le contenu manifeste du rêve au travestissement qu'un écrivain qui redoute la censure fait subir à l'expression de sa pensée. Plus la censure est sévère, plus la crainte est forte, plus les moyens de s'exprimer sans se trahir seront ingénieux. Le travestissement est, dans le rêve, l'effet

---

(1) *Nouvelles conférences sur la psychanalyse*, pp. 15-16.

d'un travail aux mécanismes complexes : condensation, déplacement, transformation d'idées en images ou figuration, élaboration secondaire. Freud considère la découverte de ces processus comme le fruit le plus important du travail psychanalytique Ce sont les mêmes processus que l'on peut retrouver dans l'évolution de la langue et de la pensée comme aussi dans la production des symptômes névrotiques.

La condensation

[9] « Le premier effet du travail d'élaboration d'un rêve consiste dans la condensation de ce dernier. Nous voulons dire par là que le contenu du rêve manifeste est plus petit que celui du rêve latent, qu'il représente par conséquent une sorte de traduction abrégée de celui-ci. La condensation peut parfois faire défaut, mais elle existe d'une façon générale et est souvent considérable. On n'observe jamais le contraire, c'est-à-dire qu'il n'arrive jamais que le rêve manifeste soit plus étendu que le rêve latent et ait un contenu plus riche. La condensation s'effectue par un des trois procédés suivants :

1° Certains éléments latents sont tout simplement éliminés ;

2° Le rêve manifeste ne reçoit que des fragments de certains ensembles du rêve latent ;

3° Des éléments latents ayant des traits communs se trouvent fondus ensemble dans le rêve manifeste.

Si vous le voulez, vous pouvez réserver le terme « condensation » à ce dernier procédé seul. Ses effets sont particulièrement faciles à démontrer. En vous remémorant vos propres rêves, vous trouverez facilement des cas de condensation de plusieurs personnes en une seule. Une personne composée de ce genre a l'aspect A, est mise comme B, fait quelque chose qui rappelle C, et avec tout cela nous savons qu'il s'agit de D. Dans ce mélange se trouve naturellement mis en relief un caractère ou attribut commun aux quatre personnes. On peut de même former un composé de plusieurs objets ou localités, à la condition que les objets ou les localités en question possèdent un trait ou des traits communs que le rêve latent accentue d'une façon particulière. Il se forme là comme une notion nouvelle et éphémère ayant pour noyau l'élément commun. De la superposition des unités fondues en un tout composite résulte en général une image aux contours vagues, analogue à celle qu'on obtient en tirant plusieurs photographies sur la même plaque. Le travail d'élaboration doit être fortement intéressé à la production de ces formations composites, car il est facile de trouver que les traits communs qui en sont la condition sont créés intentionnellement là où ils for . défaut, et cela, par exemple, par le choix de l'expression verbale pour une idée. » (1)

[10] « Bien que la condensation rende le rêve obscur, on n'a cependant pas l'impression qu'elle soit un effet de la censure. On pourrait

(1) *Introduction à la psychanalyse*, pp. 189-190.

plutôt lui assigner des causes mécaniques et économiques ; mais la censure y trouve son compte quand même.

Les effets de la condensation peuvent être tout à fait extraordinaires. Elle rend à l'occasion possible de réunir dans un rêve manifeste deux séries d'idées latentes tout à fait différentes, de sorte qu'on peut obtenir une interprétation apparemment satisfaisante d'un rêve, sans s'apercevoir de la possibilité d'une interprétation au deuxième degré. La condensation a encore pour effet de troubler, de compliquer les rapports entre les éléments du rêve latent et ceux du rêve manifeste. C'est ainsi qu'un élément manifeste peut correspondre simultanément à plusieurs latents, de même qu'un élément latent peut participer à plusieurs manifestes : il s'agirait donc d'une sorte de croisement. On constate également au cours de l'interprétation d'un rêve que les idées surgissant à propos d'un élément manifeste ne doivent pas être utilisées au fur et à mesure, dans l'ordre de leur succession. Il faut souvent attendre jusqu'à ce que tout le rêve ait reçu son interprétation. » (1).

Le déplacement

[11] « Le déplacement s'exprime de deux manières : en premier lieu, un élément latent est remplacé, non par un de ses propres éléments constitutifs, mais par quelque chose de plus éloigné, donc par une allusion ; et, en deuxième lieu, l'accent psychique est transféré d'un élément important sur un autre, peu important, de sorte que le rêve reçoit un autre centre et apparaît étrange. Le remplacement par une allusion existe également dans notre pensée éveillée, mais avec une certaine différence. Dans la pensée éveillée, l'allusion doit être facilement intelligible, et il doit y avoir entre l'allusion et la pensée véritable un rapport de contenu. Le trait d'esprit se sert souvent de l'allusion, sans observer la condition de l'association entre les contenus ; il remplace cette association par une association extérieure peu usitée, fondée sur la similitude tonale, sur la multiplicité des sens que possède un mot, etc. Il observe cependant rigoureusement la condition de l'intelligibilité ; le trait d'esprit manquerait totalement son effet si l'on ne pouvait remonter sans difficulté de l'allusion à son objet. Mais le déplacement par allusion qui s'effectue dans le rêve se soustrait à ces deux limitations. Ici l'allusion ne présente que des rapports tout extérieurs et très éloignés avec l'élément qu'elle remplace ; aussi est-elle inintelligible, et lorsqu'on veut remonter à l'élément, l'interprétation de l'allusion fait l'impression d'un trait d'esprit raté ou d'une explication forcée, tirée par les cheveux. La censure des rêves n'atteint son but que lorsqu'elle réussit à rendre introuvable le chemin qui conduit de l'allusion à son substrat. » (2).

[12] Un autre phénomène nous semble plus curieux encore : le dépla-

---

(1) *Introduction à la psychanalyse*, p. 191.
(2) *Ibid.*, pp. 192-193.

cement ou transfert de l'accent qui, dans la pensée consciente, n'est tenu que pour une erreur de la pensée ou pour un moyen de faire de l'esprit. Les diverses représentations fournies par les pensées du rêve ne sont pas toutes équivalentes. Plus ou moins chargées d'affectivité, elles peuvent, de ce fait, être estimées par le jugement comme plus ou moins importantes et dignes d'exciter l'intérêt. Durant l'élaboration du rêve, les représentations sont privées de leur affect. Les affects se liquident isolément ou bien ils peuvent soit être déplacés sur d'autres idées, soit demeurer dans le statu quo, soit subir certaines transformations, soit enfin ne pas du tout apparaître dans le rêve. L'importance des représentations dépouillées de leur affect se manifeste durant le songe, par la puissance sensorielle qu'elle confère aux images rêvées ; mais notons que l'accent est transféré des éléments significatifs aux éléments indifférents : ainsi ce qui est mis au premier plan, dans le rêve, ne jouait dans les pensées du rêve qu'un rôle secondaire, et inversement l'essentiel des pensées du rêve ne s'exprime plus qu'incidemment et de façon obscure au cours du rêve. Dans l'élaboration du rêve, rien ne contribue autant à rendre celui-ci étrange et incompréhensible au dormeur. C'est avant tout le déplacement, dont les pensées oniriques subissent l'effet sous l'influence de la censure qui provoque la déformation du rêve. » (1)

[13] « Nous savons que, dans l'élaboration du rêve, les déplacements marquent l'influence exercée par la censure de la pensée consciente ; par suite, chaque fois que nous rencontrons, parmi les techniques de l'esprit, le déplacement, nous sommes disposés à admettre, dans la formation de l'esprit, l'intervention d'une force inhibitrice. Nous savons également déjà qu'il en est très généralement ainsi ; l'esprit, qui aspire à revivre le plaisir d'antan dû au non-sens ou au jeu avec les mots, se trouve, dans l'état psychique normal, inhibé par l'opposition de la raison critique et se voit chaque fois dans l'obligation de triompher de cette inhibition. Mais la façon dont l'élaboration de l'esprit résout ce problème révèle une différence considérable entre l'esprit et le rêve. Dans l'élaboration du rêve, ce problème est régulièrement résolu par les déplacements, par le choix de représentations suffisamment éloignées de celles qui sont repoussées pour pouvoir franchir la censure ; elles sont cependant les dérivés de ces dernières dont elles ont, par un transfert intégral, endossé l'investissement psychique. Aussi les déplacements ne manquent dans aucun rêve et y affectent une tout autre amplitude. Il faut compter parmi les déplacements, non seulement la déviation du cours des idées mais encore toutes les sortes de représentation indirecte, en particulier la substitution à un élément significatif, mais offensant, d'un autre élément indifférent, mais inoffensif en apparence à la censure, élément qui figure une allusion des plus lointaines au premier, un équivalent symbolique, une métaphore, un détail. » (2)

(1) *Nouvelles Conférences*, pp. 29-30.
(2) *Le mot d'esprit dans ses rapports avec l'inconscient*, pp. 262-263.

[14] « Il est une autre sorte de déplacement auquel nous n'avons encore fait aucune allusion. L'analyse nous apprend cependant qu'il existe, et qu'il consiste en un échange d'expressions verbales entre les pensées. Il s'agit dans les deux cas de déplacement le long d'une chaîne associative, mais le même processus apparaît dans les sphères différente : le résultat du déplacement est, dans un cas, qu'un élément est remplacé par un autre, tandis que dans l'autre cas un élément échange avec un autre sa forme verbale. Ce second procédé n'a pas seulement un grand intérêt théorique, mais nous aide à comprendre l'apparence d'absurdité fantastique que le rêve revêt souvent. Le déplacement est, en effet, presque toujours de l'espèce suivante : une expression abstraite et décolorée des pensées du rêve fait place à une expression imagée et concrète. On voit bien l'avantage et donc le but de cette substitution. Ce qui est imagé peut être figuré dans le rêve, on peut l'introduire dans une scène, alors qu'une expression abstraite est aussi difficile à représenter qu'un article de politique générale par une illustration. Non seulement la facilité de figuration, mais la condensation et l'ensemble des opérations liées à l'existence de la censure gagnent à cet échange. Une fois que la pensée du rêve, inutilisable sous sa forme abstraite, a été transformée en langage pictural, on trouve plus facilement, entre cette expression nouvelle et le reste du matériel du rêve, les points de contact et les identités nécessaires au travail du rêve. » (1)

La figuration. Ses procédés

C'est la partie du travail d'élaboration que Freud considère comme la plus intéressante au point de vue psychologique. Il s'agit de l'expression des idées par des images visuelles, car le rêve n'a aucun moyen d'exprimer directement les relations logiques entre les pensées qui le composent. Tout comme dans les arts plastiques, cette difficulté d'expression résulte de la nature des matériaux employés et, tout comme le peintre ou le sculpteur, le rêveur a recours à des procédés figuratifs qu'il restera à interpréter pour exprimer les rapports analogiques, les diverses relations logiques et les rapports temporels.

Si, parfois, il arrive que certains rêves paraissent présenter directement des opérations intellectuelles complexes ou des discours rigoureusement argumentés, il ne faut pas se leurrer ; il ne s'agit en réalité que du matériel du rêve et non d'un travail intellectuel propre au rêve (matériel qui figure généralement dans les souvenirs liés aux pensées du rêve). Il faut donc le traiter comme les autres éléments et ne pas lui demander le sens du rêve.

Les rapports de ressemblance, accord, contact

Ce sont ceux que le rêve exprime le plus facilement et avec un grand luxe de moyens qui, à l'analyse, se réduisent toutefois aux pro-

(1) *L'Interprétation des rêves*, p. 292.

cessus d'identification, soit par la formation d'une personne de couverture (une personne en recouvre plusieurs autres), soit par la formation d'une personne composite (la personne du rêve présente des traits communs à plusieurs personnes).

Par l'identification la censure est déjouée. C'est ainsi, en particulier, qu'elle permet l'apparition masquée de la personne du rêveur toujours présente dans les rêves.

[15] « Une seule des relations logiques est favorisée par le mécanisme de la formation du rêve. C'est la ressemblance, l'accord, le contact, le « de même que » ; le rêve dispose, pour les représenter, de moyens innombrables. Ces « de même que » ou leurs substituts appartenant au matériel du rêve sont les premières fondations de toute construction de rêve ; et une partie considérable du travail du rêve consiste à en créer de nouveaux parce que ceux dont il dispose ne peuvent, à cause de la censure de la résistance, pénétrer dans le rêve. La tendance à la condensation vient ici aider l'expression de la ressemblance. La ressemblance, l'accord, la communauté sont habituellement représentés dans le rêve par le rapprochement, la fusion en une unité qui pouvait se trouver déjà dans le matériel du rêve ou qui y est formée. Dans le premier cas on peut dire qu'il y a identification, dans le second formation composite. L'identification est ordinairement employée quand il s'agit de personnes, la formation composite quand il s'agit de choses ; toutefois elle peut également s'appliquer à des personnes. Les localités sont souvent traitées comme les personnes. L'identification se produit de la manière suivante. Une seule des personnes qui forment un ensemble est représentée dans le contenu du rêve, les autres paraissent dans le rêve réprimées par elle. Cette « personne de couverture » apparaît dans toutes les relations et situations des personnes qu'elle recouvre autant que dans les siennes propres. Quand il y a personnalité composite, on trouve dans l'image du rêve des traits particuliers à chaque personne mais qui ne sont pas communs à toutes, si bien que c'est l'union de ces divers traits qui forme une unité nouvelle, une personnalité mélangée. » (1)

L'EXPRESSION DES RELATIONS LOGIQUES DANS LE RÊVE

Les pensées du rêve sont construites de manière très complexe et de la même façon que les idées de la veille, avec les relations logiques les plus variées.

Mais que deviennent ces liens logiques quand, sous l'effet du travail du rêve, la masse des pensées du rêve éclate en fragments « tordus, morcelés, réunis comme des glaces flottantes ? » (2).

Les relations d'ensemble et les relations causales

[16] « Tout d'abord le rêve exprime la relation qui existe à coup sûr entre tous les fragments de ses pensées en unissant ces éléments en un

(1) *L'Interprétation des rêves*, pp. 275-276.
(2) *Ibid.*, p. 269.

seul tout, tableau ou suite d'événements. Il présente les relations logiques comme simultanées ; exactement comme le peintre qui réunit en une Ecole d'Athènes ou en un Parnasse tous les philosophes ou tous les poètes, alors qu'ils ne se sont jamais trouvés ensemble dans ces conditions : ils forment pour la pensée une communauté de cette sorte.

Le rêve a, même dans le détail, cette forme de représentation. Chaque fois qu'il rapproche deux éléments, il garantit par là même qu'il y a un rapport particulièrement étroit entre ce qui leur correspond dans les pensées du rêve. Il en est de cela comme de notre écriture, *ab* indique une seule syllabe, *a* et *b* séparés par un espace nous laissent comprendre que *a* est la dernière lettre d'un mot, *b* la première d'un autre. Ainsi ces combinaisons ne se forment pas à partir d'éléments quelconques et parfaitement disparates de son matériel mais d'éléments qui, dans les pensées du rêve, se trouvaient étroitement unis. Les relations causales sont représentées dans le rêve par deux procédés qui sont au fond le même procédé. Quand les pensées du rêve s'expriment ainsi : telle chose étant ainsi, telle autre devait arriver, la proposition subordonnée apparaît comme rêve-prologue et la proposition principale s'y ajoute ensuite comme rêve principal. Si mon interprétation est juste, la succession dans le temps peut être aussi renversée : la proposition principale correspond toujours à la partie du rêve la plus développée. » (1).

[17] « Le rêve dispose d'un autre procédé, exigeant un matériel moins étendu, pour indiquer la relation causale : c'est la transformation d'une image du rêve en une autre, qu'il s'agisse d'une personne ou d'une chose. La relation ne peut être affirmée que quand nous assistons à cette transformation ; non lorsque nous remarquons seulement qu'une personne a pris la place d'une autre. Ainsi que je l'ai dit plus haut, les deux procédés reviennent au même ; dans les deux cas, la causation est représentée par une succession : soit succession de rêves, soit transformation immédiate d'unc image en une autre.

Dans la plupart des cas d'ailleurs, la relation causale n'est pas indiquée du tout, elle est cachée par la succession des éléments, qui se produit inévitablement dans le processus du rêve. » (2).

L'alternative

Si le rêve a plusieurs moyens d'exprimer la relation causale, il n'en a aucun pour exprimer l'alternative. Il présente toutes les possibilités et c'est à l'interprétation qu'il appartient de déchiffrer ce que signifie, en l'occurrence, la succession.

[18] « Dans les cas où, en racontant le rêve, on a tendance à employer l'expression : « ou bien ou bien » : « c'était un jardin ou bien une chambre », cela ne signifie point que la pensée du rêve présentait

---

(1) *L'Interprétation des rêves*, pp. 270-271.
(2) *Ibid.*, p. 272.

une alternative ; il y a eu là un « et », une simple succession. Le « ou bien ou bien » nous sert le plus souvent à exprimer l'aspect confus d'un élément du rêve, confusion qui peut encore être éclaircie. La règle de l'interprétation doit être en pareil cas la suivante : mettre sur le même plan les deux membres de l'apparente alternative et les unir par la conjonction « et ». Par exemple, je rêve, après avoir longtemps cherché en vain l'adresse d'un de mes amis qui habite en Italie, que je reçois un télégramme portant cette adresse. Je la vois, en caractères bleus, sur le papier ordinairement employé. Le premier mot est indistinct,

peut-être via
ou bien villa, le second est clair : sezerno,
ou aussi casa

Le second mot, qui a bien une consonance italienne et qui, de plus, rapelle nos conversations au sujet d'étymologie, exprime mon déplaisir parce qu'il m'a si longtemps caché son séjour là-bas. A l'analyse, chacun des mots proposés comme premier apparaît comme le point de départ indépendant et plausible d'une série d'associations d'idées. » (1)

Les rapports temporels

Dans le travail d'élaboration, les rapports temporels sont exprimés par des rapports spatiaux.

[19] « Les modes selon lesquels s'effectue le travail du rêve, sujet palpitant et presque inépuisable, nous deviennent de jour en jour plus familiers ; donnons-en quelques échantillons : le rêve, par exemple, représente par la multiplication des semblables la relation de la fréquence. Voici le rêve étrange que fait une jeune fille : elle pénètre dans une vaste salle et y aperçoit une personne assise sur une chaise ; puis elle voit 6, 8... personnes identiques, toutes à l'image de son père. Ce songe s'explique aisément quand on apprend, grâce à certaines circonstances secondaires, que la salle représente le ventre maternel. Le rêve traduit un fantasme bien connu, celui de la jeune fille qui veut dès son existence intra-utérine, avoir rencontré son père quand celui-ci pénétrait, durant la grossesse, dans le corps maternel. Il n'y a rien de déconcertant à ce que la pénétration par le père se fasse au cours du rêve, dans la personne de la rêveuse elle-même ; c'est le résultat d'un déplacement qui a d'ailleurs une signification spéciale. La multiplication de la personne paternelle démontre seulement que le fait en question est censé s'être produit plusieurs fois. A vrai dire, nous sommes obligés de reconnaître qu'en traduisant la fréquence par l'accumulation, le rêve ne s'arroge pas un droit exagéré. Il n'a fait que redonner au mot sa conception primitive, car le terme fréquence signifie aujourd'hui répétition dans le temps, alors qu'autrefois il avait le sens d'accumulation dans l'espace. Mais l'élabo-

(1) *L'Interprétation des rêves.* p. 273.

ration du rêve, partout où elle se produit, transforme les rapports temporels en rapports spatiaux et les fait apparaître sous cette dernière forme. » (1).

Le symbolisme dans le rêve

« Le symbolisme constitue peut-être le chapitre le plus remarquable de la théorie des rêves » (2).

La figuration symbolique est l'un des procédés de représentation et de déformation des pensées du rêve. Elle est à l'œuvre dans la représentation imagée des rapports logiques comme aussi dans l'expression visuelle des pensées abstraites.

Dans ses recherches sur la symbolique des rêves, Freud donne plus précisément le nom de « symbolique » au « rapport constant entre l'élément du rêve et sa traduction, l'élément lui-même étant un symbole de la pensée inconsciente du rêve » (3).

Comment Freud a-t-il été amené à reconnaître la présence de cette symbolique dans les rêves ? Par certaines difficultés du travail analytique, par la présence « d'éléments muets » réfractaires à la technique habituelle d'interprétation. C'est alors qu'il eut l'idée d'une autre méthode dont il souligne cependant la difficile justification scientifique et par rapport à laquelle il restera toujours très réservé.

Pour la lecture de ces « rapports constants », l'intuition n'est pas scientifiquement digne de foi. Seules l'expérience analytique, l'accumulation d'un grand nombre de cas où ces rapports apparaissent clairement, l'étude générale du symbolisme qui n'est pas une fonction propre au rêve, permettent d'user avec prudence de l'interprétation symbolique.

Celle-ci n'est pas une clef des songes, elle ne saurait remplacer l'interprétation des associations, mais seulement la compléter.

Il arrive parfois que certains malades interprètent spontanément leurs rêves, comme s'ils avaient en eux la connaissance immédiate de cette symbolique ; l'expérience montre qu'il n'y a pas là une caractéristique pathologique mais une aptitude personnelle.

La découverte de la symbolique du rêve pose un certain nombre de problèmes : origine de la connaissance symbolique, nature du rapport symbolique, nature des symboles du rêve...

La connaissance symbolique : Elle est inconsciente

[20] « Nous pouvons dire seulement que chez le rêveur la connaissance du symbolisme est inconsciente, qu'elle fait partie de sa vie psychique inconsciente. Mais cette explication ne nous mène pas bien loin. Jusqu'à présent nous n'avions besoin d'admettre que des tendances inconscientes, c'est-à-dire des tendances qu'on ignore momentanément ou pendant une durée plus ou moins longue. Mais cette

(1) *Nouvelles conférences*, pp. 36-37.
(2) *Introduction à la psychanalyse*, p. 167.
(3) *Ibid.*, p. 166.

fois il s'agit de quelque chose de plus : de connaissances inconscientes, de rapports inconscients entre certaines idées, de comparaisons inconscientes entre divers objets, comparaisons à la suite desquelles un de ces objets vient s'installer d'une façon permanente à la place de l'autre. Ces comparaisons ne sont pas effectuées chaque fois pour les besoins de la cause, elles sont faites une fois pour toutes et toujours prêtes. Nous en avons la preuve dans le fait qu'elles sont identiques chez les personnes les plus différentes, malgré les différences de langue.

D'où peut venir la connaissance de ces rapports symboliques ? Le langage courant n'en fournit qu'une petite partie. Les nombreuses analogies que peuvent offrir d'autres domaines sont le plus souvent ignorées du rêveur ; et ce n'est que péniblement que nous avons pu nous-mêmes en réunir un certain nombre. En deuxième lieu, ces rapports symboliques n'appartiennent pas en propre au rêveur et ne caractérisent pas uniquement le travail qui s'accomplit au cours des rêves. Nous savons déjà que les mythes et les contes, le peuple dans ses proverbes et ses chants, le langage courant et l'imagination poétique utilisent le même symbolisme. Le domaine du symbolisme est extraordinairement grand, et le symbolisme des rêves n'en est qu'une petite province ; et rien n'est moins indiqué que de s'attaquer au problème entier en partant du rêve. Beaucoup des symboles employés ailleurs ne se manifestent pas dans les rêves ou ne s'y manifestent que rarement ; et quant aux symboles des rêves, il en est beaucoup qu'on ne retrouve pas ailleurs ou qu'on ne retrouve, ainsi que vous l'avez vu, que çà et là. On a l'impression d'être en présence d'un mode d'expression ancien, mais disparu, sauf quelques restes disséminés dans différents domaines, les uns ici, les autres ailleurs, d'autres encore conservés, sous des formes légèrement modifiées, dans plusieurs domaines. » (1).

L'usage de la méthode symbolique, doit rester prudent et limité. La connaissance d'un grand nombre de symboles à la signification précise et générale n'exclut pas, dans chaque cas, la connaissance de la situation psychique du sujet et de ses motivations individuelles.

[21] « Car, outre qu'il existe des symboles individuels et, dans l'emploi des symboles généraux, des fluctuations sans nombre, il est impossible de savoir a priori si le contenu manifeste du rêve doit être pris au sens symbolique ou au sens propre. Ce que l'on sait avec certitude, c'est que les matériaux ne sont pas tous des symboles. La connaissance des symboles peut nous aider, dans une large mesure, à travers ce qui reste obscur dans le contenu manifeste du rêve, mais elle ne rend pas inutile l'emploi du procédé énoncé plus haut ; tout au plus nous servira-t-elle de moyen d'investigation dans le cas où les idées de rêve seraient nulles ou insuffisantes. » (2).

---

(1) *Introduction à la psychanalyse*, p. 183.
(2) *Le rêve et son interprétation*, p. 168.

Le symbolisme sexuel dans le rêve

[22] « Il est des symboles à interprétation unique ; ainsi Empereur et Impératrice, Roi et Reine, signifient Père et Mère. Chambre signifie Femme (1) et les portes d'entrée et de sortie représentent les ouvertures naturelles du corps. Les symboles employés par le rêve servent le plus souvent à recouvrir des personnes, des parties du corps ou des actes qui intéressent la sexualité ; les organes génitaux en particulier utilisent une collection de symboles bizarres, et les objets les plus variés entrent dans la composition de ces symboles. Or, nous admettons que des armes pointues, des objets longs et rigides, troncs d'arbres ou cannes, représentent l'organe masculin, tandis que les armoires, boîtes, voitures, poêles, remplacent dans le rêve l'organe féminin, parce que le motif de cette substitution est facile à comprendre ; mais tous les symboles de rêve ne renferment pas des allusions aussi transparentes. » (1).

[23] La partie principale, et pour les deux sexes la plus intéressante, de l'appareil génital de l'homme, la verge, trouve d'abord ses substitutions symboliques dans des objets qui lui ressemblent par la forme, à savoir : cannes, parapluies, tiges, arbres, etc. ; ensuite dans des objets qui ont en commun avec la verge de pouvoir pénétrer à l'intérieur d'un corps et causer des blessures : armes pointues de toutes sortes, telles que couteaux, poignards, lames, sabres, ou encore armes à feu, telles que fusils, pistolets et, plus particulièrement l'arme qui par sa forme se prête tout spécialement à cette comparaison c'est-à-dire le revolver. Dans les cauchemars des jeunes filles, la poursuite par un homme armé d'un couteau ou d'une arme à feu joue un grand rôle. C'est là peut-être le cas le plus fréquent du symbolisme des rêves, et son interprétation ne présente aucune difficulté. Non moins compréhensible est la représentation du membre masculin par des objets d'où s'échappe un liquide : robinets à eau, aiguières, sources jaillissantes, et par d'autres qui sont susceptibles de s'allonger tels que lampes à suspension, crayons à coulisse, etc. Le fait que les crayons, les porte-plumes, les limes à ongles, les marteaux et autres instruments sont incontestablement des représentations symboliques de l'organe sexuel masculin tient à son tour à une conception facilement compréhensible de cet organe.

La remarquable propriété que possède celui-ci de pouvoir se redresser contre la pesanteur, propriété qui forme une partie du phénomène de l'érection, a créé la représentation symbolique à l'aide de ballons, d'avions et, tout récemment de dirigeables Zeppelin. Mais le rêve connaît encore un autre moyen, beaucoup plus expressif, de symboliser l'érection. Il fait de l'organe sexuel l'essence même de la personne et fait voler celle-ci tout entière. Ne trouvez pas étonnant si je vous dis que les rêves souvent si beaux que nous connaissons tous et dans lesquels le vol joue un rôle si important doivent

(1) *Le rêve et son interprétation*, pp. 164-165.

être interprétés comme ayant pour base une excitation sexuelle générale, le phénomène de l'érection. » (1).

[24] « L'appareil génital de la femme est représenté symboliquement par tous les objets dont la caractéristique consiste en ce qu'il circonscrivent une cavité dans laquelle quelque chose peut être logé : mines, fosses, cavernes, vases et bouteilles, boîtes de toutes formes, coffres, caisses, poches, etc. Le bateau fait également partie de cette série. Certains symboles tels qu'armoires, fours et surtout chambres se rapportent à l'utérus plutôt qu'à l'appareil sexuel proprement dit. Le symbole chambre touche ici à celui de maison, porte et portail devenant à leur tour des symboles désignant l'accès de l'orifice sexuel. Ont encore une signification symbolique certains matériaux, tels que le bois et le papier, ainsi que les objets faits avec ces matériaux, tels que table et livre. Parmi les animaux, les escargots et les coquillages sont incontestablement des symboles féminins. » (2).

[25] « La naissance se trouve régulièrement exprimée dans le rêve par l'intervention de l'eau : on se plonge dans l'eau ou on sort de l'eau, ce qui veut dire qu'on enfante ou qu'on naît. Or, n'oubliez pas que ce symbole peut être considéré comme se rattachant doublement à la vérité transformiste : d'une part (et c'est là un fait très reculé dans le temps) tous les mammifères terrestres, y compris les ancêtres de l'homme, descendent d'animaux aquatiques ; d'autre part, chaque mammifère, chaque homme passe la première phase de son existence dans l'eau, c'est-à-dire que son existence embryonnaire se passe dans le liquide placentaire de l'utérus de sa mère, et naître signifie pour lui sortir de l'eau. Je n'affirme pas que le rêveur sache tout cela, mais j'estime aussi qu'il n'a pas besoin de le savoir. Le rêveur sait sans doute des choses qu'on lui avait racontées dans son enfance ; mais même au sujet de ces connaissances j'affirme qu'elles n'ont contribué en rien à la formation du symbole. » (3).

La nature du rapport symbolique

Dans bien des cas, il est énigmatique et il est impossible de voir ce qu'il y a de commun entre le symbole et ce qu'il représente. Devant cette difficulté, Freud fait l'hypothèse que les deux termes aujourd'hui sans lien apparent ont pu avoir autrefois un lien d'identité conceptuelle et linguistique ; le rapport symbolique serait donc un rapport génétique. Pour le vérifier, il faut faire appel à la linguistique et, comme de très nombreux symboles sont communs à des langues différentes, à la linguistique comparée.

[26] « A propos de bois, nous ne réussirons pas à comprendre la raison qui en fait un symbole du maternel, du féminin, si nous n'in-

(1) *Introduction à la psychanalyse*, p. 171.
(2) *Ibid.*, pp. 172-173.
(3) *Ibid.*, p. 177.

voquons pas l'aide de la linguistique comparée. Notre mot allemand « Holz » (bois) aurait la même racine que le mot grec "Ἡγιὲ" qui signifie matière, matière brute. Mais il arrive souvent qu'un mot générique finit par désigner un objet particulier. Or il existe dans l'Atlantique une île appelée Madère, nom qui lui a été donné par les Portugais lors de sa découverte, parce qu'elle était alors couverte de forêts. Madeira signifie précisément en portugais bois. Vous reconnaissez sans doute dans ce mot « madeira » le mot latin « materia » légèrement modifié et qui à son tour signifie matière en général. Or, le mot « materia » est un dérivé de « mater », mère. La matière dont une chose est faite est comme son apport maternel. C'est donc cette vieille conception qui se perpétue dans l'usage symbolique de bois pour femme, mère. » (1).

[27] « Les premiers sons articulés avaient servi à communiquer des idées et à appeler le partenaire sexuel ; le développement ultérieur des racines de la langue avait accompagné l'organisation du travail dans l'humanité primitive. Les travaux étaient effectués en commun et sous l'accompagnement de mots et d'expressions rythmiquement répétés. L'intérêt sexuel s'était ainsi déplacé pour se porter sur le travail. On dirait que l'homme primitif ne s'est résigné au travail qu'en en faisant l'équivalent et la substitution de l'activité sexuelle. C'est ainsi que le mot lancé au cours du travail en commun avait deux sens, l'un exprimant l'acte sexuel, l'autre le travail actif qui était assimilé à cet acte. Peu à peu le mot s'est détaché de sa signification sexuelle pour s'attacher définitivement au travail. Il en fut de même chez des générations ultérieures qui, après avoir inventé un mot nouveau ayant une signification sexuelle, l'ont appliqué à un nouveau genre de travail. De nombreuses racines se seraient ainsi formées, ayant toutes une origine sexuelle et ayant fini par abandonner leur signification sexuelle. Si ce schéma que nous venons d'esquisser est exact, il nous ouvre une possibilité de comprendre le symbolisme des rêves, de comprendre pourquoi le rêve, qui garde quelque chose de ces anciennes conditions, présente tant de symboles se rapportant à la vie sexuelle, pourquoi d'une façon générale, les armes et les outils servent de symboles masculins, tandis que les étoffes et les objets travaillés sont des symboles féminins. Le rapport symbolique serait une survivance de l'ancienne identité de mots ; des objets qui avaient porté autrefois les mêmes noms que les objets se rattachant à la sphère et à la vie génitales apparaîtraient maintenant dans les rêves à titre de symboles de cette sphère et de cette vie.

Toutes ces analogies évoquées à propos du symbolisme des rêves vous permettront de vous faire une idée de la psychanalyse qui apparaîtrait ainsi comme une discipline d'un intérêt général, ce qui n'est le cas ni de la psychologie ni de la psychiatrie. Le travail psychanalytique nous met en rapport avec une foule d'autres sciences morales,

---

(1) *Introduction à la Psychanalyse*, p. 117.

telles que la mythologie, la linguistique, le folklore, la psychologie des peuples, la science des religions, dont les recherches sont susceptibles de nous fournir les données les plus précieuses. » (1).

[28] « Le rêve fait un usage illimité du langage symbolique dont la signification reste, pour la plus grande part, ignorée du dormeur. Mais notre expérience nous permet d'en établir le sens. Ce langage symbolique tire vraisemblablement son origine de phases antérieures de l'évolution du langage.

La mémoire reproduit très souvent dans le rêve certaines impressions de la première enfance du dormeur et nous pouvons affirmer, sans crainte d'erreur, non seulement qu'elles avaient été oubliées, mais aussi qu'elles étaient, du fait du refoulement, devenues inconscientes. C'est justement pourquoi quand nous essayons de reconstituer l'enfance du rêveur, comme nous le faisons au cours d'un traitement psychanalytique, nous ne pouvons, pour la plupart du temps, nous passer du rêve. Le rêve fait, en outre, surgir des matériaux qui n'appartiennent ni à la vie adulte ni à l'enfance du rêveur. Il faut donc considérer ces matériaux-là comme faisant partie de l'héritage archaïque, résultat de l'expérience des aïeux, que l'enfant apporte en naissant, avant même d'avoir commencé à vivre. Dans les légendes les plus anciennes de l'humanité, ainsi que dans certaines coutumes survivantes, nous découvrons des éléments qui correspondent à ce matériel phylogénétique. C'est ainsi que le rêve offre une source de renseignements appréciables sur la préhistoire humaine. » (2).

L'élaboration secondaire

C'est un problème difficile que soulève Freud en remarquant que certains rêves présentent un caractère étrange : pendant le rêve lui-même, le rêveur critique le fait même de rêver : « Ce n'est qu'un rêve », attitude critique toute différente des sentiments critiques qui peuvent faire partie du contenu du rêve. Elle a une autre origine ; elle est le signe indubitable de l'intervention de la censure au moment où le rêve devient trop pénible, et la preuve que la fonction de la censure ne consiste pas seulement à refuser, mais aussi à ajouter au contenu du rêve. Tout se passe comme s'il y avait une première interprétation du rêve avant le réveil par une fonction psychique semblable à la pensée de la veille, mais qui loin de livrer le sens du rêve contribue à le déformer davantage. Il ne s'agit pas à proprement parler d'une fonction créatrice ; comme les autres, elle choisit dans les pensées du rêve, mais il y a ceci de remarquable que, dans certains cas elle trouve déjà tout élaboré le matériel qui masquera le rêve, sous la forme de rêveries diurnes, conscientes ou inconscientes, analogues au rêve tant dans leurs motifs, leurs sources que leur structure, mais moins censurées. Ces rêveries diurnes ou « fantasmes » peuvent par-

(1) *Introduction à la psychanalyse*, pp. 184-185.
(2) *Nouvelles conférences*, pp. 30-31.

ticiper au contenu du rêve ou former sa façade. On peut considérer qu'elles sont en quelque sorte le matériel et le modèle de cette fonction, censure indulgente, qui cherche à créer quelque chose comme un rêve diurne et agit pour cela un peu comme notre activité psychique normale sur les objets de perception ; elle les organise au moyen des notions préalables qu'elle possède.

[29] « Il nous faut maintenant examiner les rapports entre l'élaboration secondaire et les autres facteurs du travail du rêve. Dirons-nous que les facteurs créateurs du rêve : la tendance à la condensation, l'obligation d'échapper à la censure et la prise en considération de la figurabilité par les moyens psychologiques du rêve construisent un contenu préalable, lequel est remanié après coup et adapté le mieux possible aux exigences d'une seconde instance psychique ? C'est peu vraisemblable. On doit admettre que les exigences de cette seconde instance constituent dès le début une des conditions auxquelles doit satisfaire le rêve, condition qui exerce une influence élective sur tout le vaste matériel des pensées du rêve en même temps et de la même manière que la condensation, la censure imposée par la résistance et la figurabilité. Mais des quatre conditions de la formation du rêve, c'est la dernière qui semble la moins contraignante. L'identité de cette fonction psychique, de cette élaboration secondaire du contenu du rêve avec le travail de notre pensée de veille résulte à notre avis de la constatation suivante : notre pensée de veille (pensée préconsciente) se comporte à l'égard des éléments fournis par la perception exactement comme la fonction que nous venons d'étudier vis-à-vis du contenu du rêve. Elle met de l'ordre, introduit des relations, apporte une cohésion intelligible conforme à notre attente. » (1).

Les difficultés du travail d'interprétation

L'interprétation exige entraînement, renoncement à toute critique, tout préjugé, tout parti pris affectif ou intellectuel, acharnement au travail. Elle ne se fait pas toujours d'une seule traite ; il faut parfois interrompre et reprendre le travail : analyse fractionnée. Une interprétation cohérente n'est pas toujours une interprétation achevée : il peut y avoir surinterprétation du même rêve. Enfin parfois une série de rêves s'étendant sur des semaines ou des mois révèle un fonds commun permettant une interprétation d'ensemble où tel rêve éclaire tel autre comme si le sens du discours des profondeurs était progressivement livré à travers des indices dont la cohérence s'organise peu à peu.

Il n'en reste pas moins que certains rêves sont indéchiffrables et que, dans presque tous, subsiste quelque chose d'obscur, comme un dernier nœud impossible à défaire. L'interprétation est donc par

(1) *L'Interprétation des rêves*, p. 425.

nature toujours inachevée et impossible à achever car ce sont les mêmes forces psychiques qui d'abord déforment le rêve et ensuite suscitent les résistances à son interprétation.

Analyse et interprétation d'un rêve

[30] « Une jeune femme, mariée depuis plusieurs années, apprend qu'une de ses connaissances qui est à peu près de son âge, mademoiselle Elise L..., vient de se fiancer. La nuit suivante, elle rêve qu'elle se trouve au théâtre avec son mari. A l'orchestre, bon nombre de places sont encore inoccupées. Le mari raconte qu'Elise L... et son fiancé avaient l'intention de venir, mais qu'il ne restait que des places à 1 florin 50 kreuzer les trois et qu'ils les ont jugées inacceptables. Elle répond que le malheur n'est pas grand.

Ce qui nous intéresse ici c'est de savoir comment les chiffres tirent leur origine des idées latentes du rêve, et quelle transformation ils ont subie. D'où vient la somme 1 florin 50 kreuzer ? Elle vient d'une circonstance insignifiante de la veille : la belle-sœur de cette dame avait recu de son mari un cadeau de 150 florins et s'était dépêchée de les dépenser pour s'acheter un bijou. Remarquons que 150 florins représentent cent fois plus que 1 florin 50 kreuzer. Pour le chiffre 3 qui accompagne le prix des billets de théâtre, nous ne trouvons qu'une seule association : la fiancée, Elise L..., est de trois mois plus jeune que son amie. La situation du rêve reproduit une petite aventure qui a été plus d'une fois motif à taquineries entre les époux : la jeune femme s'était dépêchée de prendre à l'avance des billets de théâtre et avait fait son entrée dans la salle de spectacle quand tout un côté de l'orchestre était encore inoccupé. Il aurait donc été inutile de tant se dépêcher. Remarquons enfin que ce rêve renferme une absurdité : le fait de deux personnes prenant trois cartes d'entrée pour le théâtre !

Les idées latentes du rêve sont évidemment celles-ci : « Ai-je été sotte de me marier si jeune ! Quel besoin ai-je eu de tant me dépêcher ? Je vois bien par l'exemple d'Elise que j'aurais toujours fini par trouver un mari, je n'avais qu'à attendre, j'en aurais trouvé un cent fois meilleur (mari, ou bijou). Pour cet argent (la dot) j'aurais pu m'en acheter trois ! » (1).

Conclusion

[31] « Le rêve est une production pathologique, le premier terme d'une série qui comprend le symptôme hystérique, la représentation obsédante, l'idée délirante, mais il se distingue de ces manifestations morbides par sa fugacité et son apparition dans les circonstances de la vie normale. Ce qu'Aristote a dit, nous le répétons : la vie du rêve, c'est le travail qu'accomplit notre âme durant le sommeil. En

---

(1) *Le rêve et son interprétation,* pp. 118-119-120-121.

dormant, nous nous détournons du monde extérieur réel, ainsi se trouve réalisée la condition nécessaire au développement d'une psychose. L'étude la plus minutieuse des maladies mentales les plus graves ne saurait nous faire découvrir de particularités plus propres à caractériser cet état morbide. Mais dans la psychose, c'est de deux manières différentes que le sujet se détourne de la réalité, soit que le refoulé inconscient devienne trop puissant et écrase le conscient attaché à la réalité, soit que devant une réalité trop pénible, insupportable, le Moi menacé se précipite par révolte dans les bras de la pulsion inconsciente. L'inoffensive psychose du rêve est un renoncement momentané, consciemment voulu au monde extérieur ; elle disparaît dès que les relations avec ce dernier sont renouées. » (1).

LE MOT D'ESPRIT ET LE RÊVE

Le langage de l'esprit (mot d'esprit) est proche du langage du rêve.

[32] « Mais la formation du rêve nous est aussi rappelée par les techniques de l'esprit, de la pensée : le déplacement, les fautes de raisonnement, le contresens, la représentation indirecte, la représentation par le contraire qui, solidairement ou isolément, trouvent leur place dans la technique de l'élaboration du rêve. Le déplacement donne au rêve cet aspect étrange qui empêche de le considérer comme faisant suite aux pensées de l'état de veille ; l'emploi du contresens et de l'absurde a coûté au songe sa dignité de production psychique ; il a induit les auteurs à assigner, comme condition à la formation du rêve, la déchéance de l'activité intellectuelle, la trêve de la critique, de la morale et de la logique. La représentation par le contraire est si courante dans le rêve que, tout erronées qu'elles soient, les populaires clefs des songes en ont tenu compte. Représentation indirecte, remplacement de la pensée onirique par une allusion, par un détail, procédé symbolique équivalente à la métaphore, voilà justement ce qui distingue le langage onirique de la pensée de l'homme éveillé. Un parallélisme aussi complet entre les processus de l'élaboration de l'esprit et ceux de l'élaboration du rêve ne peut guère être fortuit. » (2).

[33] « Tous ces procédés de déplacement appartiennent également à la technique du mot d'esprit, mais le cas échéant, leur usage ne dépasse pas en général les limites qui leur sont assignées dans le penser conscient ; ils peuvent même manquer, bien que normalement le mot d'esprit ait aussi pour tâche de vaincre une inhibition. L'emploi réduit des déplacements dans l'élaboration de l'esprit tient à ce que l'esprit dispose, en général, nous nous en souvenons, d'une

(1) *Nouvelles Conférences sur la Psychanalyse*, pp. 23-24.
(2) *Le mot d'esprit dans ses rapports avec l'inconscient*, p. 130.

autre technique pour parer à l'inhibition ; nous n'avons même justement rien rencontré de plus caractéristique du mot d'esprit que cette technique. Contrairement au rêve, l'esprit ne se prête pas à des compromis, il n'élude pas l'inhibition, il s'attache à conserver intact le jeu avec les mots ou avec le non-sens ; toutefois, il se borne à choisir les cas où ce jeu, où ce non-sens se présentent sous des dehors à la fois admissibles (plaisanteries) ou ingénieux (esprit), grâce au sens multiple des mots et à la variété infinie des relations cogitatives. Rien ne distingue mieux l'esprit des autres formations psychiques que sa double face et son double langage et c'est par-là, du moins, que les auteurs ont le mieux pénétré sa nature intime, en faisant ressortir le facteur "sens dans le non-sens". » (1).

Mais le rêve est un désir qui sert à épargner le déplaisir, tandis que l'esprit est un jeu, il cherche le plaisir.

[34] « Le rêve est un produit psychique parfaitement asocial ; il n'a rien à communiquer à autrui ; né dans le for intérieur d'une personne à titre de compromis entre les forces psychiques aux prises, il reste incompréhensible à cette personne elle-même et manque par conséquent totalement d'intérêt pour autrui. Loin d'attacher du prix à sa compréhensibilité, il doit même se garder d'être compris, sous peine de se détruire ; il est conditionné par le déguisement. Il peut donc, à son gré, user du mécanisme qui domine les processus cogitatifs inconscients et il va dans ce sens jusqu'à user des déformations les plus radicales. L'esprit, au contraire, est la plus sociale des activités psychiques visant à un bénéfice de plaisir. Il nécessite le plus souvent l'intervention de trois personnes et ne complète son cycle que grâce à la participation d'un tiers au processus psychique qu'il a déclenché. Il doit donc satisfaire à la condition d'être compréhensible, il ne doit utiliser la déformation, qui peut se réaliser dans l'inconscient grâce à la condensation et au déplacement, que dans la mesure où la compréhension du tiers peut en corriger les effets. Au reste, rêve et esprit sont issus l'un et l'autre des sphères entièrement différentes de notre vie psychique, et occupent dans le système psychologique des régions fort distantes. Malgré ses travestissements, le rêve demeure toujours un désir ; l'esprit est un développement du jeu. » (2).

---

(1) *Le mot d'esprit dans ses rapports avec l'inconscient*, pp. 264-265.
(2) *Ibid.*, pp. 275-276.

le déterminisme mental

« Le Romain, qui renonçait à un important projet parce qu'il venait de constater un vol d'oiseau défavorable avait donc relativement raison ; il agissait conformément à ses prémisses. Mais lorsqu'il renonçait à son projet, parce qu'il avait fait un faux pas sur le seuil de sa porte, il se montrait supérieur à nous autres incrédules, il se révélait meilleur psychologue que nous ne le sommes. » (1).

L'OBJET DE LA RECHERCHE : LES ACTES MANQUÉS

[35] « Ce n'est pas par des suppositions que nous allons commencer, mais par une recherche, à laquelle nous assignerons pour objet certains phénomènes, très fréquents, très connus et insuffisamment appréciés et n'ayant rien à voir avec l'état morbide, puisqu'on peut les observer chez tout homme bien portant. Ce sont les phénomènes que nous désignerons par le nom générique d'actes manqués et qui se produisent lorsqu'une personne prononce ou écrit, en s'en apercevant ou non, un mot autre que celui qu'elle veut dire ou tracer (lapsus) ; lorsqu'on lit, dans un texte imprimé ou manuscrit un mot autre que celui qui est réellement imprimé ou écrit (fausse lecture), ou lorsqu'on entend autre chose que ce qu'on vous dit, sans que cette fausse audition tienne à un trouble organique de l'organe auditif. Une autre série de phénomènes du même genre a pour base l'oubli, étant entendu toutefois qu'il s'agit d'un oubli non durable, mais momantané, comme dans le cas, par exemple, où l'on ne peut pas retrouver un nom qu'on sait cependant et qu'on finit régulièrement par retrouver plus tard, ou dans le cas où l'on oublie de mettre à exécution un projet dont on se souvient cependant plus tard et qui, par conséquent, n'est oublié que momentanément. Dans une troisième série, c'est la condition de momentanéité qui manque, comme, par exemple, lorsqu'on ne réussit pas à mettre la main sur un objet qu'on

---

(1) *Psychopathologie de la vie quotidienne*, p. 277.

avait cependant rangé quelque part ; à la même catégorie se rattachent les cas de perte tout à fait analogue. Il s'agit là d'oublis qu'on traite différemment que les autres, d'oublis dont on s'étonne et au sujet desquels on est contrarié, au lieu de les trouver compréhensibles. A ces cas se rattachent encore certaines erreurs dans lesquelles la momentanéité apparaît de nouveau, comme lorsqu'on croit pendant quelque temps à des choses dont on savait auparavant et dont on saura de nouveau plus tard qu'elles ne sont pas telles qu'on se les représente. A tous ces cas on pourrait encore ajouter une foule de phénomènes analogues, connus sous des noms divers.

Il s'agit là d'accidents dont la parenté intime est mise en évidence par le fait que les mots servant à les désigner ont tous en commun le préfixe ver (en allemand), d'accidents qui sont tous d'un caractère insignifiant, d'une courte durée pour la plupart et sans grande importance dans la vie des hommes. Ce n'est que rarement que tel ou tel d'entre eux, comme la perte d'objets, acquiert une certaine importance pratique. C'est pourquoi ils n'éveillent pas grande attention, ne donnent lieu qu'à de faibles émotions, etc. » (1).

LA MÉTHODE ET LE BUT DE LA RECHERCHE

[36] « Nous ne voulons pas seulement décrire et classer les phénomènes, nous voulons aussi les concevoir comme étant des indices d'un jeu de forces s'accomplissant dans l'âme, comme la manifestation de tendances ayant un but défini et travaillant soit dans la même direction, soit dans des directions opposées. Nous cherchons à nous former une conception dynamique des phénomènes psychiques. Dans notre conception, les phénomènes perçus doivent s'effacer devant les tendances seulement admises. » (2).

L'OUBLI

Le problème de l'oubli est l'un de ceux auxquels Freud s'est intéressé le plus tôt. Cela n'est pas surprenant ; toute la recherche psychanalytique (névrose, rêve, problèmes de la civilisation) peut être considéré comme l'inlassable exploration de la mémoire et l'interprétation de ses vicissitudes.

L'oubli des noms propres est particulièrement intéressant par sa fréquence et par le fait que, souvent, il est lié à un faux souvenir. De l'étude de l'oubli des noms propres résulte la formulation de

---

(1) *Introduction à la Psychanalyse*; pp. 35-36.
(2) *Ibid.*, p. 79.

lois qui auront d'ailleurs valeur générale pour l'étude des actes manqués :

L'OUBLI ET LE REFOULEMENT

[37] « L'oubli consiste dans la perturbation d'une idée par une contradiction intérieure venant d'une source refoulée. » (1).

[38] « Ce qui m'a amené à m'occuper de plus près du phénomène de l'oubli passager de noms propres, ce fut l'observation de certains détails qui manquent dans certains cas, mais se manifestent dans d'autres avec une netteté suffisante. Ces derniers cas sont ceux où il s'agit non seulement d'oubli, mais de faux souvenirs. Celui qui cherche à se rappeler un nom qui lui a échappé retrouve dans sa conscience d'autres noms, des noms de substitution, qu'il reconnaît aussitôt comme incorrects mais qui ne continuent pas moins à s'imposer à lui obstinément. On dirait que le processus qui devait aboutir à la reproduction du nom recherché a subi un déplacement, s'est engagé dans une fausse route, au bout de laquelle il trouve le nom de substitution, le nom incorrect. Je prétends que ce déplacement n'est pas l'effet d'un arbitraire psychique, mais s'effectue selon des voies préétablies et possibles à prévoir. » (2).

L'OUBLI AVEC FAUSSE RÉMINISCENCE

Il s'agit de surcroît d'un oubli collectif, paraissant révéler une communication des inconscients.

[39] « Dans une petite société d'universitaires, dans laquelle se trouvaient également deux étudiants en philosophie, on parlait des nombreuses questions qui se posent à l'histoire de la civilisation et à la science des religions, quant aux origines du christianisme. Une des jeunes femmes qui avait pris part à la conversation se souvint d'avoir trouvé, dans un roman anglais qu'elle avait lu récemment, un tableau intéressant des courants religieux qui agitaient cette époque-là. Elle ajouta que toute la vie du Christ, depuis sa naissance jusqu'à sa mort, était décrite dans ce roman dont elle ne pouvait pas se rappeler le titre (alors qu'elle gardait un souvenir visuel très net de la couverture du livre et de l'aspect typographique du titre). Trois des messieurs présents déclarèrent connaître, eux aussi, ce roman, mais, fait singulier, tout comme la jeune femme, ils furent incapables de se souvenir de son titre.

Seule la jeune femme consentit à se soumettre à l'analyse, en vue de trouver l'explication de son oubli. Disons tout de suite que le livre avait pour titre *Ben-Hur* (par Lewis Wallace). Les souvenirs de substitution furent : ecce homo - homo sum - quo vadis ? La jeune fille comprend elle-même qu'elle a oublié le titre, parce qu'il contient une

---

(1) *Introduction à la psychanalyse,* p. 19.
(2) *Ibid.,* p. 5-6.

expression que « ni moi ni aucune autre jeune fille ne voudrions employer, surtout en présence de jeunes gens. »

L'analyse, très intéressante, a permis de pousser plus loin cette explication. Le rapport une fois établi, la traduction du mot homo (homme) présente également une signification douteuse. .... la jeune femme traite le mot oublié comme si en prononçant le titre suspect, elle avouait devant des jeunes gens des désirs qu'elle considère inconvenants pour sa personne et qu'elle repousse comme étant pénibles. Plus brièvement : sans s'en rendre compte, elle considère l'énoncé du titre *Ben-Hur* comme équivalent à une invitation sexuelle, et son oubli correspond à une défense contre une tentation inconsciente de ce genre. Nous avons des raisons de croire que des processus inconscients analogues ont déterminé l'oubli des jeunes gens. Leur inconscient a saisi la véritable signification de l'oubli de la jeune fille... Il l'a pour ainsi dire interprété... L'oubli des jeunes gens exprime un respect pour cette attitude discrète de la jeune fille... On dirait que par sa subite lacune de mémoire, celle-ci leur a clairement signifié quelque chose que leur inconscient a aussitôt compris. » (1).

L'OUBLI ET L'INSTINCT DE DÉFENSE

Il y a une tendance générale à oublier ce qui est pénible par un « instinct de défense » comparable à un réflexe de fuite (celui qui est d'ailleurs à la base de la formation des symptômes hystériques). Les processus de cette défense sont complexes : parfois il y a déplacement du but, ce qui est oublié n'est pas la représentation principale, mais une autre qui lui est liée par association. On retrouve ici le langage des processus oniriques et des processus névrotiques.

[40] « Alors que j'écrivais ces pages, il m'est arrivé d'observer sur moi-même un cas d'oubli presque incroyable : en consultant le 1er janvier mon livre de comptes pour faire les relevés d'honoraires, je tombe sur le nom M... ! inscrit sur une page du mois de juin et ne puis me rappeler la personne à laquelle ce nom appartient. Mon étonnement grandit, lorsqu'en continuant de feuilleter mon livre, je constate que j'ai traité ce malade dans un sanatorium où je l'ai vu tous les jours pendant des semaines. Or, un médecin n'oublie pas au bout de six mois à peine un malade qu'il a traité dans de telles conditions. Etait-ce un homme, un paralytique, un cas sans intérêt ? Telles sont les questions que je me pose. Enfin, en lisant la note concernant les honoraires reçus, je retrouve tous les détails qui voulaient se soustraire à mon souvenir. M... était une fillette de 14 ans qui présentait le cas le plus remarquable de tous ceux que j'ai vus au cours de ces dernières années ; ce cas m'a laissé une impression que je n'oublierai jamais, et son issue m'a causé des instants excessivement pénibles. L'enfant souffrait d'une hystérie évidente et éprouva, sous l'influence de mon traitement, une amélioration rapide et consi-

(1) *Psychopathologie de la vie quotidienne*, pp. 48-49.

dérable. Après cette amélioration, les parents me retirèrent leur enfant ; elle se plaignait toujours de douleurs abdominales, qui jouèrent d'ailleurs le rôle principal dans le tableau symptômatique de son hystérie. Deux mois après, elle mourut d'un sarcome des ganglions abdominaux. L'hystérie à laquelle l'enfant était incontestablement prédisposée avait été provoquée par la tumeur ganglionnaire et alors que j'étais impressionné surtout par les phénomènes bruyants, mais anodins de l'hystérie, je n'avais prêté aucune attention à la maladie insidieuse, mais incurable, qui devait l'emporter. » (1).

[41] « Je me trouve dans l'impossibilité de me souvenir du nom d'un de mes patients qui faisait partie de mes relations de jeunesse. L'analyse me fait faire un long détour, avant de me révéler ce nom. Le malade avait manifesté la crainte de devenir aveugle ; ceci éveilla en moi le souvenir d'un jeune homme qui est devenu aveugle à la suite d'une blessure par arme à feu ; ce souvenir, à son tour, fit surgir l'image d'un autre jeune homme qui s'était suicidé en se tirant une balle de revolver et qui portait le même nom que le premier patient auquel il n'était d'ailleurs pas apparenté. Mais je n'ai retrouvé le nom qu'après m'être rendu compte que j'avais inconsciemment reporté sur une personne de ma propre famille l'attente angoissante du malheur qui avait frappé les deux jeunes gens dont je viens de parler.

C'est ainsi que ma pensée est traversée par un courant constant « de rapports personnels », dont je n'ai généralement aucune connaissance, mais qui se manifeste par l'oubli de noms. C'est comme si quelque chose me poussait à rapporter à ma propre personne tout ce que j'entends dire et raconter concernant des tiers, comme si tout renseignement relatif à des tiers éveillait mes complexes personnels. Il ne s'agit certainement pas là d'une particularité individuelle ; j'y vois plutôt une indication quant à la manière dont nous devons comprendre ce qui est « autre », c'est-à-dire ce qui n'est pas nous-mêmes. Et j'ai, en outre, des raisons de croire que chez les autres individus les choses se passent exactement comme chez moi. » (2).

[42] « ... Un jeune homme, pour se créer un prétexte à accomplir un acte désiré, oublie l'équivalent anglais du mot or, alors que ce métal est désigné par le même mot (gold) en anglais et en allemand.

« Dans une pension de famille, un jeune homme fait la connaissance d'une Anglaise qui lui plaît. S'entretenant avec elle le premier soir dans sa langue maternelle (c'est-à-dire en anglais) qu'il possède assez bien et voulant prononcer en anglais le mot or, il ne parvient pas, malgré tous ses efforts, à trouver le vocable nécessaire. A la place du mot exact, il trouve le mot français « or », le mot latin « aurum », le mot grec « chrysos » qui se présentent d'une façon tel-

---

(1) *Psychopathologie de la vie quotidienne*, pp. 156-157.
(2) *Ibid.*, pp. 30-31.

lement obsédante qu'il arrive difficilement à les écarter, alors qu'il sait fort bien qu'ils n'ont rien de commun avec le mot qu'il cherche. Il ne trouve finalement pas d'autre moyen de se faire comprendre que de toucher la bague en or que la dame porte à l'un de ses doigts ; et il apprend, à sa confusion, que le mot anglais qu'il cherche depuis si longtemps est en tous points identique au mot allemand désignant le même objet : « gold ». La signification de cet attouchement provoqué par l'oubli doit être cherchée, non seulement dans le désir qu'ont tous les amoureux de se sentir en contact direct avec la personne aimée, mais aussi das le fait qu'il nous renseigne sur les éventuelles intentions matrimoniales de notre jeune homme. » (1).

[43] « Il est deux situations dans la vie où le profane lui-même se rend compte que l'oubli de projets n'est nullement un phénomène élémentaire irréductible, mais autorise à conclure à l'existence de motifs inavoués. Je veux parler de l'amour et du service militaire. Un amoureux qui se présente à un rendez-vous avec un certain retard aura beau s'excuser auprès de sa dame en disant qu'il avait malheureusement oublié ce rendez-vous, elle ne tardera pas à lui répondre : « Il y a un an, tu n'aurais pas oublié. C'est que tu ne m'aimes plus. » Et si, ayant recours à l'explication psychologique mentionnée plus haut, il cherche à excuser son oubli par des affaires urgentes, la dame, devenue aussi perspicace en psychanalyse qu'un médecin spécialiste, lui répondra : « Il est bizarre que tu n'aies jamais été troublé par tes affaires. » Certes, la dame n'exclura pas toute possibilité d'oubli ; elle pensera seulement, et non sans raison, que l'oubli non intentionnel est un indice presque auss isûr d'un certain non-vouloir qu'un prétexte conscient. » (2).

L'AMNÉSIE INFANTILE

[44] A mon avis, on a tort d'accepter comme un fait naturel le phénomène de l'amnésie infantile, de l'absence de souvenirs se rapportant aux premières années. On devrait plutôt voir dans ce fait une singulière énigme. On oublie que même un enfant de quatre ans est capable d'un travail intellectuel très intense et d'une vie affective très compliquée et on devrait plutôt s'étonner de constater que tous ces processus psychiques aient laissé si peu de traces dans la mémoire, alors que nous avons toutes les raisons d'admettre que tous ces faits oubliés de la vie de l'enfance ont exercé une influence déterminante sur le développement ultérieur de la personne. Comment se fait-il donc que, malgré cette influence incontestable et incomparable, ils aient été oubliés ? Force nous est d'admettre que le souvenir (conçu comme une reproduction consciente) est soumis à des conditions tout à fait spéciales qui ont jusqu'à présent échappé à nos recherches. Il est fort possible que l'oubli infantile nous livre le moyen

(1) *Psychopathologie de la vie quotidienne*, pp. 42-43.
(2) *Ibid.*, p. 163.

de comprendre les amnésies qui, d'après nos connaissances les plus récentes, sont à la base de la formation de tous les symptômes névrotiques. » (1).

Les souvenirs d'enfance et les souvenirs-écrans

[45] « Dans ces scènes, vraies ou fausses, datant de l'enfance, on voit régulièrement figurer sa propre personne infantile, avec ses contours et dans ses vêtements. Cette circonstance est faite pour étonner, car les adultes du type visuel ne voient plus leur propre personne dans leurs souvenirs à propos des événements ultérieurs de leur vie. Il est également contraire à toutes nos expériences d'admettre que, dans les événements où il est l'auteur ou le témoin, l'attention de l'enfant se porte sur lui-même au lieu de se concentrer sur les impressions venues de l'extérieur. Tout cela nous oblige à admettre que ce qu'on trouve dans les soi-disant souvenirs de la première enfance, ce ne sont pas les vestiges d'événements réels mais une élaboration ultérieure de ces vestiges, laquelle a dû s'effectuer sous l'influence de différentes forces psychiques intervenues par la suite. C'est ainsi que les « souvenirs d'enfance » acquièrent d'une manière générale la signification de « souvenirs-écrans » et trouvent, en même temps, une remarquable analogie avec les souvenirs d'enfance des peuples, tels qu'ils sont figurés dans les mythes et les légendes. » (2).

Les souvenirs d'enfance : ce sont des souvenirs « sur notre enfance »

[46] « La simple infidélité du souvenir ne joue justement ici aucun rôle essentiel étant donné la grande intensité sensorielle des images et les capacités de la fonction mnésique dans la jeunesse ; un examen attentif montre bien plutôt que ces falsifications du souvenir sont tendancieuses, c'est-à-dire qu'elles servent au refoulement et à la substitution d'impressions choquantes ou désagréables. Ainsi il faut que ces souvenirs soient eux aussi apparus à une époque où de tels conflits et de telles incitations au refoulement pouvaient s'exprimer déjà dans la vie psychique, c'est-à-dire bien longtemps après cette époque qu'ils rappellent dans leur contenu. Mais là encore le souvenir falsifié est le premier souvenir dont nous ayons connaissance ; le matériau de traces mnésiques à partir duquel il a été forgé nous demeure inconnu dans sa forme originaire. Une telle façon de voir les choses diminue à nos yeux l'écart entre les souvenirs-écrans et les autres souvenirs qui viennent de l'enfance. Il se peut qu'il soit tout à fait oiseux de se demander si nous avons des souvenirs conscients provenant de notre enfance ou s'il ne s'agit pas plutôt de souvenirs sur notre enfance. Nos souvenirs d'enfance nous montrent les premières années de notre vie, non comme elles étaient, mais comme elles sont apparues à des époques ultérieures d'évocation ; les souvenirs d'enfance n'ont

---

(1) *Psychopathologie de la vie quotidienne*, p. 54.
(2) *Ibid.*, pp. 55-56.

pas émergé, comme on a coutume de le dire, à ces époques d'évocation, mais c'est alors qu'ils ont été formés et toute une série de motifs, dont la vérité historique est le dernier des soucis, ont influencé cette formation aussi bien que le choix des souvenirs. » (1).

Un souvenir-écran

[47] « Il s'agit d'un homme âgé de quarante ans, ayant eu beaucoup de déboires dans sa vie amoureuse. Il est l'aîné de neuf enfants. Il avait déjà quinze ans lors de la naissance de la plus jeune de ses sœurs, mais il affirme ne s'être jamais aperçu que sa mère était enceinte. Me voyant incrédule, il fait appel à ses souvenirs et finit par se rappeler qu'à l'âge de onze ou douze ans il vit un jour sa mère défaire hâtivement sa jupe devant une glace. Sans être sollicité cette fois, il complète ce souvenir en disant que ce jour-là sa mère venait de rentrer et s'était sentie prise de douleurs inattendues. Or, le délaçage (Aufbinden) de la jupe n'apparaît dans ce cas que comme un « souvenir-écran » pour accouchement (Entbindung). Il s'agit là d'une sorte de « pont verbal » dont nous retrouverons l'usage dans d'autres cas. » (2).

Le sentiment de déja vu et la fausse reconnaissance

[48] « Une dame, aujourd'hui âgée de trente-sept ans, prétend se rappeler de la façon la plus nette qu'étant venue, à l'âge de douze ans et demi, en visite chez des amies habitant la campagne, elle eut la sensation, en entrant pour la première fois dans le jardin, d'y avoir déjà été. La même sensation se renouvela, lorsqu'elle entra dans les appartements, de sorte qu'elle savait d'avance quelle pièce serait la suivante, quel coup d'œil on aurait de cette pièce, etc. Il résulte de tous les renseignements recueillis que c'était bien pour la première fois qu'elle voyait et la maison et le jardin. La dame qui racontait cela n'en cherchait pas l'explication psychologique, mais voyait dans la sensation qu'elle avait éprouvée alors un pressentiment prophétique du rôle que ces amies devaient jouer plus tard dans sa vie affective. Mais en réfléchissant aux circonstances dans lesquelles s'est produit ce phénomène, nous trouvons facilement les éléments de son explication. Lorsque cette visite fut décidée, elle savait que ces jeunes filles avaient un frère unique, gravement malade. Elle put le voir pendant son séjour là-bas, lui trouva très mauvaise mine et se dit qu'il ne tarderait pas à mourir. Or, son unique frère à elle avait eu, quelques mois auparavant, une diphtérie grave ; pendant sa maladie, elle fut éloignée de la maison et séjourna pendant plusieurs semaines chez une parente. Elle croit se rappeler que son frère l'avait accompagnée dans cette visite à la campagne ; elle pense même que ce fut sa première grande sortie après sa maladie. Ses souvenirs sur ces points sont d'ailleurs singulièrement vagues, alors qu'elle se rappelle parfaitement tous les autres détails, et notamment la robe

(1) *Névrose, Psychose et Perversion,* pp. 131-132.
(2) *Psychopathologie dans la vie quotidienne,* p. 52.

qu'elle portait ce jour-là. Il suffit d'un peu d'expérience pour deviner que l'attente de la mort de son frère a alors joué un grand rôle dans la vie de cette jeune fille et que cette attente n'a jamais été consciente, ou bien a subi un refoulement énergique à la suite de l'heureuse issue de la maladie. Dans le cas contraire (si son frère était mort), elle aurait été obligée de mettre une autre robe, et notamment une robe de deuil. Elle retrouve chez ses amies une situation analogue : un frère unique, en danger de mort (il est d'ailleurs mort peu après). Elle aurait dû se souvenir consciemment qu'elle s'était trouvée elle-même dans cette situation quelques mois auparavant ; mais empêchée d'évoquer ce souvenir, parce qu'il était refoulé, elle a transféré sa sensation de souvenir à la maison et au jardin, ce qui lui fit éprouver un sentiment de « fausse reconnaissance », l'illusion d'avoir déjà vu tout cela. Nous pouvons conclure du fait du refoulement que l'attente où elle se trouvait à l'époque de voir son frère mourir avait presque le caractère d'un désir capricieux : elle serait alors restée l'enfant unique. Au cours de la névrose dont elle fut atteinte ultérieurement, elle était obsédée de la façon la plus intense par la crainte de voir ses parents mourir, crainte derrière laquelle l'analyse a pu, comme toujours, découvrir un désir inconscient ayant le même contenu. «» (1).

L'importance de l'oubli des souvenirs dans la vie sociale

[49] « Cette manière de voir d'après laquelle les souvenirs succombent particulièrement facilement à l'oubli motivé mériterait d'être étendue à beaucoup d'autres domaines dans lesquels on n'en tient pas encore suffisamment compte, sans parler des cas où elle n'est pas du tout prise en considération. C'est ainsi qu'à mon avis on n'y attache pas encore l'importance qu'elle mérite dans l'utilisation des témoignages en justice et qu'on attribue aux témoignages faits sous la foi du serment une action trop purificatrice sur le jeu des forces psychiques du témoin. Tout le monde admet qu'en ce qui concerne les traditions et l'histoire légendaire d'un peuple, il faut tenir compte, si l'on veut bien comprendre, d'un motif semblable, c'est-à-dire le désir de faire disparaître du souvenir du peuple tout ce qui blesse ou choque son sentiment national. Une étude plus approfondie permettra peut-être un jour d'établir une analogie complète entre la manière dont se forment les traditions populaires et celle dont se forment les souvenirs d'enfance de l'individu. » (2).

---

(1) *Psychopathologie de la vie quotidienne*, pp. 283-284-285.
(2) *Ibid.*, p. 158.

Les mécanismes de l'oubli

[50] « En ce qui concerne le mécanisme de l'oubli proprement dit, je puis donner les indications suivantes : les matériaux de nos souvenirs sont sujets, d'une façon générale, à deux influences : la condensation et la déformation. La déformation est l'œuvre des tendances qui règnent dans la vie psychique et elle frappe surtout les traces de souvenirs ayant conservé une force effective et qui, pour cette raison, résistent davantage à la condensation, sans manifester aucune résistance ; mais dans certains cas la déformation frappe également les matériaux indifférents qui n'ont pas reçu satisfaction au moment où ils se sont manifestés. Comme ces processus de condensation et de déformation s'étendent sur une longue durée, pendant laquelle tous les nouveaux événements contribuent à la transformation du contenu de la mémoire, nous croyons généralement que c'est le temps qui rend les souvenirs incertains et vagues. Il est plus que probable que le temps comme tel ne joue aucun rôle dans l'oubli. En analysant les traces de souvenirs refoulés, on peut constater que la durée ne leur imprime aucun changement. L'inconscient se trouve, d'une façon générale, en dehors du temps. Le caractère le plus important et le plus étrange de la fixation psychique consiste dans le fait que les impressions subsistent non seulement telles qu'elles ont été reçues, quant à leur nature, mais aussi en maintenant toutes les formes qu'elles ont revêtues au cours de leur développement ultérieur ; particularité qui ne se laisse expliquer par aucune comparaison avec ce qui se passe dans les autres sphères de la vie. C'est ainsi que, d'après la théorie, tout état antérieur du contenu de la mémoire peut être évoqué en qualité de souvenir, alors même que tous les éléments qui conditionnaient ses relations primitives ont été remplacées par de nouveaux éléments. » (1).

LES LAPSUS

[51] « Dans le procédé psychothérapeutique dont j'use pour défaire et supprimer les symptômes névrotiques, je me trouve très souvent amené à rechercher dans les discours et les idées, en apparence accidentels, exprimés par le malade, un contenu qui, tout en cherchant à se dissimuler, ne s'en trahit pas moins, à l'insu du patient, sous les formes les plus diverses. Le lapsus rend souvent, à ce point de vue, les services les plus précieux, ainsi que j'ai pu m'en convaincre par des exemples très instructifs et, à beaucoup d'égards, très bizarres. Tel malade parle, par exemple de sa tante qu'il appelle sans difficulté et sans s'apercevoir de son lapsus, « ma mère » ; telle femme parle de son mari, en l'appelant « frère ». Dans l'esprit de ces malades,

---

(1) *Psychopathologie de la vie quotidienne*, p. 291 (note 1).

la tante et la mère, le mari et le frère se trouvent ainsi « identifiés », liés par une association, grâce à laquelle ils s'évoquent réciproquement, ce qui signifie que le malade les considère comme représentant le même type. Ou bien : un jeune homme de vingt ans se présente à ma consultation en me déclarant : « Je suis le père de N.N. que vous avez soigné... Pardon, je veux dire que je suis son frère ; il a quatre ans de plus que moi. » Je comprends que par ce lapsus il veut dire que, comme son frère, il est malade par la faute du père, que, tout comme son frère, il vient chercher la guérison, mais que c'est le père dont le cas est le plus urgent. D'autres fois, une combinaison de mots inaccoutumée, une expression en apparence forcée suffisent à révéler l'action d'une idée refoulée sur le discours du malade, dicté par des mobiles tout différents.

C'est ainsi que dans les troubles de la parole, qu'il soient sérieux ou non, mais qui peuvent être rangés dans la catégorie des « lapsus », je retrouve l'influence non pas du contact exercé par les sons les uns sur les autres, mais d'idées extérieures à l'intention qui dicte le discours, la découverte de ces idées suffisant à expliquer l'erreur commise. » (1).

[52] « Un jeune homme dit à sa sœur : « J'ai tout à fait rompu avec les D... Je ne les salue plus. » Et la sœur de répondre : « C'était une jolie liaison. » Elle voulait dire : une jolie relation, SIPPschaft, mais dans son lapsus elle prononça LIPPschaft, au lieu de Liebchaft-liaison. Et en parlant de liaison (sans le vouloir), elle exprima une allusion au flirt que son frère eut autrefois avec la jeune fille de la famille D... et aussi aux bruits défavorables qui, depuis quelque temps, couraient sur le compte de cette dernière, à laquelle on attribuait une liaison.

Un jeune homme adresse ces mots à une dame qu'il rencontre dans la rue : « Wenn Sie gestatten, Fräulein, möchte ich Sie gerne begleitdigen. » Il voulait dire : « Si vous permettez, Mademoiselle, je vous accompagnerais volontiers » : mais il a commis un lapsus par contraction en combinant le mot begleiten (accompagner) avec le mot beleidigen (offenser, manquer de respect). Son désir était évidemment de l'accompagner, mais il craignait de la froisser par son offre. Le fait que ces deux tendances opposées aient trouvé leur expression dans un seul mot, et précisément dans le lapsus que nous venons de citer, prouve que les véritables intentions du jeune homme n'étaient pas tout à fait claires et devaient lui paraître à lui-même offensantes pour cette dame. Mais alors qu'il cherche précisément à lui cacher la manière dont il juge son offre, son inconscient lui joue le mauvais tour de trahir son véritable dessein, ce qui lui attire de la part de la dame cette réponse : « Pour qui me prenez-vous donc, pour me faire une offense pareille (beleidigen) ? (2).

[53] « ... En tant que médecin je ne songe jamais à l'intérêt pécu-

(1) *Psychopathologie de la vie quotidienne*, pp. 89-90.
(2) *Ibid.*, p. 77.

niaire, mais ce qui est tout à fait naturel, à l'intérêt du malade. Je me trouve chez une malade à laquelle je donne des soins pour l'aider à se remettre d'une maladie grave dont elle sort à peine. J'avais passé auprès d'elle des jours et des nuits excessivement pénibles. Je suis heureux de la trouver mieux, et lui décris les charmes du séjour qu'elle va faire à Abbazia, en ajoutant : « Si, comme je l'espère, vous ne quittez pas bientôt le lit. » Ce disant, j'ai évidemment exprimé le désir inconscient d'avoir à soigner cette malade plus longtemps, désir qui est complètement étranger à ma conscience éveillée et qui, s'il se présentait, serait réprimé avec indignation. » (1).

LES ERREURS D'ÉCRITURE ET LES ERREURS DE LECTURE

[54] « A l'importance pratique des lapsus calami se rattache un intéressant problème. Vous vous rappelez sans doute le cas de l'assassin H... qui, se faisant passer pour un bactériologiste, savait se procurer dans les instituts scientifiques des cultures de microbes pathogènes excessivement dangereux et utilisait ces cultures pour supprimer par cette méthode ultra-moderne des personnes qui lui tenaient de près. Un jour cet homme adressa à la direction d'un de ces instituts une lettre dans laquelle il se plaignait de l'inefficacité des cultures qui lui ont été envoyées, mais il commit une erreur en écrivant, de sorte qu'à la place des mots « dans mes essais sur des souris ou des cobayes », on pouvait lire distinctement : « dans mes essais sur des hommes ». Cette erreur frappa d'ailleurs les médecins de l'Institut en question qui, autant que je sache, n'en ont tiré aucune conclusion. Croyez-vous que les médecins n'auraient pas été bien inspirés s'ils avaient pris cette erreur pour un aveu et provoqué une enquête qui aurait coupé court à temps aux exploits de cet assassin ? » (2).

[54 *bis*] « Un monsieur que je connais bien m'avait déclaré à plusieurs reprises que, le jour où il serait appelé, il ne ferait aucun usage des diplômes attestant sa spécialité et lui donnant droit à un emploi à l'arrière, mais qu'il demanderait son incorporation dans l'active, pour être envoyé au front. Peu de temps avant son appel, il m'annonce un jour, sèchement et sans aucune autre explication, qu'il a fait le nécessaire pour la déclaration de sa spécialité et qu'il sera en conséquence affecté à un établissement industriel. Le lendemain nous nous rencontrons dans un établissement officiel. J'étais en train d'écrire, debout devant un pupitre ; il entre, regarde un instant par-dessus mon épaule et dit : « Tiens, c'est écrit : Druckbogen (formules imprimées) ; et moi, j'ai lu : Drückeberger (carottier). » (3).

---

(1) *Psychopathologie de la vie quotidienne*, p. 78.
(2) *Introduction à la Psychanalyse*, pp. 81-82.
(3) *Psychopathologie de la vie quotidienne*, p. 125.

LES ACTES ACCIDENTELS OU SYMPTOMATIQUES

[55] « Il y a beaucoup d'autres phénomènes qui se rapprochent des actes manqués, mais auxquels ce nom ne convient pas. Nous les appelons actes accidentels ou symptomatiques. Ils ont également tous les caractères d'un acte non motivé, insignifiant, dépourvu d'importance, et surtout superflu. Mais ce qui les distingue des actes manqués proprement dits, c'est l'absence d'une intention hostile et perturbatrice venant contrarier une intention primitive. Ils se confondent, d'autre part, avec les gestes et mouvements servent à l'expression des émotions. Font partie de cette catégorie d'actes manqués toutes les manipulations, en apparence sans but, que nous faisons subir, comme en nous jouant à nos vêtements, à telles ou telles parties de notre corps, à des objets à portée de notre main ; les mélodies que nous chantonnons appartiennent à la même catégorie d'actes, qui sont en général caractérisés par le fait que nous les suspendons, comme nous les avons commencés, sans motifs apparents. Or, je n'hésite pas à affirmer que tous ces phénomènes sont significatifs et se laissent interpréter de la même manière que les actes manqués, qu'ils constituent de petits signes révélateurs d'autres processus psychiques, plus importants, qu'ils sont des actes psychiques au sens complet du mot. » (1).

[56] « Les actes accidentels ou symptomatiques se rattachant à la vie conjugale ont souvent la plus grande signification et peuvent inspirer la croyance aux signes prémonitoires à ceux qui ne sont pas familiarisés avec la psychologie de l'inconscient. Ce n'est pas un bon début, lorsqu'une jeune femme perd son alliance au cours du voyage de noces ; il est vrai que le plus souvent l'alliance, qui a été mise par distraction dans un endroit où on n'a pas l'habitude de la mettre, finit par être retrouvée. — Je connais une femme divorcée, qui, longtemps avant le divorce se trompait souvent, en signant de son nom de jeune fille les documents concernant l'administration de ses biens. — Un jour, me trouvant en visite chez un couple récemment marié, j'ai entendu la jeune femme me raconter en riant qu'étant allés au retour du voyage de noces, voir sa sœur, celle-ci lui proposa de l'accompagner dans les magasins pour faire des achats pendant que le mari irait à ses affaires. Une fois dans la rue, elle aperçut, sur le trottoir opposé, un monsieur dont la présence dans cette rue sembla l'étonner, et elle dit à sa sœur : « Regarde, on dirait que c'est M.L. » Elle avait oublié que ce M.L. était depuis plusieurs semaines son époux. Je me suis senti mal à l'aise en écoutant ce récit, mais m'abstins d'en tirer une conclusion. Je ne me suis souvenu de cette petite histoire qu'au bout de plusieurs

---

(1) *Introduction à la Psychanalyse*, pp. 72-73.

années, lorsque ce mariage a pris une tournure des plus malheureuses. » (1).

Le sens des actes manqués

[57] « Nous savons non seulement que ces actes sont des actes psychiques ayant un sens et marqués d'une intention, qu'ils résultent de l'interférence de deux intentions différentes, mais aussi qu'une de ces intentions doit, avant le discours, avoir subi un certain refoulement, pour pouvoir se manifester par la perturbation de l'autre. Elle doit être troublée elle-même, avant de pouvoir devenir perturbatrice. Il va sans dire qu'avec celui nous n'acquérons pas encore une explication complète des phénomènes que nous appelons actes manqués. Nous voyons aussitôt surgir d'autres questions, et nous pressentons en général que plus nous avancerons dans notre étude, plus les occasions de poser de nouvelles questions seront nombreuses. Nous pouvons demander, par exemple, pourquoi les choses ne se passent pas beaucoup plus simplement. Lorsque quelqu'un a l'intention de refouler une certaine tendance, au lieu de la laisser s'exprimer, on devrait se trouver en présence de l'un des deux cas suivants : ou le refoulement est obtenu, et alors rien ne doit apparaître de la tendance perturbatrice ; ou bien le refoulement n'est pas obtenu, et alors la tendance en question doit s'exprimer franchement et complètement. Mais les actes manqués résultent de compromis ; ils signifient que le refoulement est à moitié manqué et à moitié réussi, que l'intention menacée, si elle n'est pas complètement supprimée, est suffisamment refoulée pour ne pas pouvoir se manifester, abstraction faite de certains cas isolés, telle quelle, sans modifications. » (2).

Le mécanisme des actes manqués

Les processus à l'œuvre dans la formation des actes manqués sont les mêmes que dans les rêves et dans la vie psychique normale.

[58] « Le mécanisme des actes manqués et accidentels, tel qu'il s'est révélé à nous grâce à l'application de l'analyse, montre, dans ses points essentiels, une grande analogie avec le mécanisme qui préside à la formation de rêves, tel que je l'ai décrit dans le chapitre « Travail du rêve » de mon livre sur « La science des rêves ». De part et d'autre on trouve des condensations et des formations de compromis (contaminations) ; la situation est la même, c'est-à-dire qu'elle est caractérisée par le fait que des idées inconscientes arrivent à s'exprimer à titre de modifications d'autres idées, en suivant des voies inaccoutumées, indépendamment des associations extérieures. Les inconséquences, les absur-

---

(1) *Psychopathologie de la vie quotidienne*, pp. 218-219.
(2) *Introduction à la Psychanalyse*, pp. 77-78.

dités et les erreurs inhérentes au contenu du rêve, et à cause desquelles on hésite souvent à voir dans le rêve le produit d'une fonction psychique, se produisent de la même façon, bien qu'avec une utilisation plus libre des moyens existants, que les erreurs courantes de notre vie de tous les jours ; ici comme là l'apparence de fonction incorrecte s'explique par l'interférence particulière de deux ou plusieurs actes corrects.. De cette analogie se dégage une conclusion importante : le mode de travail particulier dont nous voyons la manifestation la plus frappante dans le contenu du rêve, ne s'explique pas uniquement par l'état de sommeil de la vie psychique, puisque nous observons des manifestations de ce mode de travail jusque dans la vie éveillée. Cette considération nous interdit également d'assigner pour conditions à ces processus psychiques, anormaux et bizarres en apparence une profonde dissociation de l'activité psychique ou des états morbides de la fonction. » (1).

LE DÉTERMINISME PSYCHIQUE

[59] « ... le psychanalyste se distingue par sa foi dans le déterminisme de la vie psychique. Celle-ci n'a à ses yeux rien d'arbitraire ni de fortuit ; il imagine une cause particulière là où d'habitude on n'a pas l'idée d'en supposer. Bien plus, il fait souvent appel à plusieurs causes ; à une multiple motivation pour rendre compte d'un phénomène psychique alors que d'habitude on se déclare satisfait avec une seule cause pour chaque phénomène psychologique. » (2).

[60] « On sait que beaucoup de personnes invoquent à l'encontre d'un déterminisme psychique absolu leur conviction intime de l'existence d'un libre-arbitre. Cette conviction refuse de s'incliner devant la croyance au déterminisme. Comme tous les sentiments normaux, elle doit être justifiée par certaines raisons. Je crois cependant avoir remarqué qu'elle ne se manifeste pas dans les grandes et importantes décisions ; dans ces occasions, on éprouve plutôt le sentiment d'une contrainte psychique, et on en convient : « J'en suis là, je ne puis faire autrement. » Lorsqu'il s'agit, au contraire, de résolutions insignifiantes, indifférentes, on affirme volontiers qu'on aurait pu tout aussi bien se décider autrement, qu'on a agi librement, qu'on a accompli un acte de volonté non motivé. Nos analyses ont montré qu'il n'est pas nécessaire de contester la légitimité de la conviction concernant l'existence du libre-arbitre. La distinction entre la motivation consciente et la motivation inconsciente une fois établie, notre conviction nous apprend seulement que la motivation consciente ne s'étend pas à toutes nos décisions motrices. « Minima non curat praetor ». Mais ce qui reste ainsi non motivé d'un côté, reçoit ses motifs d'une autre source,

---

(1) *Psychopathologie de la vie quotidienne*, pp. 294-295.
(2) *Cinq leçons sur la Psychanalyse*, p. 43.

de l'inconscient, et il en résulte que le déterminisme psychique apparaît sans solution de continuité. » (1).

Superstition et paranoïa

Le superstitieux et le paranoïaque manifestent tous deux une connaissance intuitive du déterminisme psychique ; mais ils l'interprètent de façon erronée, l'un, le superstitieux en projetant dans le monde extérieur la motivation de ses actes, l'autre, le paranoïaque en projetant dans la vie psychique d'autrui ce qui est vrai pour lui.

[61] « Ce qui me distingue d'un homme superstitueux, c'est donc ceci ; je ne crois pas qu'un événement, à la production duquel ma vie psychique n'a pas pris part, soit capable de m'apprendre des choses cachées concernant l'état à venir de la réalité ; mais je crois qu'une manifestation non-intentionnelle de ma propre activité psychique me révèle quelque chose de caché qui, à son tour, n'appartient qu'à ma vie psychique ; je crois au hasard extérieur (réel), mais je ne crois pas au hasard intérieur (psychique). C'est le contraire du superstitieux ; il ne sait rien de la motivation de ses actes accidentels et actes manqués, il croit par conséquent au hasard psychique ; en revanche, il est porté à attribuer au hasard extérieur une importance qui se manifestera dans la réalité à venir, et à voir dans le hasard un moyen par lequel s'expriment certaines choses extérieures qui lui sont cachées. Il y a donc deux différences entre l'homme superstitieux et moi ; en premier lieu, il projette à l'extérieur une motivation que je cherche à l'intérieur ; en deuxième lieu, il interprète par un événement le hasard que je ramène à une idée. Ce qu'il considère comme caché correspond chez moi à ce qui est inconscient, et nous avons en commun la tendance à ne pas laisser subsister le hasard comme tel, mais à l'interpréter. J'admets donc que ce sont cette ignorance consciente et cette connaissance inconsciente de la motivation des hasards psychiques qui forment une des racines psychiques de la superstition. C'est parce que le superstitieux ne sait rien de la motivation de ses propres actes accidentels et parce que cette motivation cherche à s'imposer à sa connaissance qu'il est obligé de la déplacer en la situant dans le monde extérieur. » (2).

[62] Alors que l'homme normal admet une catégorie d'actes accidentels n'ayant pas besoin de motivation, catégorie dans laquelle il range une partie de ses propres manifestations psychiques et actes manqués, le paranoïaque refuse aux manifestations psychiques d'autrui tout élément accidentel. Tout ce qu'il observe sur les autres est significatif, donc susceptible d'interprétation. D'où lui vient cette manière de voir ? Ici, comme dans beaucoup d'autres cas analogues, il projette probablement dans la vie psychique d'autrui ce qui existe dans sa

---

(1) *Psychopathologie de la vie quotidienne*, p. 272.
(2) *Ibid.*, pp. 275-276.

propre vie à l'état inconscient. Tant de choses se pressent dans la conscience du paranoïaque qui, chez l'homme normal et chez le névrosé, n'existent que dans l'inconscient, où leur présence est révélée par la psychanalyse ! Sur ce point, le paranoïaque a donc, dans une certaine mesure, raison : il voit quelque chose qui échappe à l'homme normal, sa vision est plus pénétrante que celle de la pensée normale ; mais ce qui enlève à sa connaissance toute valeur, c'est l'extension à d'autres de l'état de choses qui n'est réel qu'en ce qui concerne lui-même. J'espère qu'on n'attend pas de moi une justification de telle ou telle interprétation paranoïaque. Mais en admettant, dans certaines limites, la légitimité d'une telle conception des actes manqués, nous rendons plus facilement compréhensible la conviction qui, chez le paranoïaque, se rattache à toutes ces interprétations. Il y a du vrai dans tout cela, et ce n'est pas autrement que nos erreurs de jugement, même lorsqu'elles ne sont pas morbides, acquièrent à nos yeux une certitude qui entraîne notre conviction. Cette conviction, justifiée en ce qui concerne une certaine partie de notre raisonnement erroné, ou la source d'où il provient, est étendue par nous à l'ensemble dont ce raisonnement fait partie. » (1).

(1) *Psychopathologie de la vie quotidienne*, pp. 273-274.

Le développement de la sexualité

Dans la psychanalyse freudienne, la place de la sexualité est fondamentale. Rappelons que l'une des raisons de la rupture entre Freud et Jung fut que Jung, effrayé des conséquences, pour la civilisation de la théorie de la sexualité, refusait de la mettre au premier plan. Cependant, Freud lui-même s'est élevé contre le reproche de « pansexualisme » et de « tout expliquer par la sexualité » (1). *C'est que le sens qu'il donne à ce mot n'est pas le sens étroit de la langue commune : « en ce qui concerne l'extension donnée par nous à l'idée de sexualité, extension que nous imposait la psychanalyse des enfants et de ce qu'on appelait des pervers, nous répondrons à ceux qui de leur hauteur jettent un regard de mépris sur la psychanalyse qu'ils devraient se rappeler combien l'idée d'une sexualité plus étendue se rapproche de l'Eros du divin Platon »* (2).

C'est par l'analyse des adultes que Freud a découvert la sexualité enfantine et décrit les étapes de son développement. On ne peut dire en toute rigueur qu'il crée la sexologie, mais il la renouvelle complètement en étendant son domaine à l'étude de l'enfant, en substituant la notion de pulsion au terme non scientifique et fort équivoque d'instinct. Ainsi, en décrivant le jeu des pulsions, il précise la dynamique de la sexualité enfantine et découvre l'Œdipe dont la formation et l'évolution commandent toute la vie sexuelle et affective de l'adulte.

Il montre que la sexualité dite « normale » est le résultat de l'intégration de « pulsions partielles », processus délicat, équilibre menacé. Et de même que c'est dans l'Œdipe que se trouve le noyau des névroses de l'adulte, c'est à l'échec de l'intégration des pulsions partielles que sont imputables les perversions.

Enfin, c'est encore l'énergie des pulsions, ou libido, qui, par la sublimation commande la formation du caractère, toutes les activités créatrices et toutes les œuvres de civilisation.

---

(1) *Trois Essais*, préface de la 4e édition, 1920, p. 13.
(2) *Ibid.* » »

LA DÉCOUVERTE DE LA SEXUALITÉ ENFANTINE

« S'il était vrai que l'observation directe des enfants suffit, nous aurions pu nous épargner la peine d'écrire ce livre », écrit Freud dans la préface à la 4e édition des Trois essais sur la théorie de la sexualité.

Etiologie sexuelle des névroses

Dès 1892-93, Freud pose le problème de l'étiologie sexuelle des névroses. Les thèses du manuscrit A répondent affirmativement.

[63] « 1. Il n'existe ni neurasthénie ni névroses analogues sans troubles de la fonction sexuelle.

2. Ce trouble agit en tant que facteur immédiat causal ou favorisant, mais toujours de façon que les autres facteurs ne puissent sans son concours provoquer la neurasthénie.

3. En raison de son étiologie, la neurasthénie, chez l'homme, s'accompagne d'une relative impuissance.

4. Pour la femme, la neurasthénie est une conséquence directe de la neurasthénie de l'homme, par suite d'une diminution de puissance chez celui-ci.

5. La mauvaise humeur périodique est une forme de névrose d'angoisse qui se manifeste ordinairement par des phobies ou des accès d'anxiété.

6. La névrose d'angoisse découle en partie d'une inhibition de la fonction sexuelle.

7. Les simples excès, le surmenage, ne constituent pas des facteurs étiologiques.

8. Dans les névroses neurasthéniques, l'hystérie indique qu'il y a répression des affects concomitants ».

Dans le manuscrit E, il précise le rôle de la tension sexuelle dans la névrose d'angoisse.

[64] « La tension sexuelle se transforme en angoisse dans les cas où, tout en se produisant avec force, elle ne subit pas l'élaboration psychique qui la transformerait en affect, phénomène dû soit à un développement imparfait de la sexualité psychique, soit à une tentative de répression de cette dernière (c'est-à-dire à une défense), soit encore à une désagrégation, soit enfin à linstauration d'un écart devenu habituel entre la sexualité physique et la sexualité psychique. Ajoutons encore à cela une accumulation de tension physique et le rôle joué par les obstacles qui empêchent une décharge vers le domaine

(1) *La naissance de la psychanalyse*, p. 60.

psychique. Mais pour quelle raison se produit-il justement de l'angoisse. Celle-ci consiste en une sensation d'accumulation d'un autre stimulus endogène — le stimulus qui nous pousse à respirer et qui ignore toute autre élaboration psychique ; ainsi, l'angoisse peut correspondre à n'importe quelle tension physique accumulée.

De plus, en considérant de plus près les symptômes d'une névrose d'angoisse, nous y découvrons les fragments disjoints de la grande attaque d'angoisse : simple dyspnée, simples palpitations, simple sensation d'angoisse et combinaison de toutes ces manifestations. Une observation plus précise montre qu'il s'agit là des voies d'innervation qu'emprunte normalement une tension physico-sexuelle, même quand elle a subi une élaboration psychique. La dyspnée, les palpitations accompagnent le coït alors qu'elles ne sont généralement utilisées que comme moyens accessoires de décharge, elles ne constituent ici, pour ainsi dire, que le seul débouché de l'excitation. Ainsi dans la névrose d'angoisse, comme dans l'hystérie, il se produit une sorte de « conversion » (ce qui révèle une nouvelle similitude entre les deux maladies). Toutefois, dans l'hystérie c'est une excitation psychique qui emprunte une mauvaise voie en menant à des réactions somatiques. Dans la névrose d'angoisse, au contraire, c'est une tension physique qui ne peut réussir à se décharger psychiquement et qui continue, par conséquent, à demeurer dans le domaine physique. Les deux processus sont extrêmement souvent combinés. » (1).

[65] « Je sortis du domaine de l'hystérie et commençai à explorer la vie sexuelle des « neurasthéniques » qui se pressaient en grand nombre à ma consultation. Cette expérience me coûta certes la faveur dont j'avais pu jouir comme médecin, mais elle m'apporta des convictions qui, encore aujourd'hui, près de trente ans plus tard, ne sont pas encore affaiblies. Il y avait beaucoup de mensonge et de dissimulation à surmonter, mais quand on y était parvenu, on trouvait que chez tous ces malades se rencontraient de graves « mésusages » de la fonction sexuelle. Etant donné, d'une part, la grande fréquence de ces mésusages, et de l'autre, de la neurasthénie, la coïncidence des deux n'avait naturellement pas grande force convaincante, mais les choses n'en restèrent non plus pas à cette constatation grossière. Une observation plus aiguisée me permit d'isoler, hors du pêle-mêle des tableaux cliniques que l'on confondait sous le nom de neurasthénie, deux types fondamentalement différents, qui pouvaient se présenter à l'état de mélanges, mais qu'on pouvait cependant observer à l'état pur. Dans l'un des types le phénomène central était l'accès d'angosise avec ses équivalents, ses formes rudimentaires et ses symptômes substitutifs chroniques ; je l'appelai, à cause de cela, névrose d'angoisse. Je limitai la dénomination de neurasthénie à l'autre type. Il était maintenant aisé d'établir qu'à chacun de ces types correspondait, comme facteur étiologique, une anomalie différente de la vie sexuelle (coïtus interruptus, excitation fruste, abstinence sexuelle dans la névrose d'an-

(1) *La naissance de la Psychanalyse*, pp. 84-85.

goisse ; masturbation excessive, pollutions répétées dans la neurasthénie). Pour quelques cas particulièrement instructifs, chez qui avait eu lieu une volte-face surprenante du tableau clinique d'un type à l'autre, il fut possible de prouver qu'un changement correspondant du régime sexuel était à la base de ce changement. Parvenait-on à faire cesser ce mésusage et à le remplacer par une activité sexuelle normale, on en était récompensé par une amélioration notable de l'état.

C'est ainsi que je fus conduit à reconnaître les névroses en général comme des troubles de la fonction sexuelle, ce qu'on nomme les névroses actuelles étant l'expression toxique directe de ces troubles, et les psychonévroses en étant l'expression psychique. » (1).

Les traumatismes sexuels et le refoulement

Dans les Etudes sur l'Hystérie, *Freud présente comme « typique » le cas de Katharina, une jeune fille atteinte d'accès d'angoisse après l'observation d'une scène de coït.*

Cet incident rappelait lui-même des incidents antérieurs à contenu sexuel et les réactivait.

[66] « Si j'admets avoir vu juste et que j'essaie maintenant de réduire ce cas au schéma d'une hystérie acquise, comme celle du cas B..., je suis alors amené à attribuer aux deux séries d'incidents érotiques le rôle de facteurs traumatisants, et à la scène de la découverte du couple, celui du facteur auxiliaire. La ressemblance vient de ce que le contenu du conscient se trouve, dans le premier cas, tout à fait exclu de l'activité mentale du moi, mais cependant maintenu. Dans la dernière scène, une impression nouvelle a entraîné l'union associative avec le moi de ce groupe de perceptions resté à l'écart. D'autre part, il convient de ne pas négliger certaines anomalies. La cause de l'isolation ne dépend pas, comme dans le cas B... d'une volonté du moi, mais de l'ignorance de ce dernier qui, en face des expériences sexuelles, ne sait quoi faire. A ce point de vue, le cas de Katharina est typique. Dans toutes les analyses d'hystérie fondées sur des traumatismes sexuels, on découvre que certaines impressions, reçues à une époque présexuelle et qui n'avaient eu aucun effet sur l'enfant, conservent plus tard leur puissance traumatisante, en tant que souvenir, une fois que la jeune fille ou la femme a acquis la notion de la sexualité. La dissociation des groupes psychiques constitue pour ainsi dire un phénomène normal au cours du développement des adolescents et l'on comprend alors que sa prise de conscience par le moi puisse assez souvent donner lieu à des troubles psychiques. En outre, je me demande si une dissociation du conscient due à l'ignorance diffère de celle qui se produit par rejet conscient. Les adolescents n'ont-ils pas, bien plus souvent que nous ne le supposons et qu'eux-mêmes ne le croient, la connaissance de la sexualité ?

---

(1) *Ma vie et la Psychanalyse*, pp. 36-37.

Une autre anomalie dans le mécanisme psychique du cas tient à ce que la scène de la découverte, que nous qualifions d'auxiliaire, mérite également d'être appelée traumatisante. Elle agit par son propre contenu et non pas seulement par le réveil des incidents traumatisants précédents, elle comporte à la fois les particularités d'une cause « auxiliaire » et d'une cause « traumatique ». (1).

Le lieu entre le processus normal et le processus névrotique

La conscience et même le préconscient se détournent du souvenir traumatisant, comme d'un objet de dégoût. C'est là le refoulement qui peut rester normal ou donner lieu à une névrose. Freud décrit le lien entre le processus normal et le processus névrotique.

[67] « De même que nous détournons avec dégoût notre organe sensoriel (tête et nez) devant les objets puants, de même le préconscient et notre compréhension consciente se détournent du souvenir. C'est là ce qu'on nomme refoulement. Que résulte-t-il du refoulement normal ? Une transformation de l'angoisse libérée en rejet psychiquement « lié », c'est-à-dire qu'il fournit le fondement affectif d'une multitude de processus intellectuels, tels que moralité, pudeur, etc. Tout l'ensemble de ces réactions s'effectue aux dépens de la sexualité (virtuelle) en voie d'extinction. Nous voyons clairement comment les progrès évolutifs de l'enfant se trouvent investis de piété, de pudeur, etc., et de quelle façon se produisent des « anomalies morales » entravant l'évolution lorsqu'aucune désaffectation des zones sexuelles n'a eu lieu. L'ordre chronologique de ces progrès évolutifs n'est pas le même dans les deux sexes. (Le dégoût apparaît plus tôt chez la petite fille que chez le garçon.) Mais la distinction principale se marque à la puberté où un dégoût de la sexualité sans caractère névrotique s'empare des filles alors que la libido a prise sur le garçon. C'est, en effet, à cette époque qu'une autre zone sexuelle s'efface partiellement ou totalement chez la femme, tandis qu'elle subsiste chez l'homme. Je veux parler de la zone génitale mâle, de la région du clitoris où, durant l'enfance la sensibilité sexuelle féminine semble concentrée. D'où l'excès de pudeur dont fait preuve à ce moment-là l'être féminin jusqu'à ce que, spontanément ou par action réflexe, la nouvelle zone vaginale s'éveille. » (2).

La découverte de la sexualité enfantine et les souvenirs d'enfance

L'accumulation des expériences au cours du travail analytique permet d'affirmer que, dans chaque cas, derrière les symptômes, il y a toujours un « vécu sexuel », qu'il s'agisse de conflit actuel ou d'événements sexuels de l'enfance.

La découverte de la sexualité enfantine résulte de ce fait que les souvenirs surgissant chez les malades en cours d'analyse remontent

---

(1) *Etudes sur l'Hystérie*, p. 105.
(2) *La naissance de la Psychanalyse*, p. 206.

régulièrement aux premières années de l'enfance. Cette découverte a une portée générale et concerne aussi bien l'homme normal que le névrosé.

[68] « Le matériel sur lequel s'appuie la synthèse qui suit provient de plusieurs sources. Premièrement, de l'observation directe de ce que les enfants disent et font ; deuxièmement, de ce que communiquent les névrosés adultes, en rapportant au cours d'un traitement psychanalytique les souvenirs conscients qu'ils gardent de leur enfance ; enfin, en troisième lieu, des déductions, des constructions et des souvenirs inconscients traduits dans le conscient, tels qu'on les obtient à partir de la psychanalyse des névrosés. Si la première de ces trois sources ne suffit pas à elle seule à fonder une pleine connaissance de notre sujet, c'est en raison du comportement des adultes à l'égard de la vie sexuelle des enfants. On ne leur prête aucune activité sexuelle, et donc on ne se donne pas la peine d'en observer une, tandis que, d'autre part, on en réprime les manifestations qui seraient dignes d'attention. L'occasion de puiser à cette source, la plus claire et la plus abondante, se trouve par-là très restreinte. A tout ce qui provient des informations, libres de toute influence, fournies par les adultes à propos de leurs souvenirs d'enfance conscients, on peut faire l'objection majeure qu'il a pu y avoir falsification rétrospective mais, de toute façon, un tel matériel sera apprécié en fonction de ce que ceux qui s'en portent garants sont ultérieurement devenus des névrosés. Le matériel de la troisième origine subira toutes les attaques habituelles : on ne saurait se fier à la psychanalyse ni tenir pour certaines les déductions tirées d'elle. Aussi ne puis-je ici éprouver la validité d'un tel jugement ; je veux simplement donner l'assurance que ceux qui connaissent et pratiquent la technique psychanalytique acquièrent une profonde confiance dans ses résultats.

Je ne peux garantir que mes résultats soient complets, je puis seulement répondre du soin que j'ai pris à les obtenir.

Il reste une question difficile : décider dans quelle mesure on est autorisé à supposer pour tous les enfants, c'est-à-dire pour chaque enfant en particulier, ce que l'on rapporte ici des enfants en général. La pression de l'éducation et l'intensité différente de la pulsion sexuelle rendront évidemment possibles de grandes variations individuelles dans le comportement sexuel de l'enfant et surtout elles auront une influence sur le moment où apparaît l'intérêt sexuel des enfants. C'est pourquoi je n'ai pas divisé mon exposé selon les époques successives de l'enfance mais regroupé ce qui entre en jeu plus ou moins tôt selon les enfants. Je suis convaincu en tout cas qu'aucun enfant — aucun du moins qui soit sain d'esprit ou moins encore aucun qui soit bien doué intellectuellement — ne peut manquer d'être préoccupé par les problèmes sexuels dans les années d'avant la puberté.

Je n'attache pas grande importance à l'objection qui veut que les névrosés constituent une classe d'hommes particulière, qui se distinguerait par une constitution dégénérative et de l'enfance desquels on devrait s'interdire de tirer des conclusions se rapportant à l'enfance des autres. Les névrosés sont des hommes tout comme les autres et ils ne sauraient dans leur enfance être distingués facilement de ceux qui plus tard resteront sains. Un des résultats les plus précieux de nos investigations psychanalytiques est de montrer que les névrosés n'ont pas de contenu psychique particulier, qui leur appartienne en propre, mais que, comme le dit C.G. Jung, les complexes qui les rendent malades sont ceux-là mêmes contre lesquels nous, hommes sains, nous combattons. La différence est simplement que les personnes saines savent maîtriser ces complexes sans gros dommages décelables pratiquement, alors que les névrosés ne réussissent la répression de ces complexes qu'au prix de formations substitutives coûteuses, donc pratiquement n'y réussissent pas. Névrosés et normaux sont encore naturellement beaucoup plus proches les uns des autres dans l'enfance qu'ils ne le seront ultérieurement, si bien que je ne puis tenir pour une erreur de méthode le fait d'utiliser ce que disent les névrosés de leur enfance, afin d'en tirer par analogie des conclusions sur la vie enfantile normale. Mais comme les futurs névrosés offrent très souvent dans leur constitution une pulsion sexuelle particulièrement forte et une tendance à la précocité, à la manifestation avant terme de cette pulsion, ils nous laisseront beaucoup voir de l'activité sexuelle infantile, et d'une façon plus vive et plus nette que cela ne serait possible à nos capacités d'observation d'ordinaire. » (1).

L'amnésie infantile et la crainte de la sexualité

L'ignorance de la sexualité enfantine est le fait de l'amnésie infantile ; mais ce n'est pas que cela ; c'est aussi une tendancieuse erreur, la méconnaissance de ce qu'est véritablement la sexualité, liée à la crainte qu'elle inspire.

[69] « C'est l'amnésie infantile, qui créant pour chacun de nous dans l'enfance une sorte de préhistoire et nous cachant les débuts de la vie sexuelle, fait que l'on néglige de prendre en considération l'importance de la période infantile dans le développement de la vie sexuelle en général. » (2).

[70] « Prétendre que les enfants n'ont pas de vie sexuelle — excitations sexuelles, besoins sexuels, une sorte de satisfaction sexuelle —, mais que cette vie s'éveille chez eux brusquement à l'âge de 12 à 14 ans, c'est, abstraction faite de toutes les observations, avancer une affirmation qui, au point de vue biologique, est aussi invraisemblable, voire aussi absurde que le serait celle d'après laquelle les enfants naîtraient sans organes génitaux, lesquels ne feraient leur apparition qu'à l'âge de la puberté. Ce qui s'éveille chez les enfants à cet âge, c'est la fonction de la reproduction qui se sert, pour réaliser ses buts, d'un appareil corporel et psychique déjà existant. Vous tombez dans l'erreur qui consiste à confondre sexualité et reproduction, et par cette erreur

(1) *La vie sexuelle*, pp. 14-15.
(2) *Trois Essais*, p. 68.

vous vous fermez l'accès à la compréhension de la sexualité, des perversions et des névroses. C'est là cependant une erreur tendancieuse. Et, chose étonnante, elle a sa source dans le fait que vous avez été enfants vous-mêmes et avez, comme tels, subi l'influence de l'éducation. Au point de vue de l'éducation, la société considère comme une de ses tâches essentielles de réfréner l'instinct sexuel lorsqu'il se manifeste comme besoin de procréation, de le limiter, de le soumettre à une volonté individuelle se pliant à la contrainte sociale. La société est également intéressée à ce que le développement complet du besoin sexuel soit retardé jusqu'à ce que l'enfant ait atteint un certain degré de maturité sociale, car dès que ce développement est atteint, l'éducation n'a plus de prise sur l'enfant. La sexualité, si elle se manifestait d'une façon trop précoce, romprait toutes les barrières et emporterait tous les résultats si péniblement acquis par la culture. La tâche de réfréner le besoin sexuel n'est d'ailleurs jamais facile ; on réussit à la réaliser tantôt trop, tantôt trop peu. La base sur laquelle repose la société humaine est, en dernière analyse, de nature économique : ne possédant pas assez de moyens de subsistance pour permettre à ses membres de vivre sans travailler, la société est obligée de limiter le nombre de ses membres et de détourner leur énergie de l'activité sexuelle vers le travail. Nous sommes là en présence de l'éternel besoin vital qui, né en même temps que l'homme, persiste jusqu'à nos jours. » (1).

LA DÉFINITION DE LA SEXUALITÉ

[71] En psychanalyse, le terme de « sexualité » comporte un sens bien plus large, il s'écarte tout à fait du sens populaire et cette extension se justifie au point de vue génétique. Nous considérons comme appartenant au domaine de la sexualité toutes les manifestations de sentiments tendres découlant de la source des émois sexuels primitifs, même lorsque ces émois ont été détournés de leur but sexuel originel ou qu'un autre but non sexuel est venu remplacer le premier C'est pourquoi nous préférons parler de psycho-sexualité, soulignant ainsi qu'il ne faut ni négliger, ni sous-estimer le facteur psychique. Nous nous servons du mot « sexualité » en lui attribuant le sens élargi du mot allemand lieben (aimer) et nous savons depuis longtemps qu'un manque de satisfaction psychique, avec toutes ses conséquences, peut exister là même où les relations sexuelles normales ne font pas défaut. En tant que thérapeutes, nous ne devons jamais oublier non plus que les aspirations sexuelles insatisfaites (dont nous combattons les satisfactions substituées sous leur forme de symptômes névrotiques) ne peuvent souvent que très imparfaitement trouver leur débouché par le coït ou d'autres actes sexuels. » (1).

---

(1) *Introduction à la Psychanalyse*, p. 334-335.
(2) *De la Technique Psychanalytique*, p. 37.

La libido

Le langage psychanalytique use du mot « libido » (en latin : désir, amour) pour désigner l'énergie des tendances et bien montrer leur unité fondamentale, en fonction de leur origine : Eros.

[72] « Libido est un terme emprunté à la théorie de l'affectivité. Nous désignons ainsi l'énergie (considérée comme une grandeur quantitative, mais non encore mesurable) des tendances se rattachant à ce que nous résumons dans le mot amour. Le noyau de ce que nous appelons amour est formé naturellement par ce qui est communément connu comme amour et qui est chanté par les poètes, c'est-à-dire par l'amour sexuel, dont le terme est constitué par l'union sexuelle. Mais nous n'en séparons pas toutes les autres variétés d'amour, telles que l'amour de soi-même, l'amour qu'on éprouve pour les parents et les enfants, l'amitié, l'amour des hommes en général, pas plus que nous n'en séparons l'attachement à des objets concrets et à des idées abstraites. Pour justifier l'extension que nous faisons ainsi subir au terme « amour » nous pouvons citer les résultats que nous a révélés la recherche psychanalytique, à savoir que toutes ces variétés d'amour sont autant d'expressions d'un seul et même ensemble de tendances, lesquelles, dans certains cas invitent à l'union sexuelle, tandis que dans d'autres elles détournent de ce but ou en empêchent la réalisation, tout en conservant suffisamment de traits caractéristiques de leur nature, pour qu'on ne puisse pas se tromper sur leur identité (sacrifice de soi-même, recherche de contact intime).

Nous pensons qu'en assignant au mot « amour » une telle multiplicité de significations, le langage a opéré une synthèse pleinement justifiée et que nous ne saurions mieux faire que de mettre cette synthèse à la base de nos considérations et explications scientifiques. En procédant de la sorte, la psychanalyse a soulevé une tempête d'indignation, comme si elle s'était rendue coupable d'une innovation sacrilège. Et, cependant, en « élargissant » la conception de l'amour, la psychanalyse n'a rien créé de nouveau. L'Eros de Platon présente, quant à ses origines, à ses manifestations et à ses rapports avec l'amour sexuel, une analogie complète avec l'énergie amoureuse, avec la libido de la psychanalyse (1), et lorsque, dans sa fameuse « Epître aux Corinthiens », l'apôtre Paul vante l'amour et le met au-dessus de tout le reste, il le conçoit sans doute dans ce même sens « élargi » d'où il suit que les hommes ne prennent pas toujours au sérieux leurs grands penseurs, alors même qu'ils font semblant de les admirer. » (1).

LA LIBIDO DU MOI ET LE NARCISSISME

La libido peut aussi se détourner des objets des tendances sexuelles et les remplacer par le Moi, c'est-à-dire se fixer au propre corps et à la

---

(1) *Essais de Psychanalyse*, pp. 109-110.

propre personne du sujet C'est le narcissisme, qui n'est pas quelque chose d'exceptionnel, mais constitue plutôt l'état général et primitif d'où sort la libido d'objet.

[73] « Nous distinguons la libido de l'énergie qu'il faut supposer à la base de tous les processus psychiques en général ; la distinction que nous établissons correspond aux origines propres de la libido ; nous lui prêtons ainsi, en plus de son caractère quantitatif, un caractère qualitatif. Quand nous distinguons l'énergie de la libido de toute autre énergie psychique, nous supposons que les processus sexuels de l'organisme se distinguent des fonctions de nutrition par un chimisme particulier. L'analyse des perversions et des psychonévroses nous a fait connaître que cette excitation sexuelle ne provient pas seulement des parties dites génitales, mais de tous les autres organes. Nous nous formons ainsi la notion d'une quantité de libido dont le représentant psychique serait ce que nous appelons la libido du moi, dont la production, l'augmentation et la diminution, la répartition et les déplacements devront nous fournir les moyens d'expliquer les phénomènes psycho-sexuels.

Toutefois, la libido du moi ne devient accessible à l'analyse que lorsqu'elle s'est emparée d'objets sexuels, c'est-à-dire quand elle est devenue la libido d'objet. C'est alors que nous la voyons se concentrer sur des objets, s'y fixer ou les abandonner, les quitter pour se tourner vers d'autres objets, et, des positions dont elle s'est emparée, commander l'activité sexuelle des individus, mener enfin à la satisfaction, c'est-à-dire à une extinction partielle et temporaire de la libido. » (1).

LES PREMIÈRES PHASES DE LA VIE SEXUELLE

« La pulsion sexuelle de l'homme est un montage hautement complexe, né de la contribution de nombreuses composantes et de pulsions partielles. » (2).

Les activités érotiques sont toujours étayées sur une autre fonction physiologique.

L'érotisme oral : la succion

[74] « L'instinct sexuel de l'enfant est très compliqué ; on peut y distinguer de nombreux éléments issus de sources variées. Tout d'abord, il est encore indépendant de la fonction de reproduction au service de laquelle il se mettra plus tard. Il sert à procurer plusieurs sortes de sensations agréables que nous désignons du nom de plaisir sexuel par

(1) *Trois essais sur la théorie de la sexualité*, pp. 125-126.
(2) *Névrose, Psychose et Perversion*, p. 144.

suite de certes analogies. La principale source du plaisir sexuel infantile est l'excitation de certaines parties du corps particulièrement sensibles, autres que les organes sexuels : la bouche, l'anus, l'urètre, ainsi que l'épiderme et autres surfaces sensibles. Cette première phase de la vie sexuelle infantile, dans laquelle l'individu se satisfait au moyen de son propre corps et n'a besoin d'aucun intermédiaire, nous l'appelons la phase de l'auto-érotisme. Ces parties propres à procurer le plaisir sexuel, nous les appelons zones érogènes. La succion ou tétement des petits enfants est un bon exemple de satisfaction auto-érotique procurée par une zone érogène. » (1).

[75] « La succion et le suçotement qui existent déjà chez le nourrisson, qui peuvent subsister jusqu'à l'âge d'adulte et même parfois toute la vie, sont constitués par un mouvement rythmique et répété des lèvres, qui n'a pas pour but l'absorption d'un aliment. Une partie des lèvres, la langue, une autre région de la peau, souvent même le gros orteil, deviennent les objets de la succion. En même temps apparaît une autre pulsion, celle de prendre et de tirailler d'une façon rythmique le lobe de l'oreille, l'enfant recherchant également, chez une autre personne, une partie du corps qu'il pourra saisir (le plus souvent aussi le lobe de l'oreille). La volupté de sucer absorbe toute l'attention de l'enfant, puis l'endort ou peut même amener des réactions motrices, une espèce d'orgasme. Souvent aussi la succion s'accompagne d'attouchements répétés de la poitrine et des parties génitales externes. Ainsi, les enfants passent-ils souvent de la succion à la masturbation. » (2).

[76] « La succion nous a fait connaître les trois caractères essentiels de la sexualité infantile. Celle-ci se développe en s'étayant sur une fonction physiologique essentielle à la vie ; elle ne connaît pas encore d'objet sexuel, elle est auto-érotique et son but est déterminé par l'acivité d'une zone érogène. Disons, en anticipant, que ces caractères se retrouvent dans la plupart des manifestations érotiques de l'enfant. » (3).

L'érotisme anal

Il est d'une toute particulière importance pour l'évolution du caractère et la structuration de la personnalité.

[77] La situation anatomique de la zone anale, tout comme celle de la zone bucco-labiale, la rend propre à étayer une activité sexuelle sur une fonction physiologique. On peut supposer que la valeur érogène de cette zone fut à l'origine considérable. Par la psychanalyse on n'apprend pas sans surprise quelles transformations subissent norma-

(1) *Cinq leçons sur la Psychanalyse*, p. 51.
(2) *Trois Essais sur la théorie de la sexualité*, pp. 72-73.
(3) *Ibid.*, p. 76.

lement les excitations sexuelles nées de cette zone et combien souvent il arrive que cette région conserve pendant toute la vie de l'individu un certain degré d'excitabilité génitale. » (1).

[78] « Les enfants qui utilisent l'excitabilité érogène de la zone anale se trahissent parce qu'ils retiennent leurs matières fécales, jusqu'à ce que l'accumulation de ces matières produisent des contractions musculaires violentes et que, passant par le sphincter anal, elles provoquent sur la muqueuse une vive excitation. On peut supposer qu'à une sensation douloureuse s'ajoute un sentiment de volupté. Voici un des meilleurs signes d'une future bizarrerie de caractère ou de nervosité : quand l'enfant assis sur le vase se refuse à vider ses intestins et, sans obéir aux injonctions de la mère, prétend le faire quand cela lui plaira. Naturellement, il lui est indifférent de souiller ses couches, ce qui lui importe, c'est de ne pas laisser échapper le plaisir qu'il tire, par surcroît de la défécation. » (2).

L'ÉROTISME ANAL ET LE SADISME

Des pulsions sadiques surgissent dès la phase orale, avec l'apparition des premières dents ; elles caractérisent la phase anale.

[79] « Dès cette phase orale et l'apparition des premières dents, certaines pulsions sadiques surgissent isolément. Elles sont bien plus marquées dans la deuxième phase, celle que nous appelons sadique anale parce qu'alors la satisfaction est recherchée dans l'agression et dans la fonction excrémentielle. Si nous nous arrogeons le droit d'inclure les tendances agressives dans la libido, c'est parce que nous pensons que le sadisme est une combinaison de pulsions purement libidinales avec des tendances purement destructives, combinaison qui dès lors persistera à jamais. » (3).

[80] « Nous pouvons maintenant nous rendre compte de l'aspect que revêt la vie sexuelle de l'enfant avant que s'affirme le primat des organes génitaux, primat qui se prépare pendant la première époque infantile précédant la période de latence et commence à s'organiser solidement à partir de la puberté. Il existe, pendant toute cette première période, une sorte d'organisation plus lâche que nous appellerons prégénitale. Mais dans cette phase ce ne sont pas les tendances génitales partielles, mais les tendances sadiques et anales qui occupent le premier plan. L'opposition entre masculin et féminin ne joue encore aucun rôle ; à sa place, nous trouvons l'opposition entre actif et passif, opposition qu'on peut considérer comme annonciatrice de la polarité sexuelle avec laquelle elle se confond d'ailleurs plus tard. Ce qui, dans les activités de cette phase, nous apparaît comme masculin, puisque nous nous plaçons au point de vue de la phase génitale, se révèle

---

(1) *Trois Essais*, pp. 79-80.
(2) *Ibid.*, pp. 80-81.
(3) *Abrégé de Psychanalyse*, pp. 14-15.

comme l'expression d'une tendance à la domination qui dégénère vite en cruauté. Des tendances à but passif se rattachent à la zone érogène de l'anus qui, dans cette phase, joue un rôle important. Le désir de voir et de savoir s'affirme impérieusement ; le facteur génital ne participe à la vie sexuelle qu'en tant qu'organe d'excrétion de l'urine. Ce ne sont pas les objets qui font défaut aux tendances partielles de cette phase, mais ces objets ne se réunissent pas nécessairement de façon à n'en former qu'un seul. L'organisation sadique-anale constitue la dernière phase préliminaire qui précède celle où s'affirme le primat des organes génitaux. Une étude un peu approfondie montre combien d'éléments de cette phase préliminaire entrent dans la constitution de l'aspect définitif ultérieur et par quels moyens les tendances partielles sont amenées à se ranger dans la nouvelle organisation génitale. Au-delà de la phase sadique-anale du développement de la libido, nous apercevons un stade d'organisation encore plus primitif où c'est la zone érogène buccale qui joue le principal rôle. » (1).

La phase phallique

Elle prélude à la forme finale de la vie sexuelle et lui ressemble par l'entrée en activité des zones génitales. Toutefois, elle s'en distingue par le fait que, pour les deux sexes, un seul organe génital, l'organe mâle joue un rôle. C'est en ce sens que l'on peut parler d'un « primat du phallus ». Ce fait jouera un rôle important dans la formation du complexe de castration et la liquidation de l'Œdipe.

[81] « Parmi les zones érogènes de l'enfant, il en est une qui certainement n'a pas la primauté et ne peut être le point de départ des premiers mouvements sexuels, mais qui est destinée à jouer plus tard le grand rôle. Elle est, chez le garçon et la petite fille, en rapport avec la miction (gland, clitoris) ; chez le garçon, elle est en outre contenue dans un sac muqueux, de sorte que les excitations ne peuvent manquer de se produire, amenées par les sécrétions que des mouvements sexuels déterminent prématurément. L'activité sexuelle de cette zone érogène que constitue l'appareil génital forme le début de ce que sera plus tard la vie sexuelle normale. » (2).

Les tendances partielles

Chez l'enfant les tendances partielles s'exercent indépendamment les unes des autres. C'est pourquoi l'activité sexuelle de l'enfant s'exprime par la masturbation.

[82] « La vie sexuelle de l'enfant comporte une série de tendances partielles s'exerçant indépendamment les unes des autres et utilisant,

---

(1) *Introduction à la Psychanalyse*, p. 352.
(2) *Trois essais sur la théorie de la sexualité*, pp. 82-83.

en vue de la jouissance, soit le corps même de l'enfant, soit des objets extérieurs. Parmi les organes sur lesquels s'exerce l'activité sexuelle de l'enfant, les organes sexuels ne tardent pas à prendre la première place ; il est des hommes qui, depuis l'onanisme inconscient de leur première enfance jusqu'à l'onanisme forcé de leur puberté, n'ont jamais connu d'autre source de jouissance que leurs propres organes génitaux, et chez quelques-uns même cette situation persiste bien au-delà de la puberté. » (1).

L'organisation et l'intégration des tendances partielles s'accomplissent normalement dans la phase génitale où l'individu est devenu apte à la procréation. Si le but de la sexualité est la procréation, est perverse, c'est-à-dire hors des voies normales, toute activité sexuelle qui recherche le plaisir comme un but indépendant. En ce sens l'enfant est un « pervers polymorphe ».

[83] « ... L'enfant a dès le début une vie sexuelle très riche, qui diffère sous plusieurs rapports de la vie sexuelle ultérieure, considérée comme normale. Ce que nous qualifions de pervers dans la vie de l'adulte s'écarte de l'état normal par les particularités suivantes : méconnaissance de barrière spécifique (de l'abîme qui sépare l'homme de la bête), de la barrière opposée par le sentiment de dégoût, de la barrière formée par l'inceste (c'est-à-dire par la défense de chercher à satisfaire les besoins sexuels sur des personnes auxquelles on est lié par des liens consanguins), homosexualité et enfin transfert du rôle génital à d'autres organes et parties du corps. Toutes ces barrières, loin d'exister dès le début, sont édifiées peu à peu au cours du développement et de l'éducation progressive de l'humanité. Le petit enfant ne les connaît pas. Il ignore qu'il existe entre l'homme et la bête un abîme infranchissable : la fierté avec laquelle l'homme s'oppose à la bête ne lui vient que plus tard. Il ne manifeste au début aucun dégoût de ce qui est excrémentiel : ce dégoût ne lui vient que peu à peu, sous l'influence de l'éducation. Loin de soupçonner les différences sexuelles, il croit au début à l'identité des organes sexuels ; ses premiers désirs sexuels et sa première curiosité se portent sur les personnes qui lui sont les plus proches ou sur celles qui, sans lui être proches, lui sont les plus chères : parents, frères, sœurs, personnes chargées de lui donner des soins, en dernier lieu, se manifeste chez lui un fait qu'on retrouve au paroxysme des relations amoureuses, à savoir que ce n'est pas seulement dans les organes génitaux qu'il place la source du plaisir qu'il attend, mais que d'autres parties du corps prétendent chez lui à la même sensibilité, fournissent des sensations de plaisir analogues et peuvent ainsi jouer le rôle d'organes génitaux. L'enfant peut donc présenter ce que nous appellerions une « perversité polymorphe », et si toutes ces tendances ne se manifestent chez lui qu'à l'état de traces, cela tient, d'une part, à leur intensité moindre en comparaison de ce qu'elle est à un âge plus avancé et, d'autre part, à ce que l'éducation

---

(1) *Introduction à la Psychanalyse*, p. 340.

supprime avec énergie, au fur et à mesure de leur manifestation, toutes les tendances sexuelles de l'enfant. » (1).

[84] ... La sexualité est détachée de sa relation bien trop étroite avec les organes génitaux et posée comme une fonction corporelle embrassant l'ensemble de l'être et aspirant au plaisir, fonction qui n'entre que secondairement au service de la reproduction ; en second lieu, sont comptés parmi les émois sexuels tous les émois simplement tendres et amicaux, pour lesquels notre langage courant emploie le mot « aimer » dans ses multiples acceptions. Je prétends seulement que ces élargissements du concept de sexualité ne sont pas des innovations, mais des restaurations, elles signifient la levée de rétrécissements injustifiés du concept, rétrécissements auxquels nous nous étions laissé induire. Le détachement de la sexualité en général des organes génitaux proprement dits a l'avantage de nous permettre d'envisager l'activité sexuelle des enfants comme des pervers du même point de vue que celle des adultes normaux, tandis que la première avait été jusqu'ici entièrement négligée et la seconde accueillie certes avec une grande révolte morale, mais sans aucune compréhension. Au regard de la conception psychanalytique, les plus étranges et les plus repoussantes perversions s'expliquent comme étant des manifestations d'instincts sexuels partiels qui se sont soustraits à la primauté génitale, et comme aux temps primitifs infantiles de l'évolution de la libido aspirent à des satisfactions indépendantes. » (1).

LE CHOIX DE L'OBJET ET LA FORMATION DE L'ŒDIPE

Pendant la phase phallique, entre trois et cinq ans, l'enfant éprouve à l'égard de ses parents des sentiments à la fois amoureux et hostiles : amour pour le parent du même sexe, désir de mort pour le parent de sexe opposé.

En fait la réalité est plus complexe, tant dans l'histoire que dans la structure de l'Œdipe, selon qu'il s'agit du garçon ou de la fille.

Dès le début de ses recherches, Freud reconnut l'existence de l'Œdipe et c'est au cours de son auto-analyse qu'il fit le rapprochement entre cette situation et la légende d'Œdipe.

[85] « C'est un bon exercice que d'être tout à fait sincère envers soi-même. Il ne m'est venu à l'esprit qu'une seule idée ayant une valeur générale. J'ai trouvé en moi, comme partout ailleurs, des sentiments d'amour envers ma mère et de jalousie envers mon père, sentiments qui sont, je pense, communs à tous les jeunes enfants,

---

(1) *Introduction à la psychanalyse*, pp. 228-229.
(2) *Ma vie et la Psychanalyse*, pp. 56-57.

même quand leur apparition n'est pas aussi précoce que chez les enfants rendus hystériques (d'une façon analogue à celle de la « romantisation » de l'origine chez les paranoïaques - héros, fondateurs de religions). S'il en est bien ainsi, on comprend, en dépit de toutes les objections rationnelles qui s'opposent à l'hypothèse d'une inexorable fatalité, l'effet saisissant d'Œdipe Roi. On comprend aussi pourquoi tous les drames plus récents de la destinée devaient misérablement échouer. Nos sentiments se révoltent contre tout destin individuel arbitraire .... Mais la légende grecque a saisi une compulsion que tous reconnaissent parce que tous l'ont ressentie. Chaque auditeur fut un jour en germe, en imagination, un Œdipe et s'épouvante devant la réalisation de son rêve transposé dans la réalité, il frémit suivant toute la mesure du refoulement qui sépare son état infantile de son état actuel.

Mais une idée m'a traversé l'esprit : ne trouvait-on pas dans l'histoire d'Hamlet des faits analogues ? Sans penser aux intentions conscientes de Shakespeare, je suppose qu'un événement réel a poussé le poète à écrire ce drame, son propre inconscient lui ayant permis de comprendre l'inconscient de son héros. Comment expliquer cette phrase de l'hystérique Hamlet : « C'est ainsi que la conscience fait de nous tous des lâches » ? Comment comprendre son hésitation à venger son père par le meurtre de son oncle, lui qui n'a aucun scrupule à envoyer ses courtisans à la mort et qui n'hésite pas une seconde à tuer Laerte ? Tout s'éclaire mieux lorsqu'on songe au tourment que provoque en lui le vague souvenir d'avoir souhaité, par passion pour sa mère, de perpétrer envers son père le même forfait. « Si nous étions traités suivant nos mérites, qui pourrait échapper à la fustigation ? » Sa conscience est son sentiment inconscient de culpabilité. Sa froideur sexuelle, au cours de son entretien avec Ophélie, sa réprobation de l'instinct qui pousse à procréer, enfin son transfert de l'acte, de son père à Ophélie, ne sont-ils pas des manifestations typiquement hystériques ? Ne réussit-il pas finalement, de façon aussi singulière que mes hystériques, à attirer sur lui-même le châtiment en subissant le même sort que son père en étant empoisonné par le même rival ? » (1)

[86] « Les rapports de l'enfant avec les parents, comme le prouvent l'observation directe de l'enfant et l'étude analytique de l'adulte, ne sont nullement dépourvus d'éléments sexuels. L'enfant prend ses deux parents et surtout l'un d'eux comme objets de désirs. D'habitude, il obéit à une impulsion des parents eux-mêmes, dont la tendresse porte un caractère nettement sexuel, inhibé il est vrai dans ses fins. Le père préfère généralement la fille, la mère le fils. L'enfant réagit de la manière suivante : le fils désire se mettre à la place du père, la fille à celle de la mère. Les sentiments qui s'éveillent dans ces rapports de parents à enfants et dans ceux qui en dérivent entre frères et sœurs

---

(1) *La Naissance de la Psychanalyse. Lettre à Fliess*, pp. 198-199.

ne sont pas seulement positifs, c'est-à-dire tendres : ils sont aussi négatifs, c'est-à-dire hostiles. Le complexe ainsi formé est condamné à un refoulement rapide ; mais, du fond de l'inconscient, il exerce encore une action importante et durable. Nous pouvons supposer qu'il constitue, avec ses dérivés, le complexe central de chaque névrose, et nous nous attendons à le trouver non moins actif dans les autres domaines de la vie psychique. Le mythe du roi Œdipe qui tue son père et prend sa mère pour femme est une manifestation peu modifiée du désir infantile contre lequel se dresse plus tard, pour le repousser, la barrière de l'inceste. » (1).

Dans l'analyse du Petit Hans, Freud écrit à propos de l'attitude à la fois tendre et répressive de la mère :

« ... Mais elle avait à remplir un rôle prescrit par le destin et sa position était difficile. » (2).

Dans les « Trois Essais sur la théorie de la sexualité », Freud étudie la maturation de la pulsion sexuelle surtout à travers les manifestations des pulsions partielles, et n'aborde le problème du choix de l'objet qu'avec l'étude de la puberté.

Dans les écrits postérieurs (et en particulier les notes ajoutées en 1915), il étudie parallèlement l'évolution de la libido et le problème du choix de l'objet depuis la toute petite enfance jusqu'à la formation de l'Œdipe.

Ces processus sont extrêmement complexes du fait de la spécificité de la relation de l'enfant à la mère, de la structure triangulaire de l'Œdipe et de (Freud y a toute sa vie insisté) la bisexualité constitutionnelle de l'individu.

[87] « Parallèlement à l'organisation de la libido progresse le processus de la recherche de l'objet, à qui un grand rôle dans la vie psychique est réservé. Le premier objet d'amour après le stade de l'auto-érotisme est pour les deux sexes la mère, dont l'organe destiné à la nutrition de l'enfant n'était sans doute pas au début différencié par celui-ci de son propre corps. Plus tard, mais encore dans les premières années de l'enfance, s'établit la relation du complexe d'Œdipe, au cours de laquelle le petit garçon concentre ses désirs sexuels sur la personne de sa mère et voit se développer en lui des sentiments hostiles contre son père, qui est son rival. La petite fille prend une attitude analogue, toutes les variations et dérivations du complexe d'Œdipe deviennent des plus significatives, la constitution bisexuelle innée se fait jour et multiplie le nombre des tendances concomitantes. » (3).

---

(1) *Cinq leçons sur la Psychanalyse*, pp. 55-56.
(2) *Cinq Psychanalyses*, p. 110.
(3) *Ma vie et la Psychanalyse*, pp. 54-55.

Les premières identifications

La formation du complexe d'Œdipe est le phénomène central de la période sexuelle de la première enfance, les premières identifications préparent le choix d'objet.

[88] « La psychanalyse voit dans l'« identification » la première manifestation d'un attachement affectif à une autre personne. Cette identification joue un rôle important dans le complexe d'Œdipe, aux premières phases de sa formation. Le petit garçon manifeste un grand intérêt pour son père : il voudrait devenir et être ce qu'il est, le remplacer à tous égards. Disons-le tranquillement : il fait de son père son idéal. Cette attitude à l'égard du père (ou de tout autre homme en général) n'a rien de passif ni de féminin : elle est essentiellement masculine. Elle se concilie fort bien avec le complexe d'Œdipe qu'elle contribue à préparer.

Simultanément avec cette identification avec le père, ou un peu plus tard, le petits garçon a commencé à diriger vers sa mère ses désirs libidinaux. Il manifeste alors deux sortes d'attachements psychologiquement différents : un attachement pour sa mère comme pour un objet purement sexuel, et une identification avec le père, qu'il considère comme un modèle à imiter. Ces deux sentiments demeurent pendant quelque temps côte à côte, sans influer l'un sur l'autre, sans se troubler réciproquement. Mais à mesure que la vie psychique tend à l'unification, ces sentiments se rapprochent l'un de l'autre, finissent par se rencontrer, et c'est de cette rencontre que résulte le complexe d'Œdipe normal. Le petit s'aperçoit que le père lui barre le chemin vers la mère ; son identification avec le père prend de ce fait une teinte hostile et finit par se confondre avec le désir de remplacer le père, même auprès de la mère. L'identification est d'ailleurs ambivalente dès le début ; elle peut être orientée aussi bien vers l'expression de la tendresse que vers celle du désir de suppression. Elle se comporte comme un produit de la première phase, de la phase orale de l'organisation de la libido, de la phase pendant laquelle on s'incorporait l'objet désiré et apprécié en le mangeant, c'est-à-dire en le supprimant. On sait que le cannibale en est resté à cette phase : il mange volontiers ses ennemis et il ne mange que ceux qu'il aime.

On perd facilement de vue le sort ultérieur de cette identification avec le père. Il peut arriver que le complexe d'Œdipe subisse une inversion ; que le père, par suite d'une sorte de féminisation, devienne l'objet dont les tendances sexuelles attendent leur satisfaction : dans ces cas, l'identification avec le père constitue la phase préliminaire de l'objectivation sexuelle du père. On peut en dire autant mutatis mutandis, de la fille dans son attitude à l'égard de la mère.

Il est facile d'exprimer dans cette formule cette différence entre l'identification avec le père et l'attachement au père comme à un objet sexuel : dans le premier cas, le père est ce qu'on voudrait être ; dans le second, ce qu'on voudrait avoir. Dans le premier cas, c'est le sujet du moi qui est intéressé ; dans le second, son objet. C'est pourquoi l'identification est possible avant tout choix d'objet. » (1).

[89] « La phase de lien exclusif à la mère qui peut être nommée préœdipienne revendique ainsi chez la femme une importance bien plus grande que celle qui lui revient chez l'homme. Nombre de phénomènes de la vie sexuelle féminine qui n'étaient pas auparavant bien compréhensibles trouvent leur pleine explication par référence à cette phase. Par exemple, nous avons depuis longtemps remarqué que beaucoup de femmes qui ont choisi leur mari selon le prototype paternel, ou lui ont donné la place du père, répètent sur lui dans le mariage leur mauvaise relation avec leur mère. Le mari devait hériter de la relation au père et il hérite en réalité de la relation à la mère. On comprend facilement que c'est là un cas proche de la régression. La relation à la mère était la relation originaire sur laquelle était construit le lien au père, mais maintenant dans le mariage émerge du refoulement ce qui était à l'origine. Le report sur l'objet paternel des liens affectifs avec l'objet maternel forme bien le contenu principal du développement en femme. Si beaucoup de femmes nous donnent l'impression que leur maturité est pleine de querelles avec leur mari, comme l'a été leur jeunesse avec leur mère, nous conclurons, à la lumière des remarques précédentes, que leur attitude hostile vis-à-vis de la mère n'est pas une conséquence de la rivalité du complexe d'Œdipe ; elle provient, au contraire, de la phase précédente et n'a été que renforcée et exploitée dans la situation œdipienne. » (2).

Dans certains cas, les premières identifications déterminent le caractère.

[90] « Parmi tout le matériel dont je dispose, je choisis des cas se rapportant à la formation du caractère. Une jeune fille a pris en toutes choses le contrepied de sa mère, a cultivé toutes les qualités qu'elle ne trouvait pas en celle-ci et évité tout ce qui lui ressemblait. Ajoutons à cela que, comme toute autre petite fille, elle avait dans sa petite enfance commencé par s'identifier à sa mère, tandis que maintenant elle se révolte avec énergie contre cette identification. Une fois mariée cependant, devenue femme et mère, la même jeune personne, ne soyons pas surpris de le constater, ressemble de plus en plus à cette mère ennemie pour enfin s'identifier à elle, comme autrefois. Un fait analogue se produit chez les garçons et le grand Gœthe lui-même qui, dans sa jeunesse, avait certainement méprisé un père rigide et tatillon, développe, dans son vieil âge, certains traits de caractère de celui-ci. Ce résultat est plus frappant encore quand le contraste entre les deux personnes est plus marqué. Un jeune homme que le sort condamna à être élevé auprès d'un père indigne devient

(1) *Essais de Psychanalyse*, pp. 126-127.
(2) *La vie sexuelle*, p. 14.

tout d'abord, par révolte contre lui, un garçon honnête, laborieux, plein de bonne foi. A l'âge adulte, son caractère se modifia et il se comporta dès lors comme s'il avait pris son père pour modèle. Afin de ne pas perdre de vue le lien qui unit ces faits à notre sujet, rappelons-nous qu'au début d'un pareil processus, il existe toujours une identification précoce avec le père. Cette identification se trouve ensuite abandonnée et même surcompensée pour finalement s'instaurer à nouveau. » (1).

Les identifications secondaires

« Le complexe d'Œdipe est quelque chose de si important que la manière dont on a donné dedans et dont on s'en est sorti ne peut pas ne pas avoir de conséquences. » (2).

[91] « En ce qui concerne l'enfant de sexe mâle, le cas, réduit à sa plus simple expression, se présente ainsi ; de bonne heure, l'enfant concentre sa libido sur sa mère, et cette concentration a pour point de départ le sein maternel et représente un cas typique de choix d'objet par contact intime ; quant au père, l'enfant s'assure une emprise sur lui à la faveur de l'identification. Ces deux attitudes coexistent pendant quelque temps, jusqu'à ce que les désirs sexuels à l'égard de la mère ayant subi un renforcement et l'enfant s'étant aperçu que le père constitue un obstacle à la réalisation de ces désirs, on voie naître le complexe d'Œdipe. L'identification avec le père devient alors un caractère d'hostilité, engendre le désir d'éliminer le père et de le remplacer auprès de la mère. A partir de ce moment, l'attitude à l'égard du père devient ambivalente ; on dirait que l'ambivalence, qui était dès l'origine impliquée dans l'identification, devient manifeste. Cette ambivalence à l'égard du père et le penchant tout de tendresse qu'il éprouve pour l'objet libidinal que représente pour lui la mère forment pour le petit garçon les éléments du Complexe d'Œdique simple et positif.

Lors de la destruction du Complexe d'Œdipe, l'enfant est obligé de renoncer à prendre la mère pour objet libidinal. Deux éventualités peuvent alors se produire : ou une identification avec la mère, ou un renforcement de l'identification avec le père. C'est cette dernière éventualité que nous considérons généralement comme normale ; elle permet à l'enfant de conserver, jusqu'à un certain degré, l'attitude de tendresse à l'égard de la mère. A la suite de la disparition du Complexe d'Œdipe, la partie masculine du caractère du petit garçon se trouverait ainsi consolidée. De même, la petite fille peut être amenée, à la suite de la destruction du Complexe d'Œdipe, à s'identifier avec la mère (et si cette identification existait déjà elle subit un renforcement), ce qui a pour effet l'affermissement de la partie féminine de

(1) *Moïse et le monothéisme*, pp. 122-123.
(2) *La vie sexuelle*, pp. 130-131.

son caractère. Ces identifications ne répondent pas du tout à notre attente, parce qu'elles ne consistent pas dans l'absorption par le Moi de l'objet auquel on a renoncé ; mais cette variété d'identification s'observe également, plus souvent, il est vrai, chez les petites filles que chez les petits garçons. On apprend souvent, au cours d'une analyse, que la petite fille, après avoir été obligée de renoncer au père, en tant qu'objet de penchant amoureux, érige sa masculinité en idéal et s'identifie, non avec la mère, mais avec le père, c'est-à-dire avec l'objet qui est perdu pour son amour. Cela dépend évidemment du degré de développement de ses propres dispositions masculines, quelle que soit d'ailleurs leur nature.

Il semble donc que l'identification avec le père ou avec la mère, à la suite de la destruction du Complexe d'Œdipe, dépende, dans les deux sexes, de la force relative des dispositions sexuelles chez l'un et chez l'autre. Tel est le premier aspect sous lequel la bisexualité se manifeste et intervient dans les destinées du Complexe d'Œdipe. Mais elle se manifeste encore sous un autre aspect, beaucoup plus significatif. On a notamment l'impression que le Complexe d'Œdipe simple n'est pas celui qui s'observe le plus fréquemment, mais qu'il correspond à une simplification et schématisation voulue qui, dans beaucoup de cas, trouve d'ailleurs sa justification dans des raisons d'ordre pratique. Une recherche plus approfondie permet le plus souvent de découvrir le Complexe d'Œdipe sous une forme plus complète, sous une forme double, à la fois positive et négative, en rapport avec la bisexualité originelle de l'enfant : nous voulons dire par là que le petit garçon n'observe pas seulement une attitude ambivalente à l'égard du père et une attitude de tendresse libidinale à l'égard de la mère, mais qu'il se comporte en même temps comme une petite fille, en observant une attitude toute de tendresse féminine à l'égard du père et une attitude correspondante d'hostilité jalouse à l'égard de la mère. Cette intervention de la bisexualité est de nature à rendre difficile la tâche qui consiste à établir avec précision les rapports existant entre les premiers choix d'objets et les premières identifications, et elle rend encore plus difficile la description concrète et claire de ces rapports. Il se peut que l'ambivalence constatée dans les rapports avec les parents s'explique, d'une façon générale, par la bisexualité, au lieu de provenir, ainsi que je l'avais supposé précédemment, de l'identification à la suite d'une attitude de rivalité.

Je crois qu'on ferait bien, d'une façon générale et surtout en ce qui concerne les névrotiques, d'admettre l'existence du Complexe d'Œdipe complet. L'expérience analytique montre alors que dans un grand nombre de cas l'un ou l'autre des éléments constitutifs de ce complexe disparaît, en ne laissant que des traces à peine perceptibles, de sorte qu'on obtient une série dont l'un des bouts présente le Complexe d'Œdipe normal et positif, l'autre le complexe inverse, négatif, tandis que les chaînons intermédiaires représentent la forme complète, avec participation inégale des deux éléments constitutifs. Lors de la destruction du Complexe d'Œdipe, les quatre tendances qui en forment le contenu s'associeront pour donner naissance à une identification avec le père et à une identification avec la mère : la première sera associée à son tour avec le penchant libidinal du complexe positif, c'est-à-dire avec le penchant ayant pour objet la mère ; et elle servira en même temps à remplacer le penchant libidinal pour le père qui fait partie du complexe inverse. Une situation analogue, mutatis mutandis, s'établira à la suite de l'identification avec la mère. » (1).

LA DESTRUCTION DU COMPLEXE D'ŒDIPE

Il succombe à la menace de castration forte déjà des expériences antérieures de frustration (retrait du sein maternel, rejet du contenu intestinal). Dans le conflit entre l'intérêt pour le pénis et la fixation amoureuse, le Moi fait un choix narcissique et le complexe d'Œdipe se défait.

[92] « La curiosité sexuelle de l'enfant commence de bonne heure, parfois avant la troisième année. Elle n'a pas pour point de départ les différences qui séparent les sexes, ces différences n'existant pas pour les enfants, lesquels (les garçons notamment) attribuent aux deux sexes les mêmes organes génitaux, ceux du sexe masculin. Lorsqu'un garçon découvre chez sa sœur ou chez une camarade de jeu l'existence du vagin, il commence par nier le témoignage de ses sens, car il ne peut pas se figurer qu'un être humain soit dépourvu d'un organe auquel il attribue une si grande valeur. Plus tard, il recule effrayé devant la possibilité qui se révèle à lui et il commence à éprouver l'action de certaines menaces qui lui ont été adressées antérieurement à l'occasion de l'excessive attention qu'il accordait à son petit membre. Il tombe sous la domination de ce que nous appelons le « complexe de la castration », dont la forme influe sur son caractère, lorsqu'il reste bien portant, sur sa névrose lorsqu'il tombe malade, sur ses résistances, lorsqu'il subit un traitement analytique. En ce qui concerne la petite fille, nous savons qu'elle considère comme un signe dc son infériorité l'absence d'un pénis long et visible, qu'elle envie le garçon parce qu'il possède cet organe, que de cette envie naît chez elle le désir d'être un homme et que ce désir se trouve plus tard impliqué dans la névrose provoquée par les échecs qu'elle a éprouvés dans l'accomplissement de sa mission de femme. » (2).

Il succombe aussi à son échec, c'est-à-dire devant la barrière de l'inceste : « Son impossibilité interne », et à son destin héréditaire.

[93] « ... on ne sait pas encore clairement pour quelle raison il sombre ; les analyses semblent nous apprendre que c'est à l'occasion de la survenue de déceptions douloureuses. La petite fille qui veut se considérer comme celle que son père aime le plus subit inévita-

(1) *Essais de Psychanalyse*, pp. 200-201-202-203.
(2) *Introduction à la Psychanalyse*, p. 341.

blement un jour ou l'autre une dure punition de la part de son père et se voit chassée de tous les paradis. Le garçon qui considère sa mère comme sa propriété fait l'expérience que celle-ci détourne de lui son amour et sa sollicitude pour les porter sur un nouveau venu. La réflexion approfondit la valeur de ces influences en ce qu'elle souligne que de telles expériences pénibles qui s'opposent au contenu du complexe sont inévitables. Quand bien même ne surviendraient pas des événements comme ceux que nous avons mentionnés à titre d'exemple, inévitablement l'absence de la satisfaction espérée, l'incessante frustration conduiraient le petit amoureux à se détourner de son penchant sans espoir. Ainsi le complexe d'Œdipe sombrerait du fait de son échec, résultat de son impossibilité interne. On pourrait aussi concevoir que le complexe d'Œdipe doit tomber parce que le temps de sa dissolution est venu tout comme les dents de lait tombent quand poussent les dents définitives. Même si le complexe d'Œdipe est vécu individuellement par le plus grand nombre des êtres humains, il n'en reste pas moins qu'il est un phénomène déterminé par l'hérédité, établi par elle et qui conformément au programme doit passer lorsque commence la phase de développement prédéterminée qui lui succède. « (1).

Dans un texte de 1925, Freud apporte quelques précisions en ce qui concerne la formation et l'évolution de l'Œdipe chez la fille et son rapport au complexe de castration.

[94] « Chez la fille, le complexe d'Œdipe est une formation secondaire. Il est précédé et préparé par les séquelles du complexe de castration. En ce qui concerne la relation entre complexe d'Œdipe et complexe de castration, il y a une opposition fondamentale entre les deux sexes. Tandis que le complexe d'Œdipe du garçon sombre sous l'effet du complexe de castration (1), celui de la fille est rendu possible et est introduit par le complexe de castration. Cette contradiction s'éclaire lorsqu'on réfléchit que le complexe de castration agit toujours dans le sens impliqué par son contenu : il inhibe et limite la masculinité et encourage la féminité. » (2).

[95] « Le motif de la destruction du complexe d'Œdipe chez la fille nous échappe. La castration a déjà produit son effet qui a consisté à la contraindre à la situation œdipienne. Le complexe d'Œdipe échappe donc au destin qui l'attend chez le garçon ; il peut être abandonné lentement, être liquidé par refoulement, ses effets peuvent être longuement différés dans la vie mentale normale de la femme. » (3).

Le processus de sa disparition est un refoulement d'une espèce particulière.

---

(1) *La vie sexuelle*, pp. 116-117.
(2) *Ibid.*, p. 130.
(3) *Ibid.*, p. 131.

[96] « Je ne vois aucune raison de refuser le nom de « refoulement » au fait que le Moi se détourne du complexe d'Œdipe bien que des refoulements ultérieurs se produisent la plupart du temps avec le concours du Surmoi, lequel n'est ici qu'en formation. Mais le procès que nous avons décrit est plus qu'un refoulement, il équivaut, si les choses s'accomplissent de manière idéale, à une destruction et à une suppression du complexe. Nous sommes portés à admettre que nous sommes tombés, ici, sur la ligne frontière, jamais tout à fait tranchée, entre le normal et le pathologique. Si vraiment le Moi n'est pas parvenu à beaucoup plus qu'à un refoulement du complexe, alors, ce dernier subsiste, inconscient, dans le Ça et il manifestera plus tard son effet pathogène. » (1).

LA PÉRIODE DE LATENCE

Elle constitue de six à huit ans un entracte entre la sexualité de l'enfant et l'organisation définitive ou stade génital. Ce n'est pas une période dépourvue de toute activité sexuelle, c'est une période où n'intervient aucune organisation nouvelle de la sexualité. Elle se caractérise par l'intérêt porté au monde extérieur, et par des formations réactionnelles comme la honte, la pudeur, le dégoût qui s'opposent à la mise en activité des pulsions sexuelles. D'autre part, par suite des difficultés dans la liquidation de l'Œdipe, elle est aussi le point de départ de nombreuses névroses.

[97] « Entre la sixième et la huitième année environ, le développement sexuel subit un temps d'arrêt ou de régression qui, dans les cas socialement les plus favorables, mérite le nom de période de latence. Cette latence peut aussi manquer ; en tout cas, elle n'entraîne pas fatalement une interruption complète de l'activité et des intérêts sexuels. La plupart des événements et tendances psychiques antérieurs à la période de latence, sont alors frappés d'amnésie infantile, tombent dans cet oubli dont nous avons déjà parlé et qui nous cache et nous rend étrangère notre première jeunesse. La tâche de toute psychanalyse consiste à faire revivre le souvenir de cette période oubliée de la vie, et on ne peut s'empêcher de soupçonner que la raison de cet oubli réside dans les débuts de la vie sexuelle qui coïncident avec cette période, que l'oubli est, par conséquent, l'effet du refoulement. » (2).

LA PUBERTÉ (PHASE GÉNITALE)

Le schéma de l'évolution prégénitale est théorique. Dans la réalité il arrive que les trois phases se chevauchent ou se poursuivent paral-

---

(1) *La vie sexuelle*, p. 120.
(2) *Ma vie et la psychanalyse*, p. 351.

lèlement. L'évolution qui s'achève à la puberté se caractérise normalement par l'intégration des pulsions partielles et le choix objectal.

[98] « Voici comment se passent alors les choses : 1° Maints investissements anciens de la libido persistent ; 2° D'autres s'intègrent dans la fonction sexuelle pour constituer les actes auxiliaires ou préparatoires dont la satisfaction produit ce qu'on appelle le plaisir préliminaire ; 3° D'autres tendances se trouvent éliminées, soit par répression totale (refoulement), soit par modification de leur rôle dans le Moi. Elles forment certains traits de caractère ou subissent une sublimation avec déplacements de but.

Ce processus ne se réalise pas toujours sans dommages et les inhibitions qui gênent son cours se manifestent sous la forme de multiples troubles de la vie sexuelle. La libido demeure alors fixée aux états qui caractérisent les phases plus précoces du développement et l'on voit se produire les déviations du but normal qu'on appelle perversions. L'homosexualité manifeste offre un exemple de ces troubles de l'évolution. L'analyse montre qu'il existe partout et toujours un lien objectal homosexuel, seulement, dans la plupart des cas, cette homosexualité demeure latente. Les processus qui aboutissent à l'instauration d'un état normal ne sont jamais totalement réalisés ni totalement absents. Ils n'ont en général qu'un caractère partiel, de sorte que l'issue dépend de rapports quantitatifs. On voit combien cet état de choses est complexe. Ainsi l'organisation génitale s'établit bien mais se voit privée de toutes les fractions de la libido qui n'y ont pas subi d'évolution et demeurent fixées aux objets et aux buts prégénitaux. Cet affaiblissement se traduit, dans les cas d'insatisfaction génitale ou de difficultés réelles, par une tendance de la libido à revenir aux investissements anciens prégénitaux, c'est-à-dire à régresser. » (1).

[99] « Mais le choix de l'objet s'accomplit d'abord sous la forme de représentations, et la vie sexuelle de l'adolescent ne peut, pour le moment, que s'abandonner à des fantasmes, c'est-à-dire à des représentations qui ne sont pas destinées à se réaliser. Dans ces fantasmes, on retrouve chez tous les hommes les tendances et inclinations de l'enfant renforcées alors par le développement somatique ; et parmi ces tendances celle qui compte le plus par l'importance et la fréquence est l'inclination sexuelle qui, la plupart du temps, a acquis un caractère différencié en vertu de l'attirance sexuelle de l'enfant vers les parents : le fils vers la mère et la fille vers le père. En même temps que ces fantasmes incestueux sont rejetés et dépassés, s'accomplit un travail psychologique propre au temps de la puberté, qui compte parmi les plus importants, mais aussi les plus douloureux, savoir l'effort que fait l'enfant pour se soustraire à l'autorité des parents, effort qui seul produit l'opposition, si importante pour le progrès, entre la nouvelle génération et l'ancienne. A chacune de ces phases

---

(1) *Abrégé de Psychanalyse*, pp. 16-17.

du développement que doit connaître l'être normal, certains individus peuvent s'arrêter ; et c'est ainsi que l'on trouve des personnes qui jamais ne se sont soustraites à l'autorité paternelle, qui n'ont pas su détacher de leurs parents leurs sentiments tendres, ou du moins n'ont pu le faire que de manière imparfaite. » (1).

Analyse de la formation d'une perversion : l'homosexualité, interprétation génétique.

[100] « La psychanalyse se refuse absolument à admettre que les homosexuels constituent un groupe ayant des caractères particuliers, que l'on pourrait séparer de ceux des autres individus. En étudiant d'autres excitations que celles proprement sexuelles, elle a pu établir que tous les individus, quels qu'ils soient, sont capables de choisir un objet du même sexe, et qu'ils ont tous fait ce choix dans leur inconscient. On peut même affirmer que les sentiments érotiques qui s'attachent à des personnes du même sexe jouent dans la vie psychique normale un rôle aussi important que les sentiments qui s'attachent à l'autre sexe, et que leur valeur dans l'étiologie des états morbides est bien plus grande encore. Pour la psychanalyse, le choix de l'objet, indépendamment du sexe de l'objet, l'attachement égal à des objets masculins et féminins, tels qu'ils se retrouvent dans l'enfance de l'homme aussi bien que dans celle des peuples, paraît être l'état primitif et ce n'est que par des limitations subies tantôt dans un sens, tantôt dans l'autre que cet état se développe en sexualité normale ou en inversion... C'est ainsi que, pour la psychanalyse, l'intérêt sexuel exclusif de l'homme pour la femme n'est pas une chose qui va de soi et se réduisant en quelque sorte à une attirance d'ordre chimique, mais bien un problème qui a besoin d'être éclairci. Ce n'est qu'après la puberté que l'attitude sexuelle prend une forme définitive, et la décision qui intervient alors est le résultat d'une série de facteurs, dus en partie à la constitution de l'individu, en partie à des causes accidentelles et dont l'ensemble nous échappe encore. Il est possible, évidemment, que certains de ces facteurs acquièrent une telle importance qu'ils déterminent le résultat dans tel ou tel sens. Mais, en général, il faut admettre que la variété des facteurs déterminants se reflète dans la diversité des attitudes sexuelles. Dans les cas d'inversion, on constate toujours la prédominance d'éléments dispositionnels archaïques et de mécanismes psychiques primitifs. Le choix d'objet narcissique et l'importance érotique conservée à la zone anale paraissent être les caractères les plus essentiels des types d'inversion. » (2).

L'homosexualité masculine résulte généralement d'une forte fixation infantile à la mère. Ainsi elle exprime un choix narcissique par iden-

---

(1) *Trois Essais sur la théorie de la sexualité*, pp. 136-137.
(2) *Ibid.*, pp. 168-169.

tification du sujet à sa mère. Ses objets d'amour doivent rappeler celui que la mère a aimé, et il les aime comme sa mère l'a aimé lui-même. A cela s'ajoute le dégoût pour l'être dépourvu de pénis et la peur d'entrer en concurrence avec le père. Le renoncement à la femme comme objet d'amour génital recouvre en fin de compte l'angoisse de la castration. L'expérience clinique montre que d'autres facteurs interviennent, plus complexes, en rapport avec l'histoire individuelle.

[101] « Je peux aujourd'hui indiquer un nouveau mécanisme qui conduit au choix d'objet homosexuel, bien que je ne puisse évaluer l'importance de son rôle dans la formation de l'homosexualité extrême, manifeste et exclusive. L'observation attira mon attention sur plusieurs cas où, dans la prime enfance des motions de jalousie particulièrement fortes, issues du complexe maternel, s'étaient affirmées contre des rivaux, la plupart du temps des frères plus âgés. Cette jalousie conduisait à des attitudes qui purent aller jusqu'au désir de leur mort mais ne survécurent pas au développement. Sous l'influence de l'éducation, sans aucun doute également par suite de leur impuissance persistante, ces motions en vinrent à être refoulées et il se produisit une transformation de sentiments si bien que les ci-devant rivaux devinrent les premiers objets d'amour homosexuels. Une telle issue de la liaison à la mère présente de multiples relations intéressantes avec d'autres processus que nous connaissons. Elle est tout d'abord l'opposé intégral de la paranoïa persecutoria, dans laquelle les personnes primitivement aimées deviennent des persécuteurs haïs, tandis qu'ici les rivaux haïs se transforment en objets d'amour. Elle se présente également comme une amplification de processus qui à mon point de vue conduit à la genèse individuelle des pulsions sociales. Ici comme là existent tout d'abord des motions de jalousie et d'hostilité qui ne peuvent aboutir à la satisfaction, et les sentiments d'identification, de nature tendre aussi bien que sociale, naissent alors comme formations réactionnelles contre les impulsions d'agression refoulées. Ce nouveau mécanisme de choix d'objet homosexuel, à savoir la genèse de l'homosexualité à partir d'une rivalité surmontée et d'un penchant agressif refoulé, se mêle dans bien des cas aux conditions typiques que nous connaissons.

Il n'est pas rare d'apprendre par l'histoire de la vie des homosexuels que leur conversion a eu lieu après que la mère a fait l'éloge d'un autre garçon et l'a cité en exemple. Par là était excitée la tendance au choix d'objet narcissique, et après une courte phase de rivalité aiguë le rival devenait objet d'amour. » (1).

---

(1) *Névrose, Psychose et Perversion*, pp. 279-280.

II

le pathologique

l'angoisse

[102] « Il est certain que le problème de l'angoisse forme un point vers lequel convergent les questions les plus diverses et les plus importantes, une énigme dont la solution devrait projeter des flots de lumière sur toute notre vie psychique. » (1).

PHÉNOMÉNOLOGIE DE L'ANGOISSE

[103] « On est... tenté d'affirmer que l'angoisse n'est jamais rationnelle... Mais nous nous ferons peut-être une idée plus exacte de l'angoisse, en analysant de plus près la situation qu'elle crée. Nous trouvons tout d'abord que le sujet est préparé au danger, ce qui se manifeste par une exaltation de l'attention sensorielle et de la tension motrice. Cet état d'attente et de préparation est incontestablement un état favorable, sans lequel le sujet se trouverait exposé à des conséquences graves. De cet état découlent, d'une part, l'action motrice : fuite d'abord, et à un degré supérieur, défense active ; d'autre part, ce que nous éprouvons comme un état d'angoisse. Plus le développement de l'angoisse est restreint, plus celle-ci n'apparaît que comme un appendice, un signal, et plus tout le processus, qui consiste dans la transformation de l'état de préparation anxieuse en action, s'accomplit rapidement et rationnellement. C'est ainsi que, dans ce que nous appelons angoisse, l'état de préparation m'apparaît comme l'élément utile, tandis que le développement de l'angoisse me semble contraire au but.

Je laisse de côté la question de savoir si le langage courant désigne par les mots angoisse, peur, terreur la même chose ou des choses différentes. Il me semble que l'angoisse se rapporte à l'état et fait abstraction de l'objet, tandis que dans la peur l'attention se trouve précisément concentrée sur l'objet. Le mot terreur me semble, en revanche, avoir une signification toute spéciale, en désignant notamment l'action d'un danger auquel on n'était pas préparé par un état

(1) *L'Introduction à la Psychanalyse*, p. 420.

d'angoisse préalable. On peut dire que l'homme se défend contre la terreur par l'angoisse. » (1).

La névrose d'angoisse

En étudiant, en 1895, les formes de la neurasthénie, Freud distingue un type clinique : la névrose d'angoisse qui se caractérise par un certain nombre de troubles physiques (cardiaques, respiratoires, sensoriels) et psychiques dont le plus remarquable est l'attente anxieuse. L'attente anxieuse relève d'une attitude générale pessimiste devant la vie, elle va bien au-delà de la simple anxiété, plausible en certains cas. Au moindre signe elle imagine le pire comme si une certaine quantité d'angoisse était toujours déjà là, flottante, prête à se lier avec n'importe quelle représentation.

Chez certaines personnes, elle s'explique par la scrupulosité morale, le doute, la maniaquerie, attitudes qui varient, elles aussi depuis le normal jusqu'à la folie. De surcroît, elle va généralement de pair avec des sensations corporelles pénibles, ainsi, elle prélude fréquemment à la névrose d'angoisse, dont elle est le symptôme nucléaire.

L'anxiété, le plus souvent latente, mais toujours « aux aguets » peut se manifester à la conscience en brusques accès d'angoisse.

[104] « Le réveil nocturne dans l'effroi (*pavor nocturnus* des adultes) accompagné habituellement d'angoisse, de dyspnée et de sueurs, etc., n'est très fréquemment rien d'autre qu'une variété d'accès d'angoisse. Ce trouble est à l'origine d'une seconde forme d'insomnie, dans le cadre de la névrose d'angoisse.

Je suis d'ailleurs arrivé à la conviction que le *pavor nocturnus* des enfants comporte une forme qui appartient à la névrose d'angoisse. La teinte hystérique, la connexion de l'angoisse avec la reproduction d'un événement ou d'un rêve approprié font que le *pavor nocturnus* des enfants apparaît comme quelque chose de particulier ; mais il survient aussi dans une forme pure, sans rêve ni hallucination répétitive. » (2).

Névrose d'angoisse et hystérie d'angoisse

L'angoisse résulte d'une perturbation de la vie sexuelle. Cette perturbation s'interprète différemment dans la névrose d'angoisse et dans l'hystérie d'angoisse.

[105] « La tension sexuelle se transforme en angoisse dans les cas où, tout en se produisant avec force, elle ne subit pas l'élaboration psychique qui la transformerait en affect, phénomène dû soit à un

---

(1) *L'Introduction à la psychanalyse*, 422-423.
(2) *Névrose, Psychose et Perversion*, p. 20.

développement imparfait de la sexualité psychique, soit à une tentative de répression de cette dernière (c'est-à-dire à une défense), soit encore à une désagrégation, soit enfin à l'instauration d'un écart devenu habituel entre la sexualité physique et la sexualité psychique. Ajoutons encore à cela une accumulation de tension physique et le rôle joué par les obstacles qui empêchent une décharge vers le domaine psychique. Mais pour quelle raison se produit-il justement de l'angoisse ? Celle-ci consiste en une sensation d'accumulation d'un autre stimulus endogène — le stimulus qui nous pousse à respirer et qui ignore toute autre élaboration psychique ; ainsi, l'angoisse peut correspondre à n'importe quelle tension physique accumulée.

De plus, en considérant de plus près les symptômes d'une névrose d'angoisse, nous y découvrons les fragments disjoints de la grande attaque d'angoisse : simple dyspnée, simples palpitations, simple sensation d'angoisse et combinaison de toutes ces manifestations.

Une observation plus précise montre qu'il s'agit là des voies d'innervation qu'emprunte normalement une tension physico-sexuelle, même quand elle a subi une élaboration psychique. La dyspnée, les palpitations, accompagnent le coït alors qu'elles ne sont généralement utilisées que comme moyens accessoires de décharge, elles ne constituent ici, pour ainsi dire, que le seul débouché de l'excitation. Ainsi, dans la névrose d'angoisse, comme dans l'hystérie, il se produit une sorte de « conversion » (ce qui révèle une nouvelle similitude entre les deux maladies). Toutefois, dans l'hystérie c'est une excitation psychique qui emprunte une mauvaise voie en menant à des réactions somatiques. Dans la névrose d'angoisse, au contraire, c'est une tension physique qui ne peut réussir à se décharger psychiquement et qui continue, par conséquent, à demeurer dans le domaine physique. Les deux processus sont extrêmement souvent combinés. » (1).

Phobies et hystéries d'angoisse

L'analyse des phobies montre qu'elles s'apparentent à l'hystérie d'angoisse. L'état émotif en est le symptôme principal ; il semble faire élection de certains contenus comme si le symptôme devait s'atténuer ou supprimer l'anxiété.

[106] « Un caractère essentiel de l'hystérie d'angoisse est aisé à dégager. Une hystérie d'angoisse, à mesure qu'elle progresse, tourne de plus en plus à la « phobie » ; à la fin le malade peut s'être débarrassé de toute son angoisse, mais seulement au prix de toutes sortes d'inhibitions et de restrictions auxquelles il lui faut se soumettre. Dans l'hystérie d'angoisse, depuis l'origine un travail psychique se poursuit afin de psychiquement fixer à nouveau l'angoisse devenue libre, mais ce travail ne peut ni amener la retransformation d'angoisse en libido ni se rattacher à ces mêmes complexes desquels la libido émane. Il ne lui reste rien d'autre à faire qu'à couper court à toutes

(1) *La Naissance de la Psychanalyse* (manuscrit E), pp. 84-85.

les occasions pouvant amener le développement de l'angoisse, et ceci grâce à des barrières psychiques : précautions, inhibitions, interdictions. Ce sont ces structures défensives qui nous apparaissent sous forme de phobies et constituent à nos yeux l'essence de la maladie. » (1).

Obsessions, phobies et angoisse

Le rapport entre l'angoisse et les symptômes névrotiques est particulièrement évident dans la névrose obsessionnelle qui paraît cependant libre de toute angoisse aussi longtemps qu'elle peut se livrer à son cérémonial.

[107] « Le cérémonial névrotique consiste en petites pratiques, petites adjonctions, petites restrictions, petits règlements, qui sont accomplis, lors de certaines actions de la vie quotidienne, d'une manière toujours semblable ou modifiée selon une loi. Ces activités nous font l'impression de simples « formalités » ; elles nous apparaissent comme complètement dépourvues de signification. Elles n'apparaissent pas autrement au malade lui-même, qui est pourtant incapable de s'en dispenser, car chaque dérogation par rapport au cérémonial est sanctionnée par une angoisse intolérable, qui contraint immédiatement à reprendre ce dont on s'était dispensé. Les occasions et les activités que le cérémonial enjolive, alourdit, et chaque fois retarde, sont tout aussi futiles que les actions cérémonielles elles-mêmes : par exemple s'habiller et se déshabiller, se mettre au lit, satisfaire ses besoins corporels. On peut décrire la manière dont s'exerce un cérémonial en lui substituant en quelque sorte une série de lois non écrites comme par exemple, pour le cérémonial du lit : le siège doit être placé devant le lit dans une telle position déterminée et les vêtements pliés sur le siège selon un certain ordre ; la couverture doit être bordée au pied, et le drap tiré bien à plat, les oreillers doivent être répartis de telle et telle façon, et le corps lui-même être dans une posture déterminée avec précision ; alors seulement il est permis de s'endormir. Dans les cas bénins le cérémonial a l'air d'être l'exagération d'un ordre habituel et justifié. Mais la scrupulosité particulière avec laquelle il est exécuté, et l'angoisse qui survient lorsqu'on s'en dispense caractérisent le cérémonial comme une "action sacrée". » (2).

Symptôme et angoisse

Toute formation de symptôme a pour fonction de permettre au sujet d'échapper à l'angoisse. L'angoisse n'est pas simplement un symptôme de névrose. Elle a avec la névrose un rapport plus intime ; elle est le phénomène essentiel de la névrose.

---

(1) *Cinq Psychanalyses* (Le Petit Hans), p. 176.
(2) *Névrose, Psychose, Perversion,* p. 134.

[108] « Lorsque nous essayons d'empêcher ces malades d'exécuter leurs actes obsédants, ablutions, cérémonial, etc., ou lorsqu'ils osent eux-mêmes renoncer à l'une quelconque de leurs obsessions, ils éprouvent une angoisse terrible qui les oblige à céder à l'obsession. Nous comprenons alors que l'angoisse n'était que dissimulée derrière l'acte obsédant et que celui-ci n'était accompli que comme un moyen de se soustraire à l'angoisse. C'est ainsi que dans la névrose obsessionnelle l'angoisse n'apparaît pas au dehors, parce qu'elle est remplacée par les symptômes ; et si nous nous tournons vers l'hystérie, nous y retrouvons la même situation comme résultat du refoulement : soit une angoisse pure, soit une angoisse accompagnant les symptômes, soit enfin un ensemble de symptômes plus complet, sans angoisse. Il semble donc permis de dire d'une manière abstraite que les symptômes ne se forment que pour empêcher le développement de l'angoisse qui, sans cela, surviendrait inévitablement. Cette conception place l'angoisse au centre même de l'intérêt que nous portons aux problèmes se rattachant aux névroses.

Nos observations relatives à la névrose d'angoisse nous ont fourni cette conclusion que la déviation de la libido de son application normale, déviation qui engendre l'angoisse, constitue l'aboutissement de processus purement somatiques. L'analyse de l'hystérie et des névroses obsessionnelles nous a permis de compléter cette conclusion, car elle nous a montré que déviation et angoisse peuvent également résulter du refus d'intervention de facteurs psychiques. » (1).

L'ORIGINE DE L'ANGOISSE

Première théorie

L'angoisse résulte du refoulement.

[109] « Lorsqu'on analyse la situation qui a engendré soit l'angoisse soit les symptômes accompagnés d'angoisse, il est généralement possible de découvrir le courant psychique normal qui n'a pas abouti et a été remplacé par le phénomène d'angoisse. Ou, pour nous exprimer autrement, nous reprenons le processus inconscient comme s'il n'avait pas subi de refoulement et comme s'il avait poursuivi son développement sans obstacles, jusqu'à parvenir à la conscience. Ce processus aurait été accompagné d'un certain état affectif, et nous sommes tout surpris de constater que cet état affectif qui accompagne l'évolution normale du processus se trouve dans tous les cas refoulé et remplacé par de l'angoisse, quelle que soit sa qualité propre. Aussi bien lorsque nous nous trouvons en présence d'un état d'angoisse hystérique, nous sommes en droit de supposer que son complément inconscient est constitué soit par un sentiment de même nature

(1) *Introduction à la Psychanalyse*, p. 432.

— angoisse, honte, confusion —, soit par une excitation positivement libidineuse, soit enfin par un sentiment hostile et agressif, tel que la fureur ou la colère. L'angoisse constitue donc la monnaie courante contre laquelle sont échangées ou peuvent être échangées toutes les excitations affectives, lorsque leur contenu a été éliminé de la représentation et a subi un refoulement. » (1).

Le propre de l'angoisse infantile comme de l'angoisse névrotique est de réagir aux exigences impossibles à satisfaire de la libido comme s'il s'agissait d'un danger extérieur. Mais chez l'enfant il s'agit en quelque sorte d'une libido sans emploi.

[110] « Le petit enfant éprouve tout d'abord de l'angoisse en présence de personnes étrangères, les situations ne jouent sous ce rapport un rôle que par les personnes qu'elles impliquent et, quant aux objets, ils ne viennent, en tant que générateurs d'angoisse, qu'en dernier lieu. Mais l'enfant n'éprouve de l'angoisse devant des personnes étrangères qu'à cause des mauvaises intentions qu'il leur attribue et parce qu'il compare sa faiblesse avec leur force, dans laquelle il voit un danger pour son existence, sa sécurité, son euphorie. Eh bien cet enfant méfiant, vivant dans la peur d'une menace d'agression répandue dans tout l'univers, constitue une construction théorique peu heureuse. Il est plus exact de dire que l'enfant s'effraie à la vue d'un nouveau visage parce qu'il est habitué à la vue de cette personne familière et aimée qu'est la mère. Il éprouve une déception et une tristesse qui se transforment en angoisse ; il s'agit donc d'une libido devenue inutilisable et qui, ne pouvant pas alors être maintenue en suspension, trouve sa dérivation dans l'angoisse. » (2).

Chez l'adulte il s'agit d'une libido appartenant à un système refoulé.

[111] « Chez l'adulte il ne suffit pas, pour que l'angoisse se transforme en libido, que celle-ci, en tant que désir ardent, reste momentanément inemployée. C'est que l'adulte a appris depuis longtemps à tenir sa libido en suspension ou à l'employer autrement. Mais lorsque la libido fait partie d'un mouvement psychique ayant subi le refoulement, on retrouve la même situation que chez l'enfant qui ne sait pas encore faire une distinction entre le conscient et l'inconscient, et cette régression vers la phobie infantile fournit à la libido un moyen commode de se transformer en angoisse. Nous avons, vous vous en souvenez, beaucoup parlé du refoulement, mais en ayant toujours en vue le sort de la représentation qui devait subir le refoulement, et cela naturellement parce qu'il se laisse plus facilement constater et exposer. Quant au sort de l'état affectif associé à la représentation refoulée, nous l'avions toujours laissé de côté, et c'est seulement maintenant que nous apprenons que le premier sort de cet état affectif consiste à subir la transformation en angoisse, quelle

(1) *Introduction à la Psychanalyse*, pp. 431-432.
(2) *Ibid.*, p. 435.

qu'aurait pu être sa qualité dans des conditions normales. Cette transformation de l'état affectif constitue la partie de beaucoup la plus importante du processus de refoulement. Il n'est pas très facile d'en parler, attendu que nous ne pouvons pas affirmer l'existence d'états affectifs inconscients de la même manière dont nous affirmons l'existence de représentations inconscientes. Qu'elle soit consciente ou inconsciente, une représentation reste toujours la même, à une seule différence près, et nous pouvons très bien dire ce qui correspond à une représentation inconsciente. Mais un état affectif est un processus de décharge et doit être jugé tout autrement qu'une représentation ; sans avoir analysé et élucidé à fond nos prémisses relatives aux processus psychiques, nous sommes dans l'impossibilité de dire ce qui dans l'inconscient correspond à l'état affectif. Aussi bien est-ce un travail que nous ne pouvons pas entreprendre ici. Mais nous voulons rester sous l'impression que nous avons acquise, à savoir que le développement de l'angoisse se rattache étroitement au système de l'inconscient. » (1).

Cette première théorie de l'angoisse n'a jamais été (même après 1920) complètement abandonnée par Freud.

[112] « Le grand responsable de l'angoisse et des autres névroses, c'est, d'après nous, le processus du refoulement. Nous pensons pouvoir mieux qu'autrefois décrire ce processus en étudiant séparément le sort de l'idée destinée à être refoulée et celui de la libido dont cette idée était chargée. L'idée à refouler peut être déformée au point de devenir méconnaissable, mais sa charge en affect, quelle qu'en soit la forme : agression ou amour, est infailliblement transformée en angoisse. Peu importe dès lors la raison pour laquelle la charge en libido est rendue inutilisable, que ce soit par suite de la faiblesse infantile du moi, comme dans les phobies d'enfants, par suite de processus somatiques dans la vie sexuelle, comme dans la névrose d'angoisse, ou par suite de refoulement comme dans l'hystérie. Les deux mécanismes de la formation d'angoisse névrotique coïncident donc, pour ainsi dire. Au cours de ces recherches, nous avons pu noter l'existence du rapport très important qui existe entre la production de l'angoisse et la formation du symptôme. On observe là une action réciproque, les deux phénomènes pouvant se remplacer mutuellement. » (2).

Deuxième théorie

Elle est en relation avec la deuxième topique. L'angoisse est maintenant analysée par rapport au Moi, en fonction des états de dépendance du Moi et de la lutte entre Eros et les instincts de Mort. Entre le Ça, la réalité et le Surmoi, le Moi apparaît menacé par un triple

---

(1) *Introduction à la Psychanalyse*, p. 438.
(2) *Nouvelles Conférences*, p. 111.

danger, soumis à une triple servitude : les exigences de la libido, celles de la réalité et celles du Surmoi.

Pris entre le Ça et la réalité, il libère et retourne contre lui les instincts d'agression qui s'agitent dans le Ça et développe de ce fait un réflexe de fuite, tant par rapport à la réalité que par rapport au Ça. Il est plus facile de comprendre ce qui se passe entre le Moi et le Surmoi.

[113] « Le Moi peut être considéré comme un véritable réservoir d'angoisse. Menacé par trois dangers, il développe en lui le réflexe de la fuite, à la faveur duquel il retire son attachement érotique à la perception grosse de menaces ou au processus qui, s'accomplissant dans le Ça, présente à ses yeux le même caractère, pour l'exprimer sous la forme de l'angoisse. Cette réaction primitive cède plus tard la place à des fixations de défense (mécanisme des phobies). Il est difficile de dire exactement ce que le Moi peut avoir à craindre du danger extérieur ou du danger en rapport avec la libido du Ça ; ou plutôt nous savons qu'il craint d'être asservi ou anéanti, mais l'analyse ne nous apprend rien sur ce point. Le Moi suit tout simplement l'avertissement qui lui vient du principe du plaisir. Nous pouvons dire, en revanche, d'une façon précise, ce qui se cache derrière l'angoisse que le Moi éprouve devant le Surmoi, c'est-à-dire derrière l'angoisse provoquée par les scrupules de conscience. L'être supérieur, qui est devenu l'idéal du Moi, représentait autrefois la menace de castration, et il est probable que cette angoisse de castration constitue le noyau autour duquel s'est déposée plus tard l'angoisse, en rapport avec les scrupules de conscience : on peut même aller jusqu'à dire que les scrupules de conscience angoissants représentent une forme plus avancée de l'angoisse de castration. » (1).

[114] « L'angoisse de mort pose à la psychanalyse un problème difficile, car la mort est une notion abstraite, d'un contenu négatif dont la correspondance inconsciente est encore à trouver. Le mécanisme de l'angoisse de mort pourrait être uniquement celui-ci : le Moi se décharge dans une mesure considérable de la libido narcissique, autrement dit il se sacrifie lui-même, comme dans les autres accès dangoisse il renonce à l'objet. Je pense que l'angoisse de mort se déroule entre le Moi et le Surmoi.

Nous savons que l'angoisse de mort se produit dans deux circonstances qui sont d'ailleurs celles qui favorisent toute angoisse, de quelque nature qu'elle soit ; en tant que réaction à un danger extérieur et en tant que processus interne, comme c'est le cas, par exemple, dans la mélancolie. Une fois de plus, l'occurrence névrotique nous aidera ainsi à comprendre les cas réels.

L'angoisse de mort qui accompagne la mélancolie ne se prête qu'à une seule explication : le Moi se sacrifie, parce qu'il se sent haï et

---

(1) *Essais de Psychanalyse,* pp. 231-232.

persécuté, au lieu d'être aimé, par le Surmoi. C'est ainsi que, pour le Moi, vivre équivaut à être aimé par le Surmoi qui, ici encore, représente le Ça. Le Surmoi remplit la même fonction de protection et de salut que le père, la providence ou, plus tard, le sort. Mais la même attitude s'impose au Moi, lorsqu'il se trouve dans un danger réel particulièrement grave, auquel il ne croit pas pouvoir parer par ses propres moyens. Il se voit alors abandonné par toutes les puissances protectrices et se laisse mourir. Situation analogue à celle qui peut être considérée comme la source du premier état d'angoisse qu'éprouve l'enfant à la suite de sa séparation nostalgique d'avec la mère, comme formant la raison profonde de la nostalgie angoissante de la période infantile.

Ces considérations sont de nature à nous faire apparaître l'angoisse de mort, ainsi que l'angoisse provoquée par des scrupules de conscience, comme des produits d'élaboration de l'angoisse de castration. Et étant donné le rôle très important que le sentiment de culpabilité joue dans les névroses, il est permis de penser que, dans les cas graves, l'angoisse névrotique commune se trouve renforcée par l'angoisse ayant sa source dans la région qui s'étend entre le Moi et le Surmoi (angoisse de mort, angoisse provoquée par des scrupules de conscience, angoisse de castration). » (1).

La deuxième théorie de l'angoisse est développée avec précision dans les textes de « Inhibition, Symptôme et Angoisse ». Elle reprend l'ensemble des analyses dont Freud lui-même reconnaît qu'elles sont inachevées et peu cohérentes. C'est précisément cette difficile cohérence qu'il recherche dans ces textes, en approfondissant les diverses voies de ses analyses antérieures.

[115] « Précédemment, je considérais l'angoisse comme une réaction générale du Moi soumis aux conditions de déplaisir. Je cherchais à justifier chaque fois son apparition, et j'admettais, en m'appuyant sur l'étude des névroses actuelles, que la libido (excitation sexuelle) qui est refusée par le Moi ou n'est pas employée par lui, trouve un débouché direct sous forme d'angoisse. On ne peut ne pas apercevoir que ces deux façons de caractériser l'angoisse ne cadrent pas ensemble, et, pour le moins, ne se déduisent pas nécessairement l'une de l'autre. En outre, il s'est dégagé l'impression d'un rapport particulièrement étroit de l'angoisse et de la libido, rapport qui ne s'harmonise pas avec le caractère général de l'angoisse comme réaction au déplaisir.

L'objection contre cette conception partait de la tendance à attribuer au Moi le monopole de l'angoisse, elle était donc ainsi une des conséquences de la stratification de l'appareil psychique que nous avons essayé d'établir par la distinction du Moi et du Ça. Pour la conception antérieure, il paraissait probable que la libido de l'excitation instinctuelle refoulée doit être considérée comme la source de l'angoisse. D'après la nouvelle conception, c'est plutôt le Moi qui est responsable de cette angoisse. Donc : angoisse du Moi ou angoisse

---

(1) *Essais de Psychanalyse*, pp. 232-233.

instinctuelle (du Ça). Vu que le Moi travaille avec une énergie désexualisée, le rapport intime entre l'angoisse et la libido est ainsi desserré dans la nouvelle conception. » (1).

La notion de situation dangereuse

Désormais, les démarches freudiennes sont centrées sur l'analyse de la « situation dangereuse ». Grâce à cette notion, Freud articule un certain nombre d'analyses antérieures telles que :

— la comparaison entre angoisse infantile, angoisse réelle, angoisse névrotique et l'étude de leurs rapports,

— l'examen des théories de Rank (inspirées d'ailleurs par Freud) selon lesquelles l'angoisse ne serait pas autre chose que l'abréaction d'une angoisse originelle, source et prototype de toute angoisse, provoquée par la première séparation d'avec la mère.

La notion de situation dangereuse permet ce regroupement. En effet : une situation dangereuse réelle, objective déclenche une angoisse normale : l'angoisse automatique. L'attente d'une situation dangereuse déclenche l'angoisse comme signal d'alarme ; or, la perte d'un objet essentiel, pour l'enfant la séparation d'avec la mère, est vécue comme situation dangereuse. Point n'est besoin de remonter à l'expérience de la naissance (où d'ailleurs la mère n'est pas un objet pour l'enfant), c'est dans la vie du nourrisson, dès la première enfance que se produisent réellement ces situations dangereuses angoissantes.

[116] « La considération suivante nous fait dépasser cette accentuation de la perte de l'objet. Quand le nourrisson aspire à la perception de la mère, c'est parce qu'il sait déjà par expérience que la mère satisfait sans tarder tous ses besoins. La situation qu'il évalue comme « dangereuse », contre laquelle il veut être garanti, est donc celle de la non-satisfaction, de l'accroissement de la tension provenant des besoins contre lesquels il est impuissant. Je pense qu'à partir de ce point de vue, tout se coordonne : la situation de la non-satisfaction, dans laquelle des éléments d'excitation atteignent une ampleur et une intensité génératrices de déplaisir, sans être dominés grâce à une utilisation psychique ou à une décharge, cette situation doit être pour le nourrisson analogue à l'expérience vécue de la naissance, doit être pour lui la répétition de la situation dangereuse ; le fait qui est commun aux deux situations comparées est le trouble dans l'économie des forces psychiques, trouble résultant de l'accroissement des éléments d'excitation qui exigent d'être liquidés : ce fait est donc le noyau propre du « danger ». Dans les deux cas apparaît la réaction d'angoisse qui se présente encore comme utile chez le nourrisson, puisque l'orientation de la décharge sur la musculature respiratoire et vocale a maintenant pour effet que la mère soit appelée, comme, précédemment, grâce à cette orientation de la décharge, s'était déclenchée l'activité des poumons pour apaiser les excitations internes du

(1) *Inhibition, Symptôme et Angoisse*, pp. 96-97.

nouveau-né. A part cette caractéristique, il n'y a pas lieu de postuler que l'enfant ait conservé d'autres impressions relatives au danger couru à l'occasion de sa naissance.

Avec l'expérience qu'un objet extérieur perceptible peut mettre fin à la situation dangereuse rappelant la naissance, le contenu du danger se déplace maintenant de la situation créée sur le plan de l'économie psychique vers sa condition, la perte de l'objet. La perception de l'absence de la mère devient maintenant le danger à l'apparition duquel le nourrisson donne le signal d'angoisse avant que la situation redoutée n'ait apparu sur le plan de l'économie psychique.

Cette transformation marque un premier grand progrès dans la sollicitude de la conservation de soi-même, elle implique en même temps le passage de la production automatique et non voulue de l'angoisse sous le coup du danger, à sa reproduction intentionnelle comme signal de danger.

Dans les deux cas, aussi bien comme phénomène automatique que comme signal sauveur, l'angoisse apparaît comme un produit de l'extrême embarras psychique du nourrisson, embarras qui forme, de façon bien logique, la contrepartie inévitable de son impuissance biologique si marquée. Cette coïncidence frappante : qu'aussi bien l'angoisse de la naissance que l'angoisse du nourrisson renvoient à la condition de la séparation d'avec la mère n'a besoin d'aucune interprétation psychologique ; elle s'explique de façon assez simple, biologiquement, par le fait que la mère, qui avait d'abord satisfait tous les besoins du fœtus par les dispositifs de son corps, continue à remplir la même fonction, partiellement par d'autres moyens, aussi après la naissance. La vie intra-utérine et la première enfance sont beaucoup plus comprises dans une connexion de continuité que nous le ferait croire la césure impressionnante de l'acte de la naissance. La mère, comme objet, remplace pour l'enfant, sur le plan psychique, la situation fœtale biologique. Nous devons néanmoins ne pas oublier que, dans la vie intra-utérine, la mère n'était aucunement un objet, et qu'à ce stade de la vie il n'existait aucun objet.

Il est facile de voir que, dans ce rapport connexe d'idées, il n'y a aucune place pour une abréaction du trauma de la naissance, et qu'on ne saurait trouver d'autre fonction à l'angoisse que celle d'un signal pour éviter la situation dangereuse. Or, la prise en considération de la perte de l'objet, comme condition de l'angoisse, nous fait avancer encore un bout sur notre chemin. De même, la transformation de l'angoisse corrélative à la phase suivante de l'évolution, transformation qui inaugure l'angoisse de castration dans la phase phallique, ne nous fait pas quitter le domaine d'une angoisse de séparation : cette angoisse renvoie, également, à la peur de perdre un objet. » (1).

---

(1) *Inhibition, Symptôme, Angoisse,* pp. 65-66-67.

La situation dangereuse et la formation des symptômes

La situation dangereuse et la formation des symptômes. Révision des premières conceptions en fonction de l'analyse de la situation dangereuse.

[117] « Une autre proposition, que j'ai formulée un jour, exige maintenant d'être éprouvée à la lumière de notre nouvelle conception. C'est l'assertion que le Moi serait le siège par excellence de l'angoisse. Je pense qu'on pourra en démontrer le bien-fondé. Nous n'avons en vérité, aucune raison d'attribuer au Surmoi une manifestation d'angoisse quelle qu'elle soit. Mais lorsqu'on a parlé d'une angoisse du Ça, il n'y a pas lieu d'y contredire, il ne s'agit que de corriger simplement une expression maladroite. L'angoisse est un état affectif qui, naturellement, ne peut être éprouvé que par le Moi. Le Ça ne peut pas avoir de l'angoisse comme le Moi ; il n'est pas organisé, il ne peut pas apprécier des situations dangereuses. Au contraire, c'est un événement particulièrement fréquent que des processus se préparent ou s'accomplissent dans le Ça, qui donnent au Moi un motif de développer de l'angoisse. En fait, les refoulements probablement les plus anciens, comme la majorité de tous ceux qui suivront, sont motivés par cette angoisse du Moi devant certains processus qui se déroulent dans le Ça. Nous distinguons ici une fois de plus, et à bon droit, ces deux cas : il se produit quelque chose dans le Ça qui rend actuelle pour le moi telle ou telle situation dangereuse, quelque chose qui le pousse, en même temps, à donner le signal d'angoisse pour que, dans le Ça, se produise ainsi l'inhibition — et l'autre cas, que la situation analogue au trauma de la naissance se présente dans le Ça, situation dans laquelle est provoquée automatiquement la réaction d'angoisse. On rapproche les deux cas entre eux lorsqu'on établit que le deuxième correspond à la situation dangereuse première et originelle, alors que le premier correspond à une condition d'angoisse qui est dérivée plus tard de la situation originelle. Ou bien, si on se rapporte aux affections qu'on trouve réellement en clinique, le deuxième cas est réalisé dans l'étiologie des névroses actuelles, pendant que le premier demeure caractéristique pour l'étiologie des psycho-névroses. Nous voyons maintenant que nous n'avons pas à démentir le résultat de nos recherches antérieures, mais seulement à les mettres en harmonie avec de nouveaux points de vue. On ne doit pas rejeter l'idée que dans l'abstinence ou lors d'un trouble, par suite d'abus, dans le cours de l'excitation sexuelle et dans le détournement de cette excitation de son cheminement à travers les instances du psychisme, une angoisse naît directement de la libido — c'est-à-dire que cet état d'impuissance du Moi contre une tension excessive des besoins s'établit, cet état d'impuissance qui, comme dans la naissance, se résout en développement d'angoisse, auquel cas c'est une possibilité peu importante mais toute proche, que l'excédent de la libido non employée trouve justement son débouché dans le développement de l'angoisse. Nous voyons que sur le terrain de ces névroses actuelles se développent avec une faci-

lité particulière, des psycho-névroses, c'est-à-dire que le Moi fait des efforts pour épargner et maîtriser, par la formation de symptômes, l'angoisse qu'il avait appris à maintenir en suspens pendant un certain temps. » (1).

L'ANGOISSE DE CASTRATION ET LES PHOBIES ANIMALES

A la lumière de la deuxième théorie de l'angoisse, l'angoisse de castration apparaît comme l'origine des phobies animales. Ce qui conduit Freud à réinterpréter l'angoisse du Petit Hans et de l'Homme aux loups.

[118] « ... Dans les deux cas, le mobile du refoulement, c'est l'angoisse de la castration. Les contenus de l'angoisse : être mordu par le cheval, et être dévoré par le loup, sont des figurations de l'appréhension d'être châtré par le père. C'est justement ce contenu fondamental de l'angoisse qui a subi le refoulement. Chez le Russe, ce contenu était l'expression d'un désir qui ne pouvait cadrer avec la virilité qui se révoltait ; chez Hans, il était l'expression d'une réaction qui transformait l'agression en son contraire. Mais l'état affectif angoissé de la phobie qui constitue son essence ne dérive pas du processus de refoulement, ni non plus des investissements libidinaux des tendances refoulées, mais au contraire, il a sa racine dans ce qui refoule. L'angoisse dans la phobie d'un animal est l'angoisse non transformée de la castration, donc une angoisse réelle, angoisse d'un danger réellement menaçant, ou, du moins, jugé tel. Ici, l'angoisse crée le refoulement et ce n'est pas comme je le pensais auparavant, le refoulement qui crée l'angoisse.

Il n'est pas agréable de se l'avouer, mais cela ne sert de rien de le nier. J'ai souvent soutenu cette proposition que le refoulement déforme la représentation corrélative à la pulsion (refoulée) ou provoque un déplacement sur un objet autre que celui qui aurait dû apparaître comme contenu de la représentation, et que la libido de la poussée instinctuelle se transforme en angoisse. L'étude des phobies sur laquelle je comptais surtout pour prouver ma thèse ne la confirme pas. Elle semble plutôt directement la contredire. L'angoisse dans les phobies animales est l'angoisse du Moi, devant la castration ; l'agoraphobie, étudiée moins à fond, paraît être une angoisse devant la tentation qui doit être génétiquement en connexion avec l'angoisse devant la castration. La plupart des phobies, pour autant que nous en pouvons juger présentement, se ramènent à de pareilles angoisses du Moi devant les sollicitations de la libido. Dans ce cas, l'attitude angoissée du Moi est toujours le fait initial, et ce qui amène le refoulement. » (2).

---

(1) *Inhibition, Symptôme et Angoisse*, pp. 69-70-71.
(2) *Ibid.*, pp. 29-30.

La double origine de l'angoisse

[119] « La naissance... prototype à nos yeux de l'état d'angoisse, peut à peine être considérée en soi-même comme un préjudice, malgré le risque toujours possible d'une blessure. L'essentiel dans la naissance, comme dans toute situation périlleuse, est l'apparition dans le psychisme d'un état de grande tension ressenti comme un déplaisir et dont on ne peut se libérer par une décharge. Si nous qualifions de « traumatique » cet état où les efforts du principe de plaisir échouent, nous parvenons, en considérant la série angoisse névrotique — angoisse réelle — situation périlleuse, à la conclusion simple que voici : la chose redoutée, l'objet de l'angoisse, c'est toujours l'apparition d'un facteur traumatique qu'il est impossible d'écarter suivant la norme du principe de plaisir. Nous concevons immédiatement que ce principe ne suffit pas à nous préserver des dommages extérieurs, mais seulement d'un certain préjudice dont notre économie psychique peut être victime. Il s'en faut de beaucoup que le principe de plaisir et l'instinct de conservation se prêtent, dès le début, une aide mutuelle et il y a loin de l'un à l'autre. Mais quelque chose va peut-être nous donner la solution cherchée. En effet, nous voyons qu'il ne s'agit ici que de grandeurs relatives ; c'est la grandeur de la somme des émotions exerçant une influence sur le facteur traumatique qui paralyse l'action du principe de plaisir, qui confère à la situation dangereuse sa gravité. Et s'il en est réellement ainsi, si l'énigme peut être résolue par une aussi simple proposition, pourquoi refuser à de pareils facteurs la possibilité de se manifester même en l'absence de toute situation périlleuse ? L'angoisse en pareil cas ne serait plus un simple signal, mais surgirait comme une création nouvelle et pour de nouveaux motifs. L'expérience clinique nous enseigne que c'est bien ainsi que les choses se passent. Seuls les refoulements tardifs révèlent le mécanisme ci-dessus décrit, où l'angoisse apparaît comme le signal d'une ancienne situation dangereuse ; les tout premiers, les primitifs, se produisent directement lorsque le Moi vient se heurter, par suite de facteurs traumatiques, à une trop grande exigence libidinale, et ils recréent leur angoisse, mais à l'image de la naissance. Les choses se passent sans doute de la même manière lors de l'apparition de l'angoisse dans le cas d'une névrose par trouble somatique de la fonction sexuelle. Nous ne prétendons plus que la libido elle-même soit transformée en angoisse, mais rien ne semble infirmer l'idée d'une double origine de cette dernière, qui peut soit provenir directement du facteur traumatique, soit être le signal d'une nouvelle menace de sa part. » (1).

---

(1) *Nouvelles Conférences,* pp. 123-124-125.

les névroses

Elles ont été longtemps le premier et le seul objet de la psychanalyse.

[120] « Les symptômes névrotiques ont leur sens tout comme les actes manqués et les rêves et ils sont en rapport avec la vie des personnes qui les présentent. » (1).

[121] « Plus on approfondit la pathogenèse des névroses, plus on aperçoit les relations qui les unissent aux autres phénomènes de la vie psychique de l'homme, même à ceux auxquels nous attachons le plus de valeur. » (2).

ESSENCE ET CAUSE DES NÉVROSES. LES TROIS FACTEURS DES NÉVROSES

[122] « Parmi les facteurs qui contribuent à causer la névrose, qui ont créé les conditions dans lesquelles les forces psychiques se mesurent entre elles, notre effort de compréhension en met en relief trois : un facteur biologique, un facteur phylogénétique, et un facteur purement psychologique.
Le facteur biologique est l'impuissance et la dépendance, prolongées longtemps, du petit enfant. L'existence intra-utérine de l'homme paraît relativement abrégée en comparaison de la plupart des animaux, il est moins complètement formé que ceux-ci lorsqu'il est jeté dans le monde. C'est par cela que l'influence du monde extérieur, réel, se voit renforcée, que la différenciation du Moi d'avec le Ça s'accélère précocement, que les dangers du monde extérieur augmentent d'importance et que la valeur de l'objet, qui peut seul protéger contre ces dangers et compenser les avantages de la vie intra-utérine perdue, est énormément accrue. Cette condition biologique crée donc les

---

(1) *Introduction à la Psychanalyse*, p. 280.
(2) *Cinq leçons sur la Psychanalyse*, p. 59.

premières situations dangereuses et provoque le besoin d'être aimé, que l'homme ne perdra plus jamais.

Le deuxième facteur, phylogénétique, n'est établi par nous qu'en concluant de l'effet à la cause. Un fait très remarquable du développement de la libido nous a poussés à l'admettre. Nous constatons que la vie sexuelle de l'homme ne se développe pas continuellement du début à la maturité comme celle de la plupart des animaux qui lui sont proches, mais qu'après une première floraison précoce jusqu'à la cinquième année, elle subit une forte interruption, pour se relever avec la puberté et renouer avec les débuts infantiles. Nous pensons qu'il a dû se passer dans les destinées du genre humain quelque chose d'important qui a produit cette interruption du développement sexuel comme résidu historique.

L'importance pathogène de cette interruption de la vie sexuelle ressort du fait que la plupart des sollicitations pulsives de la sexualité infantile sont traitées et écartées par le Moi comme des dangers. De sorte que les poussées sexuelles ultérieures de la puberté qui devraient s'intégrer dans l'organisation du Moi sont en danger de tomber sous l'attraction des prototypes infantiles (des désirs sexuels) et de les suivre dans le refoulement. Nous trouvons là l'étiologie la plus directe des névroses. C'est un fait remarquable et frappant que le contact précoce avec les sollicitations de la sexualité agit sur le Moi de la même manière que le contact prématuré avec le monde extérieur.

Le troisième facteur, qui est psychologique, doit être trouvé dans une imperfection de notre appareil psychique qui dépend, à la vérité, de sa différenciation en un Moi et en un Ça, qui se relie donc en dernière analyse aussi à l'influence du monde extérieur. En envisageant les dangers de la réalité, le Moi est obligé de se mettre en défense contre certaines tendances pulsives du Ça, de les traiter comme des dangers. Mais le Moi ne peut se protéger contre les dangers instinctuels intérieurs d'une manière aussi efficace que contre une partie de la réalité qui lui est étrangère. Associé intimement avec le Ça lui-même, il ne peut se défendre contre le danger venant de l'instinct qu'en limitant sa propre organisation et en tolérant la formation de symptômes comme ersatz des satisfactions instinctuelles sacrifiées. Si alors la poussée de l'instinct rejetée se renouvelle, le Moi doit affronter toutes les difficultés que nous connaissons au titre des souffrances névrotiques.

Nous n'avons pu aller plus loin, je dois l'avouer, dans notre examen de l'essence et de la cause des névroses. » (1).

(1) *Inhibition, Symptôme et Angoisse*, pp. 88-89-90.

ORIGINE DES NÉVROSES. L'ENFANCE

[123] « Il semble que les névroses ne s'acquièrent qu'au cours de la prime enfance (jusqu'à l'âge de six ans), bien que leurs symptômes puissent être bien plus tardifs. La névrose infantile se manifeste quelquefois pendant un temps assez court ou peut même passer inaperçue. La névrose ultérieure a, en tout cas, son point de départ dans l'enfance. (Il est possible que ce qu'on appelle névroses traumatiques, déclenchées par une frayeur trop intense ou des chocs somatiques graves tels que collisions de trains, avalanches, etc., constituent une exception, toutefois leurs relations avec le facteur infantile ont jusqu'ici échappé à nos investigations). Nous comprenons facilement pourquoi les névroses naissent de préférence durant la première enfance. Elles sont, nous le savons, des affections du Moi, il n'est donc pas surprenant que le Moi, tant qu'il demeure faible, inachevé, incapable de résistance, n'arrive pas à venir à bout de problèmes dont il pourrait plus tard trouver en se jouant la solution. (Les exigences pulsionnelles du dedans comme les excitations du dehors agissent alors à la façon de traumatismes, surtout si elles rencontrent certaines prédispositions.) Le Moi trop faible, impuissant, cherche à se défendre en tentant de fuir (refoulements), moyens qui s'avéreront ultérieurement inefficaces et qui opposeront à tout développement éventuel un obstacle permanent. » (1).

Le rôle de la sexualité

Les pulsions partielles

Il est présent dans toutes les névroses. Les excitations pathogènes proviennent des pulsions partielles.

[124] « La sériation suivant laquelle les formes principales des psycho-névroses sont habituellement énoncées — hystérie, névrose obsessionnelle, paranoïa, démence précoce — correspond (même si c'est encore de façon insuffisamment complète) à la suite chronologique d'irruption de ces affections dans la vie. Les formes morbides de l'hystérie s'observent déjà dans la première enfance ; la névrose obsessionnelle manifeste habituellement ses premiers symptômes dans la deuxième période de l'enfance (de six à huit ans) ; les deux autres psycho-névroses, que j'ai comprises sous le nom de paraphrénie, ne se présentent qu'après la puberté et à l'âge de la maturité. Or ces affections qui apparaissent les dernières sont les premières à s'être révélées accessibles à notre recherche des dispositions qui aboutissent au choix de la névrose. Leurs caractère propres : délire des grandeurs,

---

(1) *Abrégé de Psychanalyse*, p. 55.

détachement du monde des objets, surcroît de difficultés pour le transfert, nous ont contraints à cette conclusion que la fixation prédisposante doit être recherchée dans un stade de développement de la libido antérieur à la production du choix objectal, donc dans la phase de l'auto-érotisme et du narcissisme. Ces formes de développement morbide, qui apparaissent si tard, remontent donc à des inhibitions et à des fixations très anciennes. Nous serions portés en conséquence à présumer que la disposition à l'hystérie et à la névrose obsessionnelle qui sont les deux névroses de transfert proprement dites, et dont la formation de symptômes a lieu très tôt, se situe dans les phases les plus récentes du développement de la libido. » (1).

[125] « Les symptômes névrotiques constituent toujours soit des satisfactions substituées à quelque pulsion sexuelle, soit des mesure pour entraver celles-ci, soit encore, et c'est le cas le plus général, un compromis entre les deux, analogue à ceux qui se produisent dans l'inconscient, suivant ses lois propres, entre des contrastes. Nous ne pouvons encore remédier à la lacune qui subsiste dans nos théories et la décision est rendue plus difficile du fait que la plupart des tendances sexuelles ne sont pas purement érotiques, mais proviennent d'un alliage de pulsions érotiques et de pulsions destructives. Cependant, il est hors de doute que les pulsions qui se manifestent physiologiquement comme étant d'ordre sexuel jouent, dans la causation des névroses, un rôle d'une importance inattendue. Ce rôle est-il exclusif ? Nous ne saurions nous prononcer encore. Il faut se rappeler qu'au cours du développement de la civilisation, aucune fonction n'a été aussi énergiquement et aussi considérablement réprimée que justement la fonction sexuelle. La théorie doit se contenter de quelques indices propres à déceler une connexion plus étroite, ainsi, nous le constatons, la première période d'enfance, au cours de laquelle le Moi commence à se différencier du Ça, est aussi l'époque de la première floraison sexuelle à laquelle la période de latence met un terme. Or, ce n'est certainement pas par hasard que cette époque précoce, si importante, tombe plus tard sous le coup de l'amnésie infantile. » (2).

Les expériences sexuelles infantiles

[126] « Notre conception est que les expériences sexuelles infantiles constituent la condition fondamentale et, pour ainsi dire, la disposition à l'hystérie ; qu'elles n'engendrent cependant pas les symptômes hystériques directement, mais demeurent d'abord inactives et n'ont un effet pathogène que plus tard, lorsqu'elles ont été réveillées, sous la forme de souvenirs inconscients, après la puberté ; si nous maintenons cette position, nous devons nous expliquer sur les nombreuses observations de cas montrant qu'une atteinte hystérique peut

(1) *Névrose, Psychose et Perversion,* p. 190-191.
(2) *Abrégé de Psychanalyse,* p. 57.

faire son apparition dès l'enfance et avant la puberté. Cependant, cette difficulté sera résolue si l'on examine de plus près les données tirées des analyses et se rapportant à la chronologie des expériences sexuelles infantiles. Dans nos cas graves, on s'aperçoit que la formation des symptômes hystériques commence à la huitième année — non pas exceptionnellement mais de façon régulière —, et que les expériences sexuelles qui ne produisent pas d'effets immédiats remontent invariablement plus loin, à la quatrième, à la troisième, voire à la deuxième année. Etant donné qu'en aucun de mes cas, la chaîne des expériences actives n'est interrompue à la huitième année, je dois admettre que cette période de l'existence où apparaît la poussée de la seconde dentition constitue pour l'hystérie une frontière au-delà de laquelle la maladie ne peut plus être causée. Celui qui n'a pas eu d'expériences sexuelles plus tôt ne peut plus désormais être accessible à l'hystérie ; celui qui en a eu est dorénavant susceptible de développer des symptômes hystériques. La présence de manifestations hystériques isolées, également en deçà de cette frontière d'âge (c'est-à-dire avant huit ans), peut être interprétée comme un phénomène de maturité précoce. L'existence de cette frontière dépend très vraisemblablement des processus de développement du système sexuel. Une prématurité du développement sexuel somatique peut être souvent observée, et il est même plausible qu'elle puisse être accélérée par une stimulation sexuelle ayant lieu avant l'heure. » (1).

Les traumatismes infantiles et les névroses de l'adulte

[127] « Au traumatisme infantile peut succéder immédiatement une névrose infantile ; cette dernière se manifeste par des efforts de défense qui s'accompagnent de symptômes. Une pareille névrose peut durer longtemps et provoquer de voyantes manifestations ou bien demeurer latente et passer inaperçue. C'est généralement la défense qui y prend le dessus, mais, quoi qu'il arrive, certaines modifications du Moi se produisent et demeurent comme des cicatrices. Il est rare qu'une névrose infantile se continue sans interruption par une névrose de l'adulte. Il arrive bien plus fréquemment qu'une période de normalité lui fasse suite, processus qui est sans doute facilité ou permis par la latence physiologique. C'est plus tard seulement que la névrose deviendra définitivement manifeste par l'effet retardé du traumatisme. Cela se produit soit au moment de la puberté soit un peu plus tard. Dans le premier cas, les pulsions renforcées par la maturité physique reprennent la lutte dans laquelle elles avaient d'abord succombé. Dans le second cas, la névrose se manifeste plus tard parce que les réactions et les modifications du Moi provoquées par le mécanisme de défense nuisent à la réalisation des tâches nouvelles imposées au Moi par la vie, de sorte que de graves conflits surgissent entre un

(1) *Névrose, Psychose et Perversion*, pp. 103-104.

monde extérieur exigeant en un Moi qui cherche à protéger l'organisation si péniblement établie lors de sa lutte défensive. Cette période de trêve entre les premières réactions au traumatisme et l'apparition ultérieure de la maladie est un phénomène typique. La maladie peut être considérée comme une tentative de guérison, comme un effort tenté pour rassembler les éléments du Moi que le traumatisme avait dissociés, pour en faire un tout-puissant en face du monde extérieur. Toutefois cette tentative est rarement couronnée de succès si le travail analytique ne vient à la rescousse et même en ce dernier cas, la réussite n'est pas toujours certaine. Assez souvent, le processus s'achève par la destruction, le morcellement du Moi ou par la victoire sur ce dernier de l'élément précocement dissocié et dominé par le traumatisme. » (1).

Le processus de formation des symptômes : le retour du refoulé

[128] « Schématiquement voici comment les choses se passent : l'événement crée une exigence instinctuelle qui veut être satisfaite. Le Moi s'oppose à cette satisfaction soit parce qu'il se trouve paralysé par la grandeur excessive de l'exigence, soit parce qu'il la trouve dangereuse. De ces deux raisons c'est la première qui est plus primitive, mais toutes deux aboutissent à l'évitement d'une situation périlleuse. Le Moi se défend contre le danger en utilisant le phénomène du refoulement, l'émoi pulsionnel est, d'une manière quelconque, entravé et l'incitation ainsi que les perceptions et les représentations concomitantes sont oubliées. Mais le processus n'est pas pour autant achevé car, en effet, ou bien la pulsion a conservé sa force ou bien elle tend à la récupérer ou bien enfin elle est ranimée par quelque incident nouveau. Elle redevient ainsi exigeante, mais comme la voie de la satisfaction normale reste barrée du fait de ce que nous appelons la « cicatrice » du refoulement, elle se fraye quelque part, en un point mal défendu, un autre accès vers une soi-disant satisfaction substitutive qui apparaît sous la forme d'un symptôme, et tout ceci sans l'assentiment ni la compréhension du Moi. Tous les phénomènes de la formation des symptômes peuvent être considérés comme des « retours du refoulé ». Leur caractère distinctif est la déformation qu'ont subie, par rapport à leur forme originale, les éléments resurgis. » (2).

Les traumatismes de l'enfance et les fantaisies primitives

La plupart des névrosés font état dans les récits concernant leur enfance d'événements ou scènes typiques :

---

(1) *Moïse et le Monothéisme,* pp. 115-116-117.
(2) *Ibid.*, pp. 185-186.

— des scènes de séduction de l'enfant soit par un adulte (généralement le père), soit par un enfant plus âgé ;

— des souvenirs relatifs à l'observation des rapports sexuels entre les parents : scène primitive ;

— des menaces de castration.

Il est toujours difficile de savoir si ces événements ont bien été réellement vécus ou s'ils ne sont que des fantaisies de l'imagination du malade. A ce sujet la pensée de Freud a hésité, évolué et finalement s'est arrêtée à la conclusion que les événements pouvaient être historiquement réels, qu'ils ne l'étaient pas toujours, que lorsqu'il s'agissait de choses imaginaires, elles avaient une base réelle que l'analyse pouvait retrouver à travers les reconstructions ultérieures (exemple : l'homme aux loups), et qu'enfin ce qui importait essentiellement, c'était la réalité psychique de ces productions, car « dans le monde des névroses, c'est la réalité psychique qui joue le rôle dominant. » (1).

Les étapes de la conception freudienne concernant les scènes primitives

[129] « J'ai acquis de la structure de l'hystérie une notion exacte. Tout montre qu'il s'agit de la reproduction de certaines scènes auxquelles il est parfois possible d'accéder directement et d'autres fois seulement en passant par des fantasmes interposés. Ces derniers émanent de choses entendues mais comprises bien plus tard seulement. Tous les matériaux sont naturellement réels. Ils représentent des constructions protectrices, des sublimations, des enjolivements de faits servant, en même temps, de justifications. Accessoirement, ils peuvent provenir de fantasmes masturbatoires. Je constate aussi un autre fait important : les formations psychiques soumises, dans l'hystérie, au refoulement ne sont pas, à proprement parler des souvenirs, puisque personne ne fait travailler, sans bons motifs, sa mémoire ; il s'agit de pulsions découlant des scènes primitives. Je me rends compte maintenant du fait que les trois névroses, l'hystérie, la névrose obsessionnelle et la paranoïa comportent les mêmes éléments (et la même étiologie). » (2).

[130] « On a souvent affaire, dans les psychanalyses, à de tels événements de la première enfance, où l'activité sexuelle infantile semble atteindre son point culminant et trouve souvent une fin catastrophique, du fait d'un accident ou d'un châtiment. Ces événements s'annoncent, comme une ombre, dans les rêves, ils deviennent souvent si distincts qu'on croit pouvoir les saisir d'une façon palpable, mais, malgré cela, ils échappent à un éclaircissement définitif, et si l'on procède sans habileté ni prudence particulières, on ne peut arriver à décider si une pareille scène a réellement eu lieu. Pour trouver

(1) *Introduction à la Psychanalyse*, p. 396.
(2) *Naissance de la Psychanalyse*, p. 173 (Lettre à Fliess 1897).

la voie de l'interprétation, il faut tenir compte du fait qu'on peut retrouver, dans l'imagination inconsciente du patient, plus d'une version de pareilles scènes, parfois des versions très diverses. Afin d'éviter une erreur dans l'appréciation de la réalité, on doit se rappeler que les « souvenirs d'enfance » des hommes ne sont fixés qu'à un âge plus avancé (le plus souvent à l'époque de la puberté), et qu'ils subissent alors un processus de remaniement compliqué, tout à fait analogue à celui de la formation des légendes d'un peuple sur ses origines. On peut reconnaître clairement que l'adolescent cherche à effacer, par des fantasmes concernant sa première jeunesse, le souvenir de son activité auto-érotique. Il y arrive en élevant au niveau de l'amour objectal les traces laissées par l'auto-érotisme, tout comme le fait le véritable historien qui tâche d'envisager le passé à la lumière du présent. De là la quantité d'attentats sexuels et de séductions imaginés dans ces fantasmes tandis que la réalité se borne à une activité auto-érotique stimulée par des caresses et des punitions. De plus, on s'aperçoit que ceux qui se forgent des fantasmes sur leur enfance sexualisent leurs souvenirs, c'est-à-dire qu'ils relient des événements banaux à leur activité sexuelle et étendent sur eux leur intérêt sexuel, tout en suivant probablement par là des traces de contextes véritablement existants. » (1).

[131] « Parmi les fantasmes sexuels du temps de la puberté, il en est qui sont caractérisés par ce fait qu'ils se produisent chez presque tout individu, quelles que soient ses expériences personnelles. Dans cet ordre d'idées, mentionnons les visions d'après lesquelles l'enfant se représente qu'il a assisté au coït de ses parents, qu'une personne aimée l'a séduit prématurément, qu'il est menacé d'être châtré, et que, séjournant dans le sein de sa mère, il y a passé par toutes sortes de vicissitudes, ou enfin ce que l'on appelle le « roman familial » où l'adolescent construit toute une légende à partir de la différence entre sa position ancienne par rapport à des parents et sa position actuelle. » (2).

[132] « Les fantasmes clairement conscients des pervers — qui, dans des circonstances favorables, peuvent se transformer en comportement agencés —, les craintes délirantes des paranoïaques —, qui sont projetées sur d'autres avec un sens hostile —, les fantasmes inconscients des hystériques —, que l'on découvre par la psychanalyse derrière leurs symptômes —, toutes ces formations coïncident par leur contenu jusqu'aux moindres détails. » (3).

[133] « Il est... tout à fait invraisemblable que les enfants soient aussi souvent menacés de castration qu'on pourrait le croire d'après les analyses névrotiques. Il y a tout lieu de supposer que l'enfant

(1) *Cinq Psychanalyses* (L'homme aux rats), pp. 233-234 (note).
(2) *Trois Essais sur la théorie de la sexualité*, pp. 187, note 81.
(3) *Ibid.*, p. 174, note 32.

imagine cette menace, d'abord en se basant sur certaines allusions, ensuite parce qu'il sait que la satisfaction auto-érotique est défendue et enfin sous l'impression que lui a laissée la découverte de l'organe génital féminin. De même il n'est pas du tout invraisemblable que, même dans les familles non prolétariennes, l'enfant, qu'on croit incapable de comprendre et de se souvenir, ait pu être témoin des rapports sexuels entre ses parents ou d'autres personnes adultes et qu'ayant compris plus tard ce qu'il avait vu il ait réagi à l'impression reçue. Mais lorsqu'il décrit les rapports sexuels, dont il a pu être témoin, avec des détails trop minutieux pour avoir pu être observés, ou lorsqu'il les décrit, ce qui est le cas de beaucoup le plus fréquent, comme des rapports *more ferarum,* il apparaît hors de doute que cette fantaisie se rattache à l'observation d'actes d'accouplement chez les bêtes (les chiens) et s'explique par l'état d'insatisfaction que l'enfant, qui n'a subi que l'impression visuelle, éprouve au moment de la puberté. Mais le cas le plus extrême de ce genre est celui où l'enfant prétend avoir observé le coït des parents, alors qu'il se trouvait encore dans le sein de sa mère. » (1).

[134] « Je pense notamment que ces fantaisies primitives, car tel est le nom qui leur convient, ainsi d'ailleurs qu'à quelques autres, constituent un patrimoine phylogénique. Par ces fantaisies, l'individu se replonge dans la vie primitive, lorsque sa propre vie est devenue trop rudimentaire. Il est, à mon avis, possible que tout ce qui nous est raconté au cours de l'analyse à titre de fantaisies, à savoir le détournement d'enfants, l'excitation sexuelle à la vue des rapports sexuels des parents, la menace de castration, ou, plutôt, la castration —, il est possible que toutes ces inventions aient été jadis, aux phases primitives de la famille humaine, des réalités, et qu'en donnant libre cours à son imagination l'enfant comble seulement, à l'aide de la vérité préhistorique, les lacunes de la vérité individuelle. J'ai souvent eu l'impression que la psychologie des névroses est susceptible de nous renseigner plus et mieux que toutes les autres sources sur les phases primitives du développement humain. » (2).

Le conflit psychique

Il se joue entre les pulsions sexuelles et les tendances du Moi.

[135] « Le conflit est provoqué par la privation, la libido à laquelle est refusée la satisfaction normale étant obligée de chercher d'autres objets et voies. Il a pour condition la désapprobation que ces autres voies et objets provoquent de la part d'une certaine fraction de la personnalité : il en résulte un veto qui rend d'abord le nouveau mode de satisfaction impossible. A partir de ce moment, la formation de

(1) *Introduction à la Psychanalyse,* p. 397.
(2) *Ibid.,* p. 399.

symptômes suit une voie que nous parcourrons plus tard. Les tendances libidineuses repoussées cherchent alors à se manifester en empruntant des voies détournées, non sans toutefois s'efforcer de justifier leurs exigences à l'aide de certaines déformations et atténuations. Ces voies détournées sont celles de la formation de symptômes : ceux-ci constituent la satisfaction nouvelle ou substitutive que la privation a rendue nécessaire.

On peut encore faire ressortir l'importance du conflit psychique en disant : « Pour qu'une privation extérieure devienne pathogène, il faut qu'il s'y ajoute une privation intérieure. » Il va sans dire que privation extérieure et privation intérieure se rapportent à des objets différents et suivent des voies différentes. La privation extérieure écarte telle possibilité de satisfaction, la privation intérieure voudrait écarter une autre possibilité, et c'est à propos de ces possibilités qu'éclate le conflit. Je préfère cette méthode d'exposition, à cause de son contenu implicite. Elle implique notamment la probabilité qu'aux époques primitives du développement humain les abstentions intérieures ont été déterminées par des obstacles réels extérieurs.

Mais quelles sont les forces d'où émane l'objection contre la tendance libidineuse, quelle est l'autre partie du conflit pathogène ? Ce sont, pour nous exprimer d'une façon générale, les tendance non sexuelles. Nous les désignons sous le nom générique de « tendances du Moi » ; la psychanalyse des névroses de transfert ne nous offre aucun moyen utilisable de poursuivre leur décomposition ultérieure, nous n'arrivons à les connaître dans une certaine mesure que par les résistances qui s'opposent à l'analyse. Le conflit pathogène est un conflit entre les tendances du Moi et les tendances sexuelles. » (1).

Il consiste aussi dans l'ambivalence des sentiments à l'égard des parents.

[136] « Les pulsions hostiles à l'endroit des parents (désir de leur mort) sont également partie intégrante des névroses. Elles viennent consciemment au jour sous la forme d'idées obsessionnelles. Dans le paranoïa, les délires de persécution les plus graves (méfiance pathologique à l'égard des chefs, des monarques) émanent de ces pulsions. Elles se trouvent refoulées dans les périodes où les sentiments de pitié pour les parents l'emportent — au moment de leurs maladies, de leur mort. Dans le deuil, les sentiments de remords se manifestent, alors on se reproche leur mort (c'est ce que l'on décrit sous le nom de mélancolies) ou bien l'on se punit soi-même sur le mode hystérique, en étant malades comme eux (idée de rachat). » (2).

Schéma étiologique de la constitution de la névrose. Le role de l'enfance et de la vie de l'adulte

[137] « La fixation de la libido de l'adulte, que nous avons introduite dans l'équation étiologique des névroses à titre de représentant

(1) *Introduction à la Psychanalyse,* p. 376.
(2) *La Naissance de la Psychanalyse* (Manuscrit N), p. 183.

du facteur constitutionnel, se laisse maintenant décomposer en deux nouveaux facteurs : la disposition héréditaire et la disposition acquise dans la première enfance. Je sais qu'un schéma a toujours la sympathie de ceux qui veulent apprendre. Résumons donc les rapports entre les divers facteurs dans le schéma suivant :

Etiologie des névroses = Disposition par fixation de la libido + Evénement accidentel (traumatique)

Disposition par fixation de la libido :

- Constitution sexuelle Evénement de la vie préhistorique
- Evénement de la vie infantile

La constitution sexuelle héréditaire présente une grande variété de dispositions, selon que la disposition porte plus particulièrement sur telle ou telle tendance partielle, seule ou combinée avec d'autres. En association avec les événements de la vie infantile, la constitution forme une nouvelle « série complémentaire », tout à fait analogue à celle dont nous avons constaté l'existence comme résultat de l'association entre la disposition et les événements accidentels de la vie de l'adulte. » (1).

Les exigences de la civilisation

[138] « En peu d'années, le petit être primitif doit se transformer en être humain civilisé et avoir traversé, dans un temps invraisemblablement court, une immense partie de l'évolution culturelle humaine. Ce phénomène est rendu possible par des prédispositions héréditaires, mais ne se réalise presque jamais sans le concours de l'éducation et de l'influence parentale. Educateurs et parents en tant que précurseurs du Surmoi restreignent, au moyen d'interdictions et de punitions, l'activité du Moi et favorisent ou même imposent l'instauration des refoulements. Il convient donc de ne pas oublier non plus, parmi les causes déterminantes des névroses, l'influence de la civilisation. Le barbare, il faut bien l'avouer, n'a pas de peine à se bien porter, tandis que pour les civilisés, c'est là une lourde tâche. Le désir de posséder un Moi fort, non inhibé, semble naturel, mais, ainsi que nous l'enseigne l'époque où nous vivons, cette aspiration est essentiellement contraire à la civilisation. Or, les exigences de celle-ci se traduisent par l'éducation familiale ; n'oublions pas

(1) *Introduction à la Psychanalyse*, p. 389.

d'insérer ce caractère biologique de l'espèce humaine — sa dépendance infantile de longue durée — dans l'étiologie des névroses. » (1).

LE PROBLÈME DE LA DIFFÉRENCIATION DES NÉVROSES

Névroses et phobies

[139] « On peut discerner... parmi les phobies deux groupes, caractérisés par l'objet de la peur : 1° Phobies communes : peur exagérée des choses que tout le monde abhorre ou craint un peu : la nuit, la solitude, la mort, les maladies, les dangers en général, les serpents, etc.; 2° Phobies d'occasion, peur de conditions spéciales, qui n'inspirent pas de crainte à l'homme sain, par exemple l'agoraphobie et les autres phobies de la locomotion. Il est intéressant de noter que ces dernières phobies ne sont pas obsédantes comme les obsessions vraies et les phobies communes. L'état émotif ici ne paraît que dans ces conditions spéciales que le malade évite soigneusement. Le mécanisme des phobies est tout à fait différent de celui des obsessions. Ce n'est plus le règne de la substitution. Ici on ne dévoile plus par l'analyse psychique une idée inconciliable, substituée. On ne trouve jamais autre chose que l'état émotif, anxieux, qui par une sorte d'élection a fait ressortir toutes les idées propres à devenir l'objet d'une phobie. Dans le cas de l'agoraphobie, etc., on rencontre souvent le souvenir d'une attaque d'angoisse, et en vérité ce que redoute le malade c'est l'événement d'une telle attaque dans les conditions spéciales où il croit ne pouvoir y échapper. L'angoisse de cet état émotif, qui est au fond des phobies, n'est pas dérivé d'un souvenir quelconque ; on doit bien se demander quelle peut être la source de cette condition puissante du système nerveux. Eh bien ! j'espère pouvoir démontrer une autre fois qu'il y a lieu de constituer une névrose spéciale, la névrose anxieuse, de laquelle cet état émotif est le symptôme principal ; je donnerai l'énumération de ses symptômes variés, et j'insisterai en ce qu'il faut différencier cette névrose de la neurasthénie, avec laquelle elle est maintenant confondue. Ainsi les phobies font partie de la névrose anxieuse, et elles sont presque toujours accompagnées d'autres symptômes de la même série. » (1).

La névrose obsessionnelle

[140] « On retrouve presque régulièrement dans l'histoire des obsédés l'apparition et le refoulement précoces du voyeurisme et de la curio-

(1) *Abrégé de Psychanalyse*, p. 56.
(2) *Névrose, Psychose et Perversion*, pp. 44-45.

sité sexuelle, lesquels, chez notre patient également, avaient régi une partie de l'activité sexuelle infantile.

Nous avons déjà mentionné l'importance de la composante sadique dans la genèse de la névrose obsessionnelle. Là où les pulsions de curiosité sexuelle prévalent dans la constitution des obsédés, la rumination mentale devient le symptôme principal de la névrose. Le processus même de la pensée est sexualisé : le plaisir sexuel, se rapportant ordinairement au contenu de la pensée, est dirigé vers l'acte même de penser et la satisfaction éprouvée en atteignant à un résultat cogitatif est perçue comme une satisfaction sexuelle. Ce rapport entre la pulsion à connaître et les processus cogitatifs rend celle-ci particulièrement apte, dans toutes les formes de la névrose obsessionnelle où cette pulsion joue un rôle, à attirer l'énergie, qui s'efforce vainement de se manifester par un acte, vers la pensée qui, elle, permet une autre forme de satisfaction. Ainsi, grâce à la pulsion à connaître, des actes de penser préparatoires continuent à remplacer l'acte substitutif. A l'acte retardé se substitue bientôt le fait que le malade s'attarde à penser, de sorte qu'à la fin le processus, en gardant toutes ses particularités, est transféré sur un autre terrain, à l'instar des Américains qui déplacent en bloc (move) une maison.

Appuyé sur les considérations précédentes, j'oserai maintenant définir le facteur psychologique, si longtemps recherché, qui prête aux produits de la névrose obsessionnelle leur caractère « compulsionnel ». Deviennent compulsionnels les processus représentatifs qui s'effectuent avec une énergie, laquelle — tant du point de vue qualitatif que quantitatif (et par suite d'un freinage dans la partie motrice des systèmes représentatifs) — n'est d'ordinaire destinée qu'à l'action, c'est-à-dire des pensées qui régressivement doivent remplacer des actes. Personne, je crois, ne contestera l'hypothèse suivant laquelle les processus de la pensée sont ordinairement dirigés avec un moindre déplacement d'énergie et cela pour des raisons économiques (probablement sur un niveau supérieur) que ne l'est l'énergie des actions destinées à une décharge ou à une modification du monde extérieur.

Ce qui réussit, sous forme d'obsession, à pénétrer dans le conscient avec une force excessive, doit alors être garanti contre les efforts de la pensée consciente qui tendent à le désagréger. Nous le savons déjà : cette défense s'effectue au moyen de la déformation que subit l'obsession avant de devenir consciente. Ce n'est pas cependant le seul moyen utilisé. D'ordinaire, l'obsession est, en outre, écartée de sa situation originelle, dans laquelle elle pourrait, malgré la déformation, être plus facilement comprise. Dans cette intention, d'une part, est intercalé un intervalle entre la situation pathogène et l'obsession qui en résulte, ce qui égare la pensée consciente dans sa recherche de la causalité ; d'autre part, le contenu de l'obsession est distrait de ses relations et contextes particuliers de par la généralisation. » (1).

---

(1) *Cinq Psychanalyses* (l'homme aux rats), pp. 258-259.

Névrose obsessionnelle et hystérie

[141] « La névrose obsessionnelle et l'hystérie sont les formes de névrose qui ont fourni la première base à l'étude de la psychanalyse, et c'est dans le traitement de ces névroses que notre thérapeutique a remporté ses plus beaux succès. Mais la névrose obsessionnelle, à laquelle manque cette mystérieuse extension du psychique au corporel, nous est rendue par la psychanalyse plus claire et plus familière que l'hystérie, et nous avons pu constater qu'elle manifeste avec beaucoup plus de netteté certains caractères extrêmes des affections névrotiques.

La névrose obsessionnelle se manifeste en ce que les malades sont préoccupés par des idées auxquelles ils ne s'intéressent pas, éprouvent des impulsions qui leur paraissent tout à fait bizarres et sont poussées à des actions dont l'exécution ne leur procure aucun plaisir, mais auxquelles ils ne peuvent pas échapper. Les idées (représentations obsédantes) peuvent être en elles-mêmes dépourvues de sens ou seulement indifférentes pour l'individu, elles sont souvent tout à fait absurdes et déclenchent dans tous les cas une activité intellectuelle intense qui épuise le malade et à laquelle il se livre à son corps défendant. Il est obligé, contre sa volonté, de scruter et de spéculer, comme s'il s'agissait de ses affaires vitales les plus importantes. Les impulsions que le malade éprouve peuvent également paraître enfantines et absurdes, mais elles ont le plus souvent un contenu terrifiant, le malade se sentant incité à commettre des crimes graves, de sorte qu'il ne les repousse pas seulement comme lui étant étrangères, mais les fuit effrayé et se défend contre la tentation par toutes sortes d'interdictions, de renoncements et de limitations de sa liberté. Il est bon de dire que ces crimes et mauvaises actions ne reçoivent jamais même un commencement d'exécution : la fuite et la prudence finissent toujours par en avoir raison. Les actions que le malade accomplit réellement, les actes dits obsédants, ne sont que des actions inoffensives, vraiment insignifiantes, le plus souvent des répétitions, des enjolivements cérémonieux des actes ordinaires de la vie courante, avec ce résultat que les démarches les plus nécessaires, telles que le fait de se coucher, de se laver, de faire sa toilette, d'aller se promener deviennent des problèmes pénibles, à peines solubles. Les représentations, impulsions et actions morbides ne sont pas, dans chaque forme et cas de névrose obsessionnelle, mélangées dans des proportions égales : le plus souvent, c'est l'un ou l'autre de ces facteurs qui domine le tableau et donne son nom à la maladie, mais toutes les formes et tous les cas ont des traits communs qu'il est impossible de méconnaître. » (1).

---

(1) *Introduction à la Psychanalyse*, pp. 280-281.

Névrose obsessionnelle et phobie

[142] « On perce à jour profondément le mécanisme de la névrose obsessionnelle si l'on prend en considération le fait premier qui en est le fondement, et qui n'est jamais autre chose que le refoulement d'une motion pulsionnelle (d'une composante de la pulsion sexuelle) qui était contenue dans la constitution de la personne, avait pu se manifester, un moment dans l'enfance de celle-ci, puis avait succombé au refoulement. Une scrupulosité toute particulière, dirigée contre les buts de cette pulsion, est créée par le refoulement de celle-ci ; cependant, cette formation psychique réactionnelle ne se sent pas très sûre, mais constamment menacée par la pulsion qui est aux aguets dans l'inconscient. L'influence de la pulsion refoulée est ressentie sous la forme de la tentation ; lors du processus de refoulement lui-même naît l'angoisse, qui en tant qu'angoisse d'attente s'empare du futur. Le processus du refoulement qui conduit à la névrose obsessionnelle doit être considéré comme un refoulement qui n'a pas complètement réussi, qui menace de plus en plus d'échouer. Par-là on peut le comparer avec un conflit insoluble ; sans cesse de nouvelles rigueurs psychiques seront exigées pour équilibrer la pression constante de la pulsion. Les actions cérémonielles et obsessionnelles naissent donc en partie pour assurer la défense contre la tentation, en partie pour assurer la protection contre le malheur auquel on s'attend. Contre la tentation, les actions protectrices se révèlent vite inefficaces ; alors entrent en jeu les interdictions, destinées à tenir éloignée la situation tentatrice. Les interdictions se substituent aux actions obsessionnelles, comme on le voit, de la même manière qu'une phobie a pour mission de faire l'économie d'un accès d'hystérie. D'autre part, le cérémonial nous présente la somme des conditions sous lesquelles autre chose, qui n'est pas encore absolument interdit, est permis. » (1).

La mélancolie

[143] « La mélancolie, au point de vue psychique, se marque par une dépression profonde et douloureuse, par la cessation de tout intérêt pour le monde extérieur, par la perte de la faculté d'aimer, par l'inhibition de toute production et par une diminution du sentiment de soi, diminution qui se traduit par des autoreproches, des injures adressées à soi-même et pouvant même aller jusqu'à l'attente délirante du châtiment. » (2).

[144] « Ne percevant pas le changement qui s'est produit en lui, il étend sa critique de lui-même au passé et prétend n'avoir jamais été

---

(1) *Névrose, Psychose et Perversion*, pp. 138-139.
(2) *Métapsychologie*, p. 191.

meilleur. Le tableau clinique de cette « micromanie » surtout morale se complète par de l'insomnie, de l'anorexie, une répression, fort étrange du point de vue psychologique, de cet instinct qui oblige tout être vivant à tenir à la vie. » (1).

[145] Il n'est alors pas difficile de reconstituer le processus. Un choix objectal, un rattachement de la libido à une certaine personne avait eu lieu ; sous l'influence d'une offense ou d'une déception réelles venant de la personne aimée, un relâchement de la relation objectale s'est produit. Normalement, il devrait en résulter un retrait de la libido de cet objet là et son déplacement sur un objet nouveau. Or, le résultat est autre et son obtention présuppose plusieurs conditions nécessaires. L'investissement objectal s'étant avéré peu résistant a été levé, cependant la libido devenue libre ne s'est pas déplacée sur un autre objet, mais s'est retirée dans le Moi. Là elle n'a pourtant pas été utilisée et n'a servi qu'à établir une identification du Moi avec l'objet abandonné. C'est ainsi que la perte de l'objet s'est transformée en une perte du Moi et le conflit entre le Moi et la personne aimée en discorde entre l'instance critique du Moi et le Moi modifié par l'identification. » (2).

[146] « C'est ainsi que l'investissement amoureux du mélancolique pour son objet a subi un double destin : il a, d'une part, régressé vers l'identification et, d'autre part, sous l'influence du conflit ambivalentiel, il a été reporté au stade, qui lui est proche, du sadisme.

C'est ce sadisme qui, seul, nous permet de résoudre l'énigme de la tendance au suicide, tendance qui rend si intéressante — et si dangereuse — la mélancolie. Or, nous avons vu que l'état primitif, d'où découlait la vie instinctuelle, était l'amour intense du Moi pour lui-même ; nous observons dans l'angoisse qui surgit lorsque la vie est menacée une gigantesque mise en liberté de libido narcissique. Comment alors concevoir que le Moi puisse consentir à sa propre destruction ? Nous savions certes depuis longtemps qu'aucun névrosé n'éprouve de velléité de suicide qui ne soit une impulsion au meurtre d'autrui retournée contre soi-même. Cependant, nous n'arrivions pas à concevoir par quel jeu de forces une telle velléité pouvait se traduire en actes. Ici l'analyse de la mélancolie nous apprend que le Moi ne peut se tuer que lorsque, par suite du retour de l'investissement objectal, il en vient à se traiter lui-même comme un objet, quand il arrive à tourner contre lui-même l'hostilité éprouvée contre un objet, hostilité qui représente la réaction primitive du Moi contre les objets extérieurs. » (3).

---

(1) *Métapsychologie*, p. 196.
(2) *Ibid.*, p. 202.
(3) *Ibid.*, pp. 208-209.

NÉVROSE ET PSYCHOSE

Différences génétiques et structurales

La névrose résulte toujours d'un conflit intra-psychique : conflit entre le Moi et le Ça dans la névrose de transfert, conflit entre le Moi et le Surmoi dans la névrose narcissique. Le Moi tente de réaliser une certaine adaptation à la réalité en refoulant les exigences pulsionnelles du Ça et en obéissant aux ordres du Surmoi. L'apparition des symptômes constitue une sorte de compromis entre les exigences contradictoires.

Dans la psychose, c'est la possibilité même d'adaptation à la réalité qui est en question par suite d'une profonde perturbation entre le Moi et le monde extérieur. Cependant, en dernière analyse, il s'agit toujours, comme dans la névrose d'une frustration d'un désir infantile.

[147] « Normalement le monde extérieur exerce en effet sa domination sur le Moi de deux manières : premièrement par des perceptions actuelles, toujours à nouveau possibles, deuxièmement par le capital mnésique des perceptions antérieures, qui comme « monde intérieur » forment une possession et une partie composante du Moi. Or, dans l'amentia, non seulement l'admission de nouvelles perceptions est refusée, mais le monde intérieur lui-même, qui jusqu'alors, en qualité de copie du monde extérieur, représentait ce dernier, se voit retirer sa signification (investissement) ; le Moi se crée autocratiquement un nouveau monde, extérieur et intérieur à la fois ; deux faits ne font aucun doute : ce nouveau monde est bâti suivant les désirs du Ça, et le motif de cette rupture avec le monde extérieur, c'est que la réalité s'est refusée au désir d'une façon grave, apparue comme intolérable. La parenté interne de cette psychose avec le rêve normal ne doit pas être méconnue. Toutefois, la condition du rêve est l'état de sommeil, dont l'un des caractères est un détachement total par rapport à la perception et au monde extérieur. » (1).

Processus de formation des névroses et des psychoses

[148] Névroses et psychoses naissent donc des conflits du Moi avec les différentes instances qui le dominent, autrement dit elles correspondent dans la fonction du Moi à un échec, qui au demeurant dénote un effort pour réconcilier ensemble les différentes revendications : cette affirmation, pour être entièrement assurée, demande une discussion supplémentaire. On aimerait savoir dans quelles circonstances et par quels

---

(1) *Névrose, Psychose et Perversion*, pp. 284-285.

moyens le Moi réussit à échapper sans tomber dans la maladie à ces conflits assurément toujours présents. Voilà un nouveau domaine de recherches, qui requiert que les facteurs les plus différents soient pris en considération. Deux d'entre eux peuvent cependant être soulignés tout de suite. L'issue de toutes ces situations dépend sans aucun doute de circonstances économiques, de la grandeur relative de chacune des tendances qui luttent entre elles. Allons plus loin : il sera possible au Moi d'éviter la rupture de tel ou tel côté en se déformant lui-même, en acceptant de faire amende de son unité, éventuellement même en se crevassant ou en se morcelant. De la sorte on mettrait les inconséquences, les extravagances et les folies des hommes sous le même jour que leurs perversions sexuelles, dont l'adoption leur épargne bien des refoulements. » (1).

[149] « Dans la névrose une réaction d'angoisse répond à toute tentative de percée de la part de la pulsion refoulée, et le résultat du conflit est seulement un compromis qui n'apporte qu'une satisfaction incomplète. Vraisemblablement, dans la psychose, le fragment de réalité repoussé revient sans cesse forcer l'ouverture vers la vie psychique, comme le fait dans la névrose la pulsion refoulée, et c'est pourquoi les suites sont les mêmes dans les deux cas. L'examen des différents mécanismes qui dans les psychoses ont pour fonction de détourner de la réalité et d'en reconstruire une autre, ainsi que l'ampleur du succès que ces mécanismes peuvent viser, est une tâche de la psychiatrie au sens restreint qui n'a pas encore été entreprise.

Il y a une analogie plus poussée entre la névrose et la psychose : dans les deux cas la tâche entreprise au deuxième temps échoue en partie, en ceci que la pulsion refoulée ne peut pas créer de substitut intégral (névrose), et que ce qui représente la réalité ne se laisse pas couler dans les formes apportant la satisfaction (du moins pas dans toutes les formes des affections psychiques). Mais les accents ne sont pas mis au même endroit dans les deux cas. Dans la psychose l'accent est mis entièrement sur le premier temps, qui est morbide en soi et ne peut conduire qu'à un état morbide ; dans la névrose, au contraire, il porte sur le deuxième temps, l'échec du refoulement, tandis que le premier peut réussir, et même a réussi d'innombrables fois dans le cadre de la santé, quoique ce ne fût pas entièrement sans frais et sans laisser des séquelles des dépenses psychiques exigées. Ces différences, et peut-être encore beaucoup d'autres, sont la conséquence de la différence topique dans la situation initiale du conflit pathogène, suivant que le Moi a cédé à sa dépendance par rapport au monde réel ou à son allégeance à l'égard du Ça. » (2).

---

(1) *Névrose, Psychose et Perversion,* p. 286.
(2) *Ibid.,* p. 302.

L'activité fantasmatique dans la névrose et dans la psychose

[150] « Sous l'influence de la nécessité extérieure l'homme est amené peu à peu à une appréciation exacte de la réalité, ce qui lui apprend à conformer sa conduite à ce que nous avons appelé le « principe de réalité » et à renoncer, d'une manière provisoire ou durable, à différents objets et buts de ses tendances hédoniques, y compris la tendance sexuelle. Ce renoncement au plaisir a toujours été pénible pour l'homme ; et il ne se réalise pas sans une certaine sorte de compensation. Aussi s'est-il réservé une activité psychique, grâce à laquelle toutes les sources de plaisirs et tous les moyens d'acquérir du plaisir auxquels il a renoncé continuent d'exister sous une forme qui les met à l'abri des exigences de la réalité et de ce que nous appelons l'épreuve de la réalité. » (1).

Le roman familial des névrosés

[151] « Une activité fantasmatique particulièrement importante est en effet inhérente à la nature de la névrose ainsi qu'à celle de toute personnalité supérieurement douée ; cette activité se manifeste tout d'abord dans les jeux de l'enfance, pour s'emparer ensuite, à partir environ de l'époque prépubertaire, du thème des relations familiales. Un exemple caractéristique de cette particulière activité fantasmatique est ce qu'on connaît bien sous le nom de rêve diurne, qui continue à exister bien au-delà de la puberté. Une observation précise de ces rêves diurnes nous enseigne qu'ils servent à accomplir des désirs, à corriger l'existence telle qu'elle est, et qu'ils visent principalement deux buts, érotique et ambitieux (mais derrière celui-ci se cache aussi, le plus souvent, le but érotique). Or, à l'époque en question, l'activité fantasmatique prend pour tâche de se débarrasser des parents, désormais dédaignés, et de leur en substituer d'autres, en général, d'un rang social plus élevé. Dans ce processus est mise à profit la survenue fortuite d'expériences réellement vécues. » (2).

Le rapport à la réalité dans la névrose et la psychose

[152] « La névrose se contente en règle générale d'éviter le fragment de réalité dont il s'agit et de se garder d'une rencontre avec lui. La différence tranchée qui sépare la névrose de la psychose est cependant estompée en ce qu'il y a dans la névrose aussi une tentative pour remplacer la réalité indésirable par une réalité plus conforme au désir.

---

(1) *Introduction à la Psychanalyse*, p. 399.
(2) *Ibid.*, pp. 158-159.

La possibilité en est donnée par l'existence d'un monde fantasmatique, d'un domaine qui jadis, lors de l'instauration du principe de réalité, a été séparé du monde extérieur réel, depuis quoi, à la façon d'une « réserve », il a été laissé libre par rapport aux exigences des nécessités de la vie. Non pas qu'il soit inaccessible au Moi ; mais il n'en dépend que par un lien lâche. Dans ce monde fantasmatique la névrose puise le matériel qu'exigent ses nouvelles formations de désir, et le trouve habituellement sur la voie de la régression dans un passé réel plus satisfaisant. Il est à peine douteux que le monde fantasmatique joue le même rôle dans la psychose : il représente le magasin où sont pris la matière ou les modèles pour la construction de la nouvelle réalité. Mais le nouveau monde extérieur fantasmatique de la psychose veut se mettre à la place de la réalité extérieure ; celui de la névrose au contraire aime s'étayer, comme le jeu de l'enfant, sur un fragment de la réalité — un autre que celui contre lequel elle doit se défendre —, lui prête une importance particulière et un sens secret que, d'un terme pas toujours appréprié, nous appelons symbolique. C'est ainsi que pour la névrose comme pour la psychose, la question qui vient à se poser n'est pas seulement celle de la perte de la réalité, mais aussi celle d'un substitut de la réalité. » (1).

Névrose et société

[153] « L'examen psychanalytique des névroses nous a montré que leurs symptômes découlent de tendances sexuelles directes, refoulées, mais demeurées actives. On peut compléter cette formule en ajoutant : ces symptômes peuvent encore découler des tendances entravées, mais entravées d'une façon incomplète ou rendant impossible le retour au but sexuel réprimé. C'est ce qui explique pourquoi la névrose rend asocial, creuse un fossé entre l'individu qui en est atteint et les formations collectives dont il faisait habituellement partie. On peut dire que la névrose est pour la foule un facteur de décomposition au même degré que l'amour et aussi voit-on en revanche que toutes les fois que se manifeste une forte tendance aux formations collectives, les névroses s'atténuent et peuvent même disparaître provisoirement. On a d'ailleurs essayé, et avec raison, d'utiliser cette opposition entre la névrose et la formation collective dans un but thérapeutique. Celui-là même qui ne regrette pas la disparition des illusions religieuses dans le monde civilisé moderne conviendra que tant que ces illusions étaient assez fortes, elles constituaient pour ceux qui vivaient sous leur domination la meilleure protection contre les névroses. Il n'est de même pas difficile de reconnaître dans toutes les adhésions à des sectes ou communautés mystico-religieuses ou philosophico-mystiques l'expression d'une recherche de remède indirect contre toutes sortes de névroses. Tout cela se rattache à l'opposition entre tendances sexuelles directes et tendances sexuelles entravées. Abandonné à lui-même le

(1) *Névrose, Psychose et Perversion*, p. 303.

névrotique est obligé de substituer ses formations symptomatiques aux grandes formations collectives dont il est exclu. Il se crée son propre monde imaginaire, sa propre religion, son système chimérique et reproduit aussi les institutions de l'humanité sous un aspect défiguré qui trahit la puissante contribution qu'apportent à ce travail les tendances sexuelles directes. » (1).

(1) *Essais de Psychanalyse*, pp. 173-174.

la thérapeutique analytique

La conception de la thérapeutique analytique a subi une évolution assez remarquable depuis les premiers travaux de Freud (en collaboration avec Breuer) sur l'hystérie jusqu'aux derniers écrits de « l'Abrégé de Psychanalyse ». Cette évolution est liée à celle des conceptions théoriques concernant la structure de l'appareil psychique et la dynamique des pulsions. Nombreux sont les textes qui en marquent les étapes, en précisent le sens et la portée.

En communiquant à Freud, en 1882, le récit de la cure d'Anna O... (1880-1882), Breuer l'orientait dans une voie décisive. C'est pourquoi Freud attribue à Breuer l'invention de la psychanalyse lorsqu'il emploie pour la première fois le mot « psychanalyse » dans un article publié en français sur l'étiologie de l'hystérie et de la névrose obsessionnelle. Il définit cette nouvelle méthode comme un procédé fertile et irremplaçable pour « éclairer les voies obscures de l'idéation inconsciente » et poursuivre « les symptômes hystériques jusqu'à leur origine ». (1).

LA MÉTHODE CATHARTIQUE

Elle consiste à délivrer le malade « d'un corps étranger » (2) *: le traumatisme et son souvenir toujours agissant : « c'est de réminiscence que souffre l'hystérique ».*

[154] « Dans notre communication préliminaire nous déclarions avoir découvert, en étudiant l'étiologie des symptômes hystériques, une méthode thérapeutique ayant, à notre avis, une grande valeur pratique. Nous fûmes d'abord extrêmement surpris de constater que les symptômes hystériques disparaissent sans retour dès que nous réussissions à évoquer et à mettre en pleine lumière le souvenir des incidents qui les avaient provoqués et en même temps l'affect concomitant. Il fallait aussi que le malade décrivît, avec le plus de détails possible, cet

---

(1) *Névrose, psychose et perversion*, p. 55.
(2) *Etudes sur l'hystérie*, pp. 4 et 5.

incident et qu'il donnât à l'affect une expression verbale. Nous cherchâmes ensuite à expliquer la façon dont agissait notre procédé psychothérapeutique. Il supprime l'action de la représentation primitive non abréagie en permettant la liquidation par expression verbale, de l'affect concomitant. En ramenant la représentation dans le conscient normal (par le moyen d'une hypnose légère), nous lui faisons subir une correction associative, ou encore nous la supprimons par suggestion médicale de la même façon que pour l'amnésie dans le somnanbulisme. » (1).

DE LA MÉTHODE CATHARTIQUE A LA PSYCHANALYSE

La résistance à l'hypnose de certains sujets permet le progrès de la méthode : notions de défense, résistance, conversions, prémisses de la technique analytique.

[155] « Je réussis à me passer de l'hypnose et à retrouver sans son concours les souvenirs pathogènes. Voici comment j'y parvins : quand, à la première entrevue, je demandais à mes malades s'ils se souvenaient de ce qui avait d'abord provoqué le symptôme considéré, les uns prétendaient n'en rien savoir, les autres me rapportaient un fait dont le souvenir, disaient-ils, était vague et auquel ils ne pouvaient rien ajouter. Suivant l'exemple de Bernheim quand, pendant une séance d'hypnotisme, il évoquait les souvenirs soi-disant oubliés, j'insistais auprès des malades des deux catégories pour qu'ils fassent appel à leurs souvenirs et leur affirmais qu'ils les connaissaient, qu'ils s'en souviendraient, les uns déclaraient avoir eu une idée et chez d'autres le souvenir se précisait un peu. Je devenais alors plus pressant encore et j'invitais les malades à s'allonger, à fermer volontairement les yeux et à se « concentrer », ce qui présentait au moins une certaine ressemblance avec l'hypnose. Je constatai ainsi que, sans la moindre hypnose, de nouveaux souvenirs s'étendant plus loin dans le passé et qui avaient probablement quelque connexion avec le sujet dont nous parlions, faisaient leur apparition. Ces expériences me donnèrent l'impression qu'il devait effectivement être possible de faire apparaître, simplement en insistant, la série de représentations pathogènes existantes. Comme cette insistance me coûtait beaucoup d'efforts, je ne tardai pas à penser qu'il y avait là une résistance à vaincre, fait dont je tirai la conclusion suivante : par mon travail psychique je devais vaincre chez le malade une force psychique qui s'opposait à la prise de conscience (au retour du souvenir) des représentations pathogènes. Des perspectives nouvelles semblaient s'offrir à moi. Sans doute s'agissait-il justement de la force psychique qui avait elle-même concouru à la formation du symptôme hystérique en entravant, à ce moment-là, la prise de conscience de la représentation pathogène. A quelle force convenait-il d'attribuer cette

(1) *Etudes sur l'Hystérie*, p. 204.

action ? Pour quel motif avait-elle exercé cette dernière ? Je n'eus pas de peine à me faire une opinion sur ce point. Je pouvais déjà disposer de quelques analyses achevées qui m'avaient fait connaître des exemples de représentations pathogènes oubliées et maintenues hors de la conscience. Je constatai que ces représentations possédaient un caractère commun : elles étaient toutes pénibles, propres à figurer des affects de honte, de remords, de souffrance morale. Elles évoquaient un préjudice moral, tous ces sentiments appartenaient à la catégorie de ceux qu'on voudrait bien n'avoir jamais éprouvés et qu'on préfère oublier. Tout cela suggérait naturellement l'idée d'une réaction de défense. Les psychologues admettent généralement que l'acceptation d'une nouvelle représentation (le mot acceptation étant pris dans le sens de créance, de reconnaissance d'une réalité) dépend du genre et de la tendance des représentations déjà réunies dans le Moi. Ils ont créé pour désigner l'action de la censure qui s'applique à ces nouvelles idées des dénominations techniques particulières. Une représentation accède au Moi, s'y avère intolérable et suscite en lui une force de répulsion. Celle-ci constitue une défense contre l'idée réprouvée, défense qui atteint son but, la représentation en question étant rejetée hors du conscient et hors du souvenir et ne laissant, en apparence du moins, nulle trace. Mais cette trace devait subsister. En m'efforçant de diriger vers elle l'attention du patient, je sentais cette force de répulsion, celle même qui s'était manifestée par un rejet lors de la genèse du symptôme, agir sous la forme d'une résistance. Lorsque je réussissais à faire admettre comme vraisemblable le fait que la pathogénéité de la représentation était justement due au rejet et au refoulement, la chaîne paraissait se refermer. » (1).

[156] Habituellement, le travail commence par devenir de plus en plus confus et difficile à mesure que nous pénétrons plus profondément dans la construction psychique faite de couches superposées que nous avons décrite. Mais si nous parvenons à nous insinuer jusqu'au noyau central, tout s'éclaire et le malade n'a plus à redouter de voir son état général s'aggraver beaucoup. Toutefois, la récompense du travail accompli, c'est-à-dire la suppression des symptômes pathologiques, ne peut s'obtenir, sachons-le bien, que lorsque chacun des symptômes particuliers a été totalement analysé. Et dans les cas où les divers symptômes sont liés les uns aux autres par des nœuds multiples, aucun succès partiel n'encouragera l'analyste. Par suite même de ces nombreuses associations causales, les représentations pathogènes non encore liquidées vont servir de motifs à toutes les créations de la névrose. Ce n'est qu'avec le dernier mot de l'analyse que s'efface le tableau clinique de la même manière que chacun des symptômes reproduits. » (2).

---

(1) *Etudes sur l'Hystérie*, pp. 215, 216, 217.
(2) *Ibid.*, p. 242.

LA DÉMARCHE PSYCHANALYTIQUE

L'analyse de Dora présente un intérêt particulier car, pour la première fois, la technique psychanalytique s'y présente dans toute sa pureté : la parole du malade, l'écoute de l'analyste. De surcroît, il ne s'agit plus de s'attaquer aux symptômes séparément et successivement, mais de considérer d'emblée la névrose dans son unité.

[157] « ... Depuis qu'ont été écrites les « Etudes », la technique psychanalytique a subi une transformation fondamentale. Le travail avait alors pour point de départ les symptômes et pour but de les résoudre les uns après les autres. Depuis, j'ai abandonné cette technique, car je l'ai trouvée mal appropriée à la structure si délicate de la névrose. Je laisse maintenant au malade lui-même le soin de choisir le thème du travail journalier et prends par conséquent chaque fois pour point de départ la surface que son inconscient offre à son attention. J'obtiens alors ce qui appartient à la solution d'un symptôme par fragments, enchevêtrés dans des contextes différents et répartis sur des époques fort éloignées. Malgré ce désavantage apparent, la nouvelle technique, de beaucoup supérieure à l'ancienne, est incontestablement la seule possible. » (1).

Le transfert

Inachevée, l'analyse de Dora met en évidence l'importance du transfert. Le transfert, phénomène banal, s'établit spontanément dans toutes les relations humaines où il a toujours un rôle thérapeutique. Dans les névroses, la tendance au transfert ne constitue qu'une exagération de ce phénomène général. La psychanalyse ne le crée donc pas, elle le dévoile et l'utilise.

[158] « On peut dire que généralement la production de nouveaux symptômes cesse pendant la cure psychanalytique. Mais la productivité de la névrose n'est nullement éteinte, elle s'exerce en créant des états psychiques particuliers, pour la plupart inconscients, auxquels on peut donner le nom de transferts.

Que sont ces transferts ? Ce sont de nouvelles éditions, des copies des tendances et des fantasmes qui doivent être éveillés et rendus conscients par les progrès de l'analyse, et dont le trait caractéristique est de remplacer une personne antérieurement connue par la personne du médecin. Autrement dit, un nombre considérable d'états psychiques antérieurs revivent, non pas comme états passés, mais comme rapports actuels avec la personne du médecin. Il y a des transferts qui ne

(1) *Cinq Psychanalyses*, p. 5.

diffèrent en rien de leur modèle quant à leur contenu, à l'exception de la personne remplacée. Ce sont donc, en se servant de la même métaphore, de simples rééditions stéréotypées, des réimpressions. D'autres transferts sont faits avec plus d'art, ils ont subi une atténuation de leur contenu, une sublimation, comme je dis, et sont même capables de devenir conscients en s'étayant sur une particularité réelle, habilement utilisée, de la personne du médecin ou des circonstances qui l'entourent. Ce sont alors des éditions revues et corrigées, et non plus des réimpressions.

Si l'on considère la théorie de la technique psychanalytique, on se rend compte que le transfert en découle nécessairement. Pratiquement du moins, on se rend à l'évidence qu'on ne peut éviter le transfert par aucun moyen et qu'il faut combattre cette nouvelle création de la maladie comme toutes les précédentes. Mais cette partie du travail est la plus difficile. L'interprétation des rêves, l'extraction d'idées et de souvenirs inconscients des associations du malade ainsi que les autres procédés de traduction sont faciles à apprendre ; c'est le malade lui-même qui en donne toujours le texte. Mais le transfert, par contre, doit être deviné sans le concours du malade, d'après de légers signes et sans pécher par arbitraire. Cependant, le transfert ne peut être évité, car il est utilisé à la formation de tous les obstacles qui rendent inaccessible le matériel, et parce que la sensation de conviction relative à la justesse des contextes reconstruits ne se produit chez le malade qu'une fois le transfert résolu.

On sera porté à considérer comme un grave inconvénient du procédé analytique, déjà incommode sans cela, le fait qu'il accroît le travail du médecin en créant une nouvelle sorte de phénomènes psychiques pathologiques. On sera peut-être même tenté d'en déduire que, par l'existence du transfert, la cure psychanalytique peut porter préjudice au malade. Ces deux considérations sont erronées. Le travail du médecin n'est pas accru par le transfert ; il peut, en effet, lui être indifférent, étant donné qu'il doit vaincre une certaine tendance du malade, que cette tendance se manifeste par rapport à lui, médecin ou par rapport à quelque autre personne. Et la cure n'impose pas non plus au malade, du fait du transfert, des efforts qu'il n'aurait pas eu à fournir. Si des névroses guérissent aussi dans des maisons de santé où aucune méthode psychanalytique n'est employée, si l'on a pu dire que l'hystérie est guérie non par la méthode, mais par le médecin, si une sorte de dépendance aveugle et d'attachement perpétuel se manifeste d'ordinaire du malade au médecin qui l'a délivré de ses symptômes par la suggestion hypnotique, l'explication scientifique en réside dans les transferts que le malade effectue régulièrement sur la personne du médecin. La cure psychanalytique ne crée pas le transfert, elle ne fait que le démasquer comme les autres phénomènes psychiques cachés. Ce qui différencie les autres cures de la psychanalyse ne se manifeste qu'en ceci : le malade, au cours des traitements, ne fait spontanément appel qu'à des transferts affectueux et amicaux en faveur de sa guérison ; là où c'est impossible, il se détache aussi vite que possible du médecin qui ne lui est pas « sympathique » et sans s'être laissé influencer par lui. Dans le traitement psychanalytique, par contre, et ceci en rapport avec une autre motivation, toutes les tendances, même les tendances hostiles, doivent être réveillées, utilisées pour l'analyse en étant rendues conscientes ; ainsi se détruit sans cesse à nouveau le transfert. Le transfert, destiné à être le plus grand obstacle à la psychanalyse, devient son plus puissant auxiliaire, si l'on réussit à le deviner chaque fois et à en traduire le sens au malade. » (1).

Transfert positif et transfert négatif

Le transfert porte la marque de l'ambivalence.

Il est à la fois instrument des résistances et moteur de la guérison. Seule une longue expérience a permis à Freud de comprendre cette situation.

[159] « C'est à l'expérience acquise en examinant, au cours du traitement, chaque cas particulier de résistance de transfert que nous la devrons. On finit par s'apercevoir qu'il est impossible de comprendre comment le transfert sert à la résistance tant qu'on n'envisage simplement que le « transfert ». Il faut, en effet, distinguer deux sortes de transferts, l'un « positif » l'autre « négatif », un transfert de sentiments tendres et un transfert de sentiments hostiles, et l'on se voit obligé de traiter séparément ces deux variétés de sentiments qui ont pour objet le médecin. Ensuite, dans le transfert positif, l'on distingue des sentiments amicaux ou tendres, capables de devenir conscients, et d'autres dont les prolongements se trouvent dans l'inconscient. En ce qui concerne ces derniers, l'analyse prouve chaque fois qu'ils ont un fondement érotique ; nous en concluons ainsi que tous les rapports d'ordre sentimental utilisables dans la vie, tels que ceux où se marquent la sympathie, l'amitié, la confiance, etc., sont génétiquement apparentés à la sexualité et émanent, par effacement du but sexuel, de désirs vraiment sexuels, quelque innocents et dénués de sensualité qu'ils apparaissent à notre perception consciente. Originellement, nous n'avons connu que des objets sexuels ; la psychanalyse nous montre que des gens que nous croyons seulement respecter, estimer, peuvent, pour notre inconscient, continuer à être des objets sexuels.

Voici donc la solution de l'énigme : le transfert sur la personne de l'analyste ne joue le rôle d'une résistance que dans la mesure où il est un transfert négatif ou bien un transfert positif composé d'éléments érotiques refoulés. Lorsque nous « liquidons » le transfert en le rendant conscient, nous écartons simplement de la personne du médecin ces deux composantes de la relation affective ; l'élément inattaquable, capable de devenir conscient, demeure et devient, pour la psychanalyse, ce qu'il est pour toutes les autres méthodes thérapeutiques : le facteur du succès. » (2).

---

(1) *Cinq Psychanalyses*, pp. 86, 87, 88.

(2) *La Technique Psychanalytique*, pp. 56-57.

Transfert et souvenir

Sous l'effet de la compulsion de répétition le transfert reproduit le passé.

[160] « Or, à la faveur du transfert, le névrotique reproduit et ranime avec beaucoup d'habileté toutes ces circonstances indésirées et toutes ces situations affectives douloureuses. Le malade s'efforce ainsi d'interrompre le traitement inachevé, de se mettre dans une situation qui ranime en lui le sentiment d'être, comme jadis, dédaigné de tout le monde, de s'attirer de la part du médecin des paroles dures et une attitude froide, de trouver des prétextes de jalousie ; il remplace l'ardent désir d'avoir un enfant, qu'il avait autrefois, par des projets ou des promesses d'importants cadeaux, le plus souvent aussi peu réels que l'objet de son désir de jadis. Cette situation que le malade cherche à reproduire dans le transfert n'avait rien d'agréable autrefois, alors qu'il s'y est trouvé pour la première fois. Mais, dira-t-on, elle doit être moins désagréable aujourd'hui, en tant qu'objet de souvenirs ou de rêves, qu'elle ne le fut jadis, alors qu'elle imprima à la vie du sujet une orientation nouvelle. Il s'agit naturellement de l'action de penchants et d'instincts dont le sujet s'attendait, à l'époque où il subissait cette action, à retirer du plaisir ; mais bien qu'il sache par expérience que cette attente a été trompée, il se comporte comme quelqu'un qui n'a pas su profiter des leçons du passé : il tend à reproduire cette situation quand même, malgré tout, il y est poussé par une force obsédante. » (1).

Le transfert est un état de complaisance de la libido demeurée sous l'influence des images infantiles.

[161] « Lorsque le malade est sur le point d'engager la lutte normale contre les résistances dont notre analyse lui a révélé l'existence, il a besoin d'une puissante impulsion qui fasse pencher la décision dans le sens que nous désirons, c'est-à-dire dans la direction de la guérison. Sans cela, il pourrait se décider en faveur de la répétition de l'issue antérieure et infliger de nouveau le refoulement à ce qui avait été amené à la conscience. Ce qui décide de la solution de cette lutte, ce n'est pas la pénétration intellectuelle du malade — elle n'est ni assez forte ni assez libre pour cela — mais uniquement son attitude à l'égard du médecin. Si son transfert porte le signe positif, il revêt le médecin d'une grande autorité, transforme les communications et conceptions de ce dernier en articles de foi. Sans ce transfert, ou lorsque le transfert est négatif, le malade ne prêterait pas la moindre attention aux dires du médecin. La foi reproduit à cette occasion l'histoire même de sa naissance : elle est le fruit de l'amour et n'avait pas besoin d'arguments au début. C'est seulement plus tard qu'elle attache à ceux-ci assez d'importance pour les soumettre à un examen critique, lorsqu'ils sont formulés par des personnes aimées. Les arguments qui n'ont pas

(1) *Essais de Psychanalyse*, pp. 25-26.

pour corollaire le fait d'émaner de personnes aimées n'exercent ni n'ont jamais exercé la moindre action dans la vie de la plupart des hommes. Aussi l'homme n'est-il en général accessible par son côté intellectuel que dans la mesure où il est capable d'investissement libidineux d'objets, et nous avons de bonnes raisons de croire, et la chose est vraiment à craindre, que c'est du degré de son narcissisme que dépend le degré d'influence que peut exercer sur lui la technique analytique, même la meilleure. » (1).

L'action du transfert est sous la dépendance des attitudes qu'il réactive et de leur ambivalence.

[162] « L'analysé considère son analyste comme le retour, la réincarnation, d'un personnage important de son passé infantile, et c'est pourquoi il lui voue des sentiments et manifeste des réactions certainement destinés au modèle primitif. L'on se rend bientôt compte de l'importance insoupçonnée de ce facteur du transfert qui, d'une part, offre un secours irremplaçable et, d'autre part, peut aussi constituer une source de périls graves. Ce transfert est ambivalent et comporte à la fois des attitudes tendres, positives et hostiles, négatives, à l'égard de l'analyste qui est généralement mis par le patient à la place de l'un de ses parents, soit le père, soit la mère. Tant que le transfert reste positif, il nous rend les plus grands services, en modifiant toute la situation analytique, en reléguant au second plan le but rationnel de ne plus souffrir et de recouvrer la santé. Ce dessein cède la place à celui de complaire à l'analyste et d'obtenir son approbation et sa tendresse. Le transfert devient ainsi la véritable force motrice analytique ; sous cette influence le Moi faible se renforce et le patient accomplit certains actes qui, sans cela, eussent été impossibles. » (2).

Le maniement du transfert

[163] « Manifestement, le danger de ces états de transfert tient à ce que le patient en méconnaît la nature véritable et les prend pour des faits nouveaux réels alors qu'ils ne sont que des reflets du passé. Si le ou la malade ressent le puissant désir érotique qui se dissimule derrière le transfert positif, il se croit passionnément épris ; si le transfert s'inverse, le sujet se sent offensé, délaissé, il hait l'analyste comme un ennemi et est tout prêt à abandonner son analyse. Dans ces deux cas extrêmes, il oublie le pacte auquel il a souscrit au début du traitement et devient incapable de poursuivre le travail en commun. La tâche de l'analyste est alors d'arracher chaque fois le patient à sa dangereuse illusion, de lui montrer sans cesse que ce qu'il prend pour une réalité nouvelle n'est qu'un reflet du passé. Pour empêcher son malade de tomber dans un état dont aucun raisonnement probant n'arriverait à le faire sortir, l'analyste veille à ce que ni les sentiments amoureux ni les sentiments hostiles n'atteignent un degré excessif. Il

(1) *Introduction à la Psychanalyse*, p. 477.
(2) *Abrégé de Psychanalyse*, pp. 42-43.

y parvient en mettant de bonne heure le patient en garde contre ces éventualités et en n'en laissant pas passer inaperçus les premiers indices. Le soin avec lequel on veille au maniement du transfert est un sûr garant de succès. Lorsqu'on réussit, comme il arrive généralement, à éclairer les patients sur la nature véritable des phénomènes de transfert, on enlève aux résistances une arme puissante, on transforme les dangers en gains. En effet, ce que le patient a vécu sous la forme d'un transfert, jamais plus il ne l'oublie et cela comporte pour lui une force plus convaincante que tout ce qu'il a acquis par d'autres moyens. » (1).

La névrose de transfert a une fonction médiatrice. C'est par le transfert que le malade retrouve l'accès à la vie réelle.

[164] « C'est dans le maniement du transfert que l'on trouve le principal moyen d'enrayer l'automatisme de répétition et de le transformer en une raison de se souvenir. Nous rendons cette compulsion anodine, voire même utile, en limitant ses droits, en ne la laissant subsister que dans un domaine circonscrit. Nous lui permettrons l'accès du transfert, cette sorte d'arène, où il lui sera permis de se manifester dans une liberté quasi totale et où nous lui demandons de nous révéler tout ce qui se dissimule de pathogène dans le psychisme du sujet. Même dans le cas où le patient se borne simplement à respecter les règles nécessaires de l'analyse, nous réussissons sûrement à conférer à tous les symptômes morbides une signification de transfert nouvelle et à remplacer sa névrose ordinaire par une névrose de transfert dont le travail thérapeutique va le guérir. Le transfert crée de la sorte un domaine intermédiaire entre la maladie et la vie réelle, domaine à travers lequel s'effectue le passage de l'une à l'autre. L'état nouvellement instauré a pris tous les aspects d'une maladie artificielle partout accessible à nos interventions. En même temps, il est une tranche de vie réelle que des conditions particulièrement favorables rendent possible et qui a un caractère provisoire. A partir des réactions de répétition qui apparaissent dans le transfert, des voies connues conduisent alors au réveil des souvenirs. Ces derniers surgissent ensuite comme d'eux-mêmes, une fois les résistances surmontées. » (2).

Les résistances

C'est sur la notion de résistance qu'est fondée la conception freudienne des processus psychiques dans la névrose. Le mot « résistance » désigne, d'une manière générale toute force qui, au cours du traitement psychanalytique s'oppose à la guérison. C'est précisément à partir des résistances que Freud a compris et déduit le refoulement, considérant que c'étaient indéniablement les mêmes forces qui se trouvaient à l'œuvre dans la formation de la maladie et contre le traitement.

---

(1) *Abrégé de Psychanalyse*, p. 44.
(2) *De la Technique psychanalytique*, pp. 113-114.

A côté de la résistance offerte par le transfert, le traitement affronte quatre autres sortes de résistances :

— la résistance de refoulement ;

— la résistance de l'inconscient, ou résistance du Ça ;

— la résistance du bénéfice de la maladie ;

— les résistances du sentiment de culpabilité et du besoin de punition, ou résistance du Surmoi.

Le propre de la méthode psychanalytique est la lutte contre les résistances.

[165] « Les connaissances que nous avons acquises grâce à la psychanalyse nous permettent de décrire à peu près ainsi les différences qui existent entre la suggestion hypnotique et la suggestion psychanalytique. La thérapeutique hypnotique cherche à recouvrir et à masquer quelque chose dans la vie psychique ; la thérapeutique analytique cherche, au contraire, à le mettre à nu et à l'écarter. La première agit comme un procédé cosmétique, la dernière comme un procédé chirurgical. Celle-là utilise la suggestion pour interdire les symptômes, elle renforce les refoulements, mais laisse inchangés tous les processus qui ont abouti à la formation des symptômes. Au contraire, la thérapeutique analytique, lorsqu'elle se trouve en présence des conflits qui ont engendré les symptômes, cherche à remonter jusqu'à la racine et se sert de la suggestion pour modifier dans le sens qu'elle désire l'issue de ces conflits. La thérapeutique hypnotique laisse le patient inactif et inchangé, par conséquent tout aussi sans résistance devant une nouvelle cause de troubles morbides. Le traitement analytique impose au médecin et au malade des efforts pénibles tendant à surmonter des résistances intérieures. Lorsque ces résistances sont vaincues, la vie psychique du malade se trouve changée d'une façon durable, élevée à un degré de développement supérieur et reste protégée contre toute nouvelle possibilité pathogène. C'est ce travail de lutte contre les résistances qui constitue la tâche essentielle du traitement analytique, et cette tâche incombe au malade auquel le médecin vient en aide par le recours à la suggestion agissant dans le sens de son éducation. Aussi a-t-on dit avec raison que le traitement psychanalytique est une sorte de post-éducation. » (1).

La résistance du refoulement

Elle consiste en une formation réactionnelle du Moi contre les menaces du refoulé, ou contre-investissement. C'est d'ailleurs là la tâche générale de toute névrose. La direction du contre-investissement n'est pas la même dans les diverses formes de névroses (ex. : contre-investissement tourné vers l'extérieur, contre la perception dangereuse

(1) *Introduction à la Psychanalytique*, pp. 482-483.

dans l'hystérie, contre-investissement aboutissant à une modification du Moi dans la névrose obsessionnelle). Cependant, le contraste n'est pas absolu ; il y a toujours une certaine modification du Moi par la formation réactionnelle.

[166] « C'est une partie importante de la théorie du refoulement qu'il ne représente pas un processus qui se fait une fois pour toutes, mais qu'il exige une dépense permanente d'énergie. Si dans cette dépense intervenait une interruption, l'instinct refoulé qui, d'une façon continue, est alimenté par ses sources, reprendrait une seconde fois le même chemin d'où il avait été écarté. Le refoulement serait frustré de son résultat, ou bien il devrait être répété un nombre indéfini de fois. Ainsi résulte de la nature de la pulsion la nécessité pour le Moi de garantir son action de défense par une dépense permanente d'énergie. Cette action pour la protection du refoulement est celle que nous éprouvons comme résistance dans l'effort thérapeutique. La résistance suppose ce que j'ai désigné comme contre-investissement. » (1).

[167] « Nous savons déjà que le Moi se défend contre la pénétration d'éléments indésirables venus du Ça inconscient et refoulé à l'aide de contre-investissements dont l'intégrité assure le fonctionnement normal. Plus le Moi se sent accablé, plus il se cramponne, comme saisi d'effroi, à ces contre-investissements, et cela dans le but de défendre tout ce qui lui reste encore contre d'autres irruptions. Ces tendances défensives toutefois ne s'accordent pas avec le but du traitement. Ce que nous désirons, au contraire, c'est voir le Moi, encouragé par nous, sûr de notre aide, tenter une attaque pour reconquérir ce qu'il a perdu. Pour nous, l'intensité de ces contre-investissements se traduit par des résistances qui s'opposent à nos efforts. Le Moi s'effraye de tentatives qui lui semblent dangereuses et menacent de provoquer du déplaisir. Afin d'éviter qu'il ne se dérobe, il faut continuellement l'encourager et le rassurer. Assez incorrectement du reste, nous appelons cette résistance, qui persiste pendant tout le traitement et se renouvelle chaque fois que nous passons à une nouvelle phase du travail, résistance du refoulement. » (2).

La résistance du bénéfice de la maladie

Il y a un bénéfice primaire de la maladie qui consiste dans la formation des symptômes comme formation substitutive, ou compromis. Le bénéfice secondaire semble résulter des modifications apportées par les symptômes et concerne les relations interpersonnelles du sujet. La maladie est un refuge.

---

(1) *Inhibition, Symptôme et Angoisse*, p. 91.
(2) *Abrégé de Psychanalyse*, p. 47.

[168] Dans le cours de son développement, le Moi se comporte comme s'il était guidé par cette idée que le symptôme est là, désormais, et ne saurait être éliminé : il n'y a qu'à accepter la situation et en tirer le meilleur parti possible. Il s'adapte en conséquence à cette portion du monde intérieur étrangère à lui que représente le symptôme, comme il s'adapte, mais cette fois d'une façon normale, au monde extérieur. Et il ne manque pas d'occasions de s'adapter ainsi. L'existence du symptôme peut provoquer une entrave à l'activité qui servira à apaiser une exigence du Surmoi ou à repousser une demande du monde extérieur. Ainsi le symptôme est chargé, peu à peu, de représenter d'importants intérêts, il devient un élément de l'auto-défense, il resserre toujours plus ses liens avec le Moi et lui devient indispensable. Il est bien rare que l'adoption d'un corps étranger puisse produire quelque chose de semblable. On pourrait d'ailleurs exprimer de façon exagérée l'importance de cette adaptation secondaire au symptôme, en disant que le Moi, somme toute, ne crée le symptôme que pour jouir de ses avantages. » (1).

La résistance du Ça

Elle résulte de la contrainte à la répétition des processus instinctuels objet du refoulement. Elle est responsable de ce que Freud appelle « la nécessité de bûcher » (2). *Elle ne se manifeste probablement qu'après que « le travail thérapeutique a réussi à mobiliser les éléments refoulés* (3).

La résistance du Surmoi

Elle se reconnaît à la « réaction thérapeutique négative » : conduite d'opposition à la cure. Elle s'exprime dans la « conscience de culpabilité » qui résulte d'une tension entre le Moi et le Surmoi. Le Moi incapable de répondre aux exigences du Surmoi (conscience morale) ébauche ainsi une sorte de pseudo-solution à ce conflit. C'est là encore un bénéfice de la maladie.

[169] « A mesure que se poursuit notre travail et que s'approfondit notre connaissance du psychisme des névrosés, nous constatons toujours plus nettement que deux autres sources de résistance, deux facteurs nouveaux méritent toute notre attention ; tous deux, totalement ignorés du malade, n'ont pu être pris en considération au moment de la conclusion de notre pacte ; ils n'émanent pas non plus du Moi du patient. On peut les réunir sous le terme de « besoin d'être malade » ou « besoin de souffrir », mais bien qu'apparentés, leur origine est différente. Le

---

(1) *Inhibition, Symptôme et Angoisse*, pp. 17-18.
(2) *Ibid.*, p. 96.
(3) *Essais de Psychanalyse*, p. 23.

premier de ces deux facteurs est le sentiment de culpabilité ou la conscience d'être coupable, ainsi qu'on l'appelle en négligeant le fait que le malade ne le ressent ni ne le connaît. Ce sentiment est évidemment dû à la résistance opposée par un Surmoi devenu particulièrement dur et cruel. Si le patient doit ne pas guérir, continuer à être malade, c'est parce qu'il ne mérite pas mieux. Cette résistance, tout en ne gênant pas notre travail intellectuel, le rend inefficace ; si elle nous permet souvent de supprimer telle ou telle forme de la névrose, elle se montre aussitôt prête à la remplacer par une autre, éventuellement par quelque maladie organique. Ce sentiment de culpabilité explique aussi comment certains névrosés, atteints de troubles graves, peuvent guérir ou voir leur état s'améliorer du fait de malheurs réels. C'est qu'en réalité une seule chose importe : être malheureux — et cela de n'importe quelle façon. La muette résignation avec laquelle de pareils sujets supportent un destin parfois cruel est très surprenante, mais aussi très révélatrice. Pour combattre cette résistance, nous nous bornons à la rendre consciente et essayons de détruire progressivement le Surmoi hostile. » (1).

La résistance du masochisme

Le Surmoi semble, toutefois, ne pas assumer entièrement le besoin de souffrir. Freud reconnaît une autre résistance qui peut s'interpréter en termes de conflit interpulsionnel et s'expliquer génétiquement par le retournement contre soi de l'agressivité qui n'a pu, au cours de la formation du Surmoi, se diriger contre les parents. Ainsi « le sadisme du Moi et le masochisme du Surmoi se complètent mutuellement et s'unissent pour provoquer les mêmes conséquences. » (2).

[170] « Il est moins facile de démontrer l'existence d'une autre résistance en face de laquelle nous sommes particulièrement désarmés. On trouve parmi les névrosés certains individus chez qui, à en juger par toutes leurs réactions, l'instinct de conservation a subi un véritable retournement. Ils semblent n'avoir d'autre dessein que de se nuire à eux-mêmes et de se détruire. Peut-être les gens qui finissent par se suicider appartiennent-ils à cette catégorie. Nous pensons que, chez eux, des désintrications de pulsions très poussées ont dû se produire et provoquer la libération de quantités excessives de l'instinct de destruction tourné vers le dedans. Ces sortes de patients ne tolèrent pas l'idée d'une possible guérison par notre traitement et tous les moyens leur sont bons pour contrecarrer nos efforts. » (3).

---

(1) *Abrégé de Psychanalyse,* pp. 48-49.
(2) *Névrose, Psychose et Perversion,* p. 297.
(3) *Abrégé de Psychanalyse,* p. 49-50.

LA SITUATION ANALYTIQUE

L'analyste et l'analysé concluent un pacte : totale sincérité d'une part, absolue discrétion d'autre part. C'est ce pacte qui constitue la situation analytique.

[171] « Le Moi est affaibli par un conflit interne et il convient de lui porter secours. Tout se passe comme dans certaines guerres civiles où c'est un allié du dehors qui emporte la décision. Le médecin analyste et le Moi affaibli du malade doivent, en s'appuyant sur le monde réel se liguer contre les ennemis : les exigences pulsionnelles du Ça et les exigences morales du Surmoi. Un pacte est conclu. Le Moi malade du patient nous promet une franchise totale, c'est-à-dire la libre disposition de tout ce que son auto-perception lui livre. De notre côté, nous lui assurons la plus stricte discrétion et mettons à son service notre expérience dans l'interprétation du matériel influencé par l'inconscient. Notre savoir compense son ignorance et permet au Moi de récupérer et de gouverner les domaines perdus de son psychisme. C'est ce pacte qui constitue toute la situation analytique. » (1).

La règle fondamentale

[172] « Il importe peu, en somme, que le traitement débute par tel ou tel sujet, que le patient raconte sa vie, les épisodes de sa maladie, ou rapporte ses souvenirs infantiles. En tout cas, il faut laisser parler le malade et lui abandonner le choix de son sujet du début. Disons-lui donc : « Avant que je puisse vous expliquer quoi que ce soit, il faut que vous me renseigniez ; racontez-moi je vous prie, ce que vous savez sur vous-même. » La seule exception permise concerne la règle psychanalytique fondamentale à laquelle le patient doit obéir. Il faut, dès le début, faire connaître cette règle à l'analysé : « Une chose encore avant que vous commenciez. Votre récit doit différer, sur un point, d'une conversation ordinaire. Tandis que vous cherchez généralement, comme il se doit, à ne pas perdre le fil de votre récit et à éliminer toutes les pensées, toutes les idées secondaires qui gêneraient votre exposé et qui vous feraient remonter au déluge, en analyse, vous procéderez autrement. Vous allez observer que, pendant votre récit, diverses idées vont surgir, des idées que vous voudriez bien rejeter parce qu'elles ont passé par le crible de votre critique. Vous serez tenté de vous dire : « Ceci ou cela n'a rien à voir ici » ou bien « telle chose n'a aucune importance », ou encore « c'est insensé et il n'y a pas lieu d'en parler ». Ne cédez pas à cette critique et parlez malgré tout, même quand vous répugnez à le faire ou justement à cause de cela. Vous verrez et comprendrez plus tard pourquoi je vous impose cette

(1) *Abrégé de Psychanalyse*, p. 40.

règle, la seule d'ailleurs que vous deviez suivre. Donc, dites tout ce qui vous passe par l'esprit. Comportez-vous à la manière d'un voyageur qui, assis près de la fenêtre de son compartiment, décrirait le paysage tel qu'il se déroule à une personne placée derrière lui. Enfin, n'oubliez jamais votre promesse d'être tout à fait franc, n'omettez rien de ce qui, pour une raison quelconque, vous paraît désagréable à dire. » (1).

La participation du patient

— *Regarder la maladie comme une partie de lui-même.*

[173] « Mais tout d'abord l'instauration même du traitement oblige le malade à modifier son attitude consciente à l'égard de sa maladie. Jusqu'alors il s'est généralement borné à en gémir, à la considérer comme une stupidité et à en sous-estimer l'importance. A part cela, il a appliqué le refoulement aux manifestations de cette maladie, c'est-à-dire la politique de l'autruche, celle-là même qu'il utilisait à l'égard de l'origine des troubles. C'est ainsi qu'il peut ignorer les causes de sa phobie, ne saisir ni le sens exact de ses idées obsédantes ni le but réel de ses pulsions obsessionnelles, et c'est évidemment ce que le traitement ne peut tolérer. Le patient doit trouver le courage de fixer son attention sur ses manifestations morbides, doit non plus considérer sa maladie comme quelque chose de méprisable, mais la regarder comme un adversaire digne d'estime, comme une partie de lui-même dont la présence est bien motivée et où il conviendra de puiser de précieuses données pour sa vie ultérieure. La voie de la réconciliation du malade avec le refoulé qui se manifeste par les symptômes se trouve ainsi frayée dès le début, mais il s'y adjoint une certaine tolérance à l'égard de l'état morbide. Si cette nouvelle attitude envers la maladie venait à provoquer une exacerbation des conflits et si certains symptômes, jusqu'alors indistincts, surgissaient au premier plan, on rassurerait facilement le patient en lui faisant observer qu'il ne s'agit là que d'aggravations nécessaires mais passagères et qu'il est impossible de terrasser un ennemi absent ou hors de portée. » (2).

— *Accepter l'idée d'une vie psychique autre que celle du Moi.*

[174] « Il faut bien entendu le préparer à sa cure, et un moyen très simple s'offre pour cela. On l'invite à être absolument sincère avec son analyste, à ne rien lui dissimuler avec intention de ce qui lui passe par l'esprit, ensuite à se mettre au-dessus de toutes les réticences, qui cherchent à empêcher la communication de telle pensée ou de tel souvenir. Chacun sait receler en lui-même des choses qu'il ne communiquerait aux autres que très à contre-cœur, davantage, dont la commu-

---

(1) *De la technique Psychanalytique*, pp. 94-95.
(2) *Ibid.*, p. 111.

nication lui semble impossible. Ce sont ses « intimités ». Il pressent aussi — ce qui est un grand progrès dans la connaissance de soi-même — qu'il est d'autres choses que l'on ne voudrait pas s'avouer à soi-même, et que l'on se dissimule volontiers, auxquelles on coupe court et que l'on chasse si elles surgissent pourtant dans la pensée. Peut-être notre observateur remarque-t-il même qu'un très curieux problème psychologique est posé par ce fait qu'une de ses propres pensées doive être gardée secrète par rapport à son propre Moi. On croirait que son Moi n'a plus l'unité qu'il lui attribue toujours ; on penserait qu'il y a en lui encore autre chose qui peut s'opposer à son Moi. En soi il peut ainsi obscurément pressentir comme une antithèse entre le Moi et une vie psychique au sens plus large. A-t-il accepté la règle fondamentale de l'analyse : tout dire, alors le malade deviendra aisément accessible à l'idée que des rapports et un échange de pensées sous des conditions aussi peu communes puissent aussi amener des réactions toutes particulières. » (1).

L'attention flottante de l'analyste

[175] « Cette technique est très simple, comme nous le verrons. Elle proscrit tout moyen subsidiaire même celui de la prise de notes. D'après elle, nous ne devons attacher d'importance particulière à rien de ce que nous entendons et il convient que nous prêtions à tout la même attention « flottante », suivant l'expression que j'ai adoptée. On économise ainsi un effort d'attention qu'on ne saurait maintenir quotidiennement des heures durant et l'on échappe aussi au danger inséparable de toute attention voulue, celui de choisir parmi les matériaux fournis. C'est en effet ce qui arrive quand on fixe à dessein son attention ; l'analyste grave en sa mémoire tel point qui le frappe, en élimine tel autre et ce choix est dicté par des expectatives ou des tendances. C'est justement ce qu'il faut éviter ; en conformant son choix à son expectative, l'on court le risque de ne trouver que ce que l'on savait d'avance. En obéissant à ses propres inclinations, le praticien falsifie tout ce qui lui est offert. N'oublions jamais que la signification des choses entendues ne se révèle souvent que plus tard.

L'obligation de ne rien distinguer particulièrement au cours des séances trouve son pendant, on le voit dans la règle imposée à l'analysé de ne rien omettre de ce qui lui vient à l'esprit, en renonçant à toute critique et à tout choix. En se comportant différemment, le médecin réduit à néant la plus grande partie des avantages que procure l'obéissance du patient à la « règle psychanalytique fondamentale ». Voici comment doit s'énoncer la règle imposée au médecin : éviter de laisser s'exercer sur sa faculté d'observation quelque influence que ce soit et se fier entièrement à sa « mémoire incons-

(1) *De la Technique Psychanalytique*, pp. 128-129.

ciente » ou, en langage technique simple, écouter sans se préoccuper de savoir si l'on va retenir quelque chose. » (1).

La formation des analystes

[176] « Toute action psychanalytique présuppose... un contact prolongé avec le malade. C'est une erreur technique que de jeter brusquement à la tête du patient, au cours de la première consultation, les secrets que le médecin a devinés. Un pareil procédé a ordinairement pour effet fâcheux d'attirer sur la personne du médecin la franche inimitié du malade et d'empêcher toute influence ultérieure. En outre, est-il besoin de dire que l'on risque parfois de faire de fausses déductions et que l'on n'est jamais en mesure de découvrir toute la vérité. En psychanalyse, ces strictes règles techniques viennent remplacer une insaisissable qualité qui exige un don spécial : le « tact médical ».

Ainsi il ne suffit pas au médecin d'avoir quelque notion des découvertes de la psychanalyse : s'il veut être guidé dans sa pratique médicale par la façon de voir analytique, il doit se familiariser avec la technique. Aujourd'hui encore il n'est pas possible d'apprendre cette technique dans les livres ; elle ne s'acquiert qu'au prix de lourds sacrifices de temps, de peine et de mécomptes. Comme toute autre technique médicale, on l'apprend de ceux qui la possèdent déjà à fond. » (2).

Le cérémonial

[177] « Je tiens à ce que le malade s'étende sur un divan et que le médecin soit assis derrière lui de façon à ne pouvoir être regardé. Cet usage a une signification historique, il représente le vestige de la méthode hypnotique d'où est sortie la psychanalyse. Mais c'est pour plusieurs raisons qu'il mérite d'être conservé. Parlons d'abord d'un motif personnel, mais probablement valable pour d'autres que pour moi : je ne supporte pas que l'on me regarde pendant huit heures par jour (ou davantage). Comme je me laisse aller, au cours des séances, à mes pensées inconscientes, je ne veux pas que l'expression de mon visage puisse fournir au patient certaines indications qu'il pourrait interpréter ou qui influeraient sur ses dires. En général, l'analysé considère l'obligation d'être allongé comme une dure épreuve et s'insurge là-contre surtout quand le voyeurisme joue, dans sa névrose, un rôle important. Malgré cela, je maintiens cette mesure qui a pour but et pour résultat d'empêcher toute immixtion, même imperceptible, du transfert dans les associations du patient

---

(1) *De la Technique Psychanalytique*, pp. 62-63.
(2) *Ibid.*, p. 41.

et d'isoler le transfert, de telle sorte qu'on le voit apparaître à l'état de résistance, à un moment donné. » (1).

LE MATÉRIEL DE L'ANALYSE : SES SOURCES

[178] « Le matériel de notre travail nous vient de diverses sources : des dires du patient, de ses associations libres, de ses manifestations de transfert, de l'interprétation de ses rêves et enfin de ses actes manqués. Tout cela nous aide à reconstituer ses expériences passées, ce qu'il a oublié aussi bien que ce qui se passe actuellement en lui sans qu'il le comprenne. Cependant en agissant de la sorte nous ne devons jamais confondre ce que nous savons, nous, avec ce qu'il sait, lui. Evitons de lui faire immédiatement part de ce que nous croyons très tôt avoir deviné. Réfléchissons longuement avant de décider du moment où il conviendra de lui faire connaître nos déductions, attendons l'instant propice qui n'est pas toujours facile à déterminer. En règle générale, nous attendons, pour lui communiquer notre reconstitution, nos explications, que le patient soit lui-même si près de les saisir qu'il ne lui reste plus qu'un pas à faire pour effectuer cette décisive synthèse. Si nous procédions autrement, si nous lui jetions à la tête, avant qu'il y ait été préparé, nos interprétations, celles-ci resteraient inefficaces ou provoqueraient une violente explosion de résistance qui gênerait ou même compromettrait la continuation du travail. » (2).

Les rêves

[179] « Tout analyste qui passera de l'interprétation du rêve au traitement analytique continuera à s'intéresser au contenu des rêves et tendra, de ce fait, à interpréter le plus complètement possible chacun des songes rapportés par le malade. Mais il ne tardera pas à s'apercevoir que son travail s'effectue maintenant dans des conditions bien différentes et qu'en persistant à suivre cette voie il va se heurter aux obligations immédiates du traitement. Même lorsqu'un premier rêve semble favoriser parfaitement les premières explications données au patient, d'autres rêves vont bientôt surgir, si longs et si obscurs que leur interprétation exige plus que le temps limité d'une séance. Si le médecin remet alors l'interprétation aux jours suivants, le malade va lui apporter de nouveaux rêves faits entre-temps et dont l'élucidation devra être retardée jusqu'à ce que le premier ait été entièrement expliqué. Parfois la production onirique est si abondante et

(1) *De la Technique Psychanalytique*, p. 93.
(2) *Abrégé de Psychanalyse*, pp. 46-47.

les progrès du malade au point de vue de leur compréhension si lents que l'analyste se voit forcé d'admettre que cette sorte de richesse en matériaux n'est que l'expression d'une résistance. Celle-ci met à profit le fait que le traitement n'arrive pas à utiliser les matériaux mis à sa disposition. En outre, la cure est, dans l'intervalle, demeurée quelque peu en deçà du temps présent et a perdu tout contact avec l'actualité. A cette technique doit s'opposer une règle, suivant laquelle il importe au plus haut degré, dans le traitement, que l'analyste sache à tout moment ce qui occupe la surface psychique du malade, quels complexes, quelles résistances celui-ci présente et quelle réaction consciente contraire va régler son comportement. Il ne convient presque jamais que le but thérapeutique cède le pas à l'intérêt suscité par l'interprétation du rêve. Comment alors, au cours des analyses, concilier l'élucidation des rêves avec cette règle ? A peu près de la façon suivante : le psychanalyste doit chaque fois se contenter des données de l'interprétation obtenues en une séance et le fait de n'avoir pas totalement reconnu le contenu du rêve ne peut être considéré par lui comme nuisible. Qu'il ne se croie pas obligé, le jour suivant, de reprendre le fil interrompu, mais qu'il attende, pour le faire, de voir si rien n'est venu entre-temps occuper l'esprit du patient. N'enfreignons pas la règle suivant laquelle il ne faut jamais, au bénéfice d'une interprétation de rêves interrompue, négliger d'abord tout ce qui vient à l'esprit du malade. Si de nouveaux rêves surviennent avant que les anciens aient été interprétés, il convient de s'intéresser à ces récentes productions sans se reprocher d'avoir négligé les autres. Si les rêves deviennent par trop prolixes et diffus, qu'on renonce à les expliquer immédiatement. Il faut généralement se garder de montrer, pour l'élucidation des rêves, un trop vif intérêt car l'on risquerait alors de faire croire au malade que le travail stagnerait s'il n'apportait pas de songes. En pareil cas, la résistance pourrait se porter sur la production onirique et provoquer son arrêt. L'analyste doit plutôt convaincre le patient du fait que l'analyse, même si les rêves font défaut et quel que soit l'intérêt de ces derniers, ne peut manquer de matériaux. » (1).

L'enfance et les problèmes sexuels

[180] « Le travail analytique nécessaire pour expliquer et supprimer une maladie ne s'arrête jamais aux événements de l'époque où elle se produisit, mais remonte toujours jusqu'à la puberté et à la première enfance du malade ; là, elle rencontre les événements et les impressions qui ont déterminé la maladie ultérieure. Ce n'est qu'en découvrant ces événements de l'enfance que l'on peut expliquer la sensibilité à l'égard des traumatismes ultérieurs, et c'est en rendant conscients ces souvenirs généralement oubliés que nous en arrivons à pouvoir supprimer les symptômes. Nous parvenons ici aux mêmes

---

(1) *De la Technique Psychanalytique*, pp. 44-45.

résultats que dans l'étude des rêves à savoir que ce sont les désirs inéluctables et refoulés de l'enfance qui ont prêté leur puissance à la formation de symptômes sans lesquels la réaction aux traumatismes ultérieurs aurait pris un cours normal. Ces puissants désirs de l'enfant, je les considère, d'une manière générale, comme sexuels. » (1).

LES FORCES A L'ŒUVRE DANS LE TRAITEMENT ANALYTIQUE

La souffrance du patient

[181] « Le moment est maintenant venu d'étudier les forces mises en branle dans le traitement. Le moteur principal de ce dernier est la souffrance du patient d'où émane son désir de guérison. Différents facteurs peuvent concourir à affaiblir ces forces, des facteurs qui ne se révèlent qu'au cours des analyses. Le principal d'entre eux est ce que nous appelons le « bénéfice secondaire » de la maladie ; toutefois la force instinctuelle elle-même doit se maintenir jusqu'à la fin du traitement ; toute amélioration en provoque la décroissance. Mais cette force motrice est impuissante, à elle seule, à vaincre la maladie car deux choses lui manquent pour cela : la connaissance des voies à suivre pour aboutir au but désiré et l'insuffisance quantitative des énergies indispensables, à opposer aux résistances. Le traitement analytique remédie à ces deux déficiences. En utilisant les énergies toujours prêtes à être « transférées », il fournit les quantités d'affects nécessaires à la suppression des résistances et, en éclairant, au moment voulu, le malade, l'analyse indique à celui-ci la voie dans laquelle il doit engager ses énergies. Assez souvent le transfert suffit, à lui seul, à supprimer les symptômes morbides, mais cela temporairement et tant qu'il dure seulement. En pareil cas le traitement ne peut être qualifié de psychanalyse, il ne s'agit plus que de suggestion. Le nom de psychanalyse ne s'applique qu'aux procédés où l'intensité du transfert est utilisée contre les résistances. C'est alors seulement que l'état morbide ne peut plus exister, même lorsque le transfert est liquidé comme du reste sa fonction l'exige. » (2).

La situation de frustration

[182] « Nous disons que notre traitement vise deux buts : rendre conscient ce qui a été refoulé et découvrir les résistances. Pour les atteindre, nous sommes obligés, certes, de déployer assez d'activité. Mais convient-il d'abandonner au malade le soin d'en finir avec les

---

(1) *Cinq leçons sur la psychanalyse*, p. 48.
(2) *De la technique Psychanalytique*, p. 103.

résistances que nous lui avons fait connaître. Ne pouvons-nous lui venir en aide en ne nous contentant pas de l'impulsion donnée par le transfert ? N'est-il pas plus naturel de le seconder autrement, c'est-à-dire en le plaçant dans la situation psychique la plus propre à provoquer la liquidation souhaitée du conflit ? Les faits et gestes du patient dépendent d'une série de circonstances extérieures connexes. Comment pourrions-nous hésiter à modifier de façon favorable cette connexion ? Je crois, pour ma part, qu'en exerçant une pareille activité, le médecin analyste agit à bon droit et irrréprochablement.

Comme vous voyez, un nouveau domaine de la technique s'ouvre ici à nous. Son exploration va nous coûter beaucoup d'efforts et des règles bien précises devront être formulées. Je n'essaierai pas aujourd'hui de vous initier à cette technique nouvelle en voie d'évolution, mais je me contenterai d'énoncer un principe fondamental sans doute appelé à régir tout ce domaine et qui est le suivant : le traitement psychanalytique doit autant que possible s'effectuer dans un état de frustration, d'abstinence.

Remettons à plus tard le soin de discuter à fond des possibilités de faire respecter cette règle. En parlant d'abstinence, nous ne songeons pas à priver l'analysé de toute espèce de satisfaction, ce qui serait évidemment impossible. Nous n'entendons pas non plus donner à ce mot le sens qu'on lui attribue vulgairement et ne voulons pas interdire au patient tout rapport sexuel ; il s'agit ici de quelque chose de différent, qui se rapporte bien davantage à la dynamique de la maladie et de la guérison.

Vous n'avez pas oublié qu'une frustration avait causé la maladie du sujet et que ses symptômes lui servaient de satisfaction substitutive. Au cours du traitement, vous pourrez constater que toute amélioration de son état morbide ralentit l'allure du rétablissement et diminue la force pulsionnelle qui l'aiguillonne vers la guérison. Or cette force pulsionnelle nous est indispensable et sa diminution compromettrait l'accession au but que nous poursuivons. A quelle conclusion inéluctable sommes-nous alors obligés d'arriver ? Eh bien, quelque cruel que cela puisse sembler, nous devons veiller à ce que les souffrances du malade ne s'atténuent pas prématurément de façon marquée. Au cas où les symptômes ont été ainsi détruits et dévalués, nous sommes obligés de recréer la souffrance sous les espèces d'une autre frustration pénible, faute de quoi nous courrions le risque de n'obtenir jamais qu'une faible et passagère amélioration. » (1).

---

(1) *De la Technique Psychanalytique,* pp. 134, 135, 136.

LES PROCESSUS DE LA GUÉRISON

Evolution de la conception de la technique analytique

[183] « Vingt-cinq années de travail intensif ont eu pour conséquence d'assigner à la technique psychanalytique des buts immédiats qui diffèrent totalement de ceux du début. Au début, en effet, toute l'ambition du médecin-analyste devait se borner à mettre au jour ce qui était caché dans l'inconscient du malade et, après avoir établi une cohésion entre tous les éléments inconscients ainsi découverts, à en faire part au malade au moment voulu. La psychanalyse était avant tout un art d'interprétation. Mais, comme cet art était impuissant à résoudre le problème thérapeutique, on recourut à un autre moyen qui consistait à obtenir du malade une confirmation de la construction dégagée par le travail analytique, en le poussant à faire appel à ses souvenirs. Dans ces efforts, on se heurta avant tout aux résistances du malade ; l'art consista alors à découvrir ces résistances aussi rapidement que possible et, usant de l'influence purement interhumaine (de la suggestion agissant en qualité de « transfert »), à le décider à abandonner ces résistances. Plus on avançait cependant dans cette voie, plus on se rendait compte de l'impossibilité d'atteindre pleinement le but qu'on poursuivait et qui consistait à amener à la conscience l'inconscient. Le malade ne peut pas se souvenir de tout ce qui est refoulé ; le plus souvent c'est l'essentiel même qui lui échappe, de sorte qu'il est impossible de le convaincre de l'exactitude de la construction qu'on lui présente. Il est obligé, pour acquérir cette conviction, de revivre dans le présent les événements refoulés, et non de s'en souvenir, ainsi que le veut le médecin, comme faisant partie du passé. Ces événements revécus, reproduits avec une fidélité souvent indésirée, se rapportent toujours en partie à la vie sexuelle infantile, et notamment au complexe d'Œdipe et aux faits qui s'y rattachent et se déroulent toujours dans le domaine du transfert, c'est-à-dire des rapports avec le médecin. Quand on a pu pousser le traitement jusqu'à ce point, on peut dire que la névrose antérieure a fait place à une nouvelle névrose, à une névrose de transfert. Le médecin s'était efforcé de limiter autant que possible le domaine de cette névrose de transfert, de transformer le plus d'éléments possible en simples souvenirs et d'en laisser le moins possible devenir des objets de reproduction, d'être revécus dans le présent. Le rapport qui s'établit ainsi entre la reproduction et le souvenir varie d'un cas à l'autre. D'une façon générale, le médecin ne peut pas épargner au malade cette phase du traitement ; il est obligé de le laisser revivre une partie de sa vie oubliée et doit seulement veiller à ce que le malade conserve un certain degré de sereine supériorité qui lui permette de constater, malgré tout, que la réalité de ce qu'il revit et reproduit n'est qu'apparente et ne fait que refléter un passé oublié. Lorsqu'on réus-

sit dans cette tâche, on finit par obtenir la conviction du malade et le succès thérapeutique dont cette conviction est la première condition. » (1).

Les deux phases du travail analytique

L'origine de la maladie n'est pas dans l'ignorance en tant que telle des événements du passé mais dans les résistances intérieures qui ont provoqué cette ignorance, la maintiennent et donnent à la névrose sa signification actuelle. Il en résulte que la guérison ne consistera pas dans le seul fait de retrouver les souvenirs pathogènes et de donner une explication causale des symptômes, mais dans une véritable réorganisation du Moi.

[184] « Le travail thérapeutique se laisse... décomposer en deux phases : dans la première, toute la libido se détache des symptômes pour se fixer et se concentrer sur les transferts ; dans la deuxième, la lutte se livre autour de ce nouvel objet dont on finit par libérer la libido. Ce résultat favorable n'est obtenu que si l'on réussit, au cours de ce nouveau conflit, à empêcher un nouveau refoulement, grâce auquel la libido se réfugierait dans l'inconscient et échapperait de nouveau au Moi. On y arrive, à la faveur de la modification du Moi qui s'accomplit sous l'influence de la suggestion médicale. Grâce au travail d'interprétation qui transforme l'inconscient en conscient, le Moi s'agrandit aux dépens de celui-là ; sous l'influence des conseils qu'il reçoit, il devient plus conciliant à l'égard de la libido et disposé à lui accorder une certaine satisfaction, et les craintes que le malade éprouvait devant les exigences de la libido s'atténuent, grâce à la possibilité où il se trouve de s'affranchir par la sublimation d'une partie de celle-ci. Plus l'évolution et la succession des processus, au cours du traitement, se rapprochent de cette description idéale, et plus le succès du traitement psychanalytique sera grand. Ce qui est susceptible de limiter ce succès, c'est, d'une part, l'insuffisante mobilité de la libido qui ne se laisse pas facilement détacher des objets sur lesquels elle est fixée ; c'est, d'autre part, la rigidité du narcissisme qui n'admet le transfert d'un objet à l'autre que jusqu'à une certaine limite. » (2).

La signification du travail analytique : analyse et synthèse

Le travail de l'analyste peut, à certains égards, être comparé à celui du chimiste : (analyse et synthèse), mais ce n'est là qu'une métaphore. La guérison est l'œuvre même du Moi qui conquiert son

---

(1) *Essais de Psychanalyse*, pp. 21-22.
(2) *Introduction à la psychanalyse*, p. 487.

unité par la récupération des domaines perdus du psychisme et la transformation des conflits pathogènes en débats.

[185] « Nous donnons le nom de psychanalyse au travail qui consiste à ramener jusqu'au conscient du malade les éléments psychiques refoulés. Pourquoi l'avoir appelé « analyse », ce mot signifiant décomposition, désagrégation ? Ne fait-il pas penser au travail fait par le chimiste sur les substances qu'il trouve dans la nature et qu'il apporte au laboratoire ? Eh bien, parce qu'à un certain point de vue important l'analogie est réelle. Les symptômes du patient, ses manifestations morbides sont, comme toutes ses activités psychiques de nature fort complexe ; en fin de compte, les éléments qui forment ces combinaisons sont les émois instinctuels. Mais le malade ignore tout ou à peu près tout de ces facteurs élémentaires et c'est à nous qu'il appartient de lui faire concevoir la composition de ces formations psychiques si complexes. Nous ramenons les symptômes aux émois instinctuels qui les ont motivés et, de même que le chimiste décèle dans un sel l'élément chimique rendu méconnaissable par sa combinaison avec d'autres éléments, nous faisons apparaître dans les symptômes présentés par le malade les facteurs instinctuels jusqu'alors ignorés du patient. Nous lui montrons aussi que certaines de ses manifestations psychiques, non considérées comme morbides, ont une motivation imparfaitement consciente et que d'autres facteurs pulsionnels dont il n'avait pas connaissance y jouaient aussi leur rôle.

Nous avons également expliqué les aspirations sexuelles de l'homme en les ramenant à leurs composants. En interprétant un rêve, nous en négligeons l'ensemble pour nous reporter aux éléments des associations.

C'est donc à juste titre que l'on peut comparer l'activité médicale du psychanalyste au travail du chimiste et cette analogie nous incite à ouvrir de nouvelles voies à notre thérapeutique. Nous avons analysé le malade, c'est-à-dire que nous avons décomposé son activité psychique en ses parties constituantes, pour ensuite isoler chacun des éléments instinctuels. » (1).

[186] « La comparaison avec l'analyse chimique a ses limites du fait que, dans le domaine psychique, nous avons affaire à des aspirations qui, par attrait compulsionnel, tendent à s'unir et à fusionner. Quand nous réussissons à décomposer un symptôme, à libérer un émoi instinctuel de l'association où il se trouve engagé, il ne demeure pas isolé mais entre immédiatement dans une nouvelle combinaison.

Et l'inverse se produit aussi ! Le névrosé nous apporte un psychisme déchiqueté, fissuré par les résistances. Et quand, dans l'analyse du cas, nous éliminons les résistances, nous voyons ce psychisme se coordonner et la grande unité que nous appelons « Moi » s'agréger tous les émois instinctuels jusqu'alors détachés et écartés de lui. C'est

---

(1) *De la Technique Psychanalytique*, pp. 132-133.

ainsi que se réalise automatiquement et inévitablement la psychosynthèse, sans que nous ayons eu à intervenir : en décomposant les symptômes en leurs éléments, en levant les résistances, nous créons les conditions nécessaires à la production de cette synthèse. Il est faux de penser que le psychisme du malade a été décomposé en ses éléments et attend paisiblement ensuite d'être reconstitué d'une façon quelconque. » (1).

Difficultés et limites de la psychanalyse

Il est aussi important de s'interroger sur les obstacles qui s'opposent à la guérison par la psychanalyse que de rechercher comment se produit la guérison.

[187] « L'idée que toutes les névroses sont guérissables découle, je le soupçonne, d'une croyance très généralement répandue parmi les profanes, à savoir que ces névroses sont quelque chose de totalement superflu qui n'a aucun droit d'exister. Il s'agit pourtant, en réalité, d'affections graves, fixées constitutionnellement, qui se limitent rarement à quelques accès, qui persistent le plus souvent pendant de longues années, parfois même pendant toute la vie. Nous nous sommes rendu compte, grâce à l'analyse, que l'on pouvait agir sur elles quand on parvenait à en découvrir le motif historique et les causes accidentelles secondaires. Ainsi nous avons été amenés à négliger, dans le traitement, le facteur constitutionnel sur lequel nous n'avons aucune prise, mais qu'il convient cependant, théoriquement, de ne jamais oublier. Le traitement analytique n'a généralement aucun effet sur les psychoses et ce fait seul doit nous engager à nous en tenir aux névroses, leurs proches parentes. L'action thérapeutique de la psychanalyse est entravée par une série de facteurs importants et à peu près inattaquables. Chez l'enfant, c'est-à-dire là où il est permis d'escompter les meilleurs résultats, nous nous heurtons à des difficultés extérieures qui découlent de la situation vis-à-vis des parents et cependant ces difficultés sont inhérentes à l'enfance même. Chez l'adulte, deux facteurs prévalent : le degré de fixation psychique et le genre de la maladie, avec tout ce qu'elle dissimule de déterminations plus profondes. C'est bien à tort que souvent l'on mésestime le premier de ces facteurs. Quelles que soient la plasticité de la vie spirituelle et la possibilité de raviver d'anciens états, il faut se rappeler que tout ne réapparaît pas. Certaines modifications semblent être définitives, paraissent correspondre à des cicatrices laissées par d'anciens processus. D'autres fois, la vie psychique paraît s'être figée. Les processus psychiques qu'on pourrait diriger sur de nouvelles voies ne semblent plus capables de sortir des voies anciennes. Mais peut-être rien n'a-t-il changé que la manière de voir ? Trop souvent, l'on croit sentir que

---

(1) *De la technique psychanalytique*, p. 133.

ce qui manque à la thérapeutique pour imposer quelque changement, c'est la force d'impulsion. Une dépendance déterminée, une certaine composante instinctuelle, l'emportent sur les forces adverses que nous pouvons mettre en œuvre. C'est ce qui se passe, la plupart du temps, dans les psychoses. » (1).

(1) *Nouvelles conférences*, pp. 202-203.

III

la vision métapsychologique de la vie psychique

la structure de l'appareil psychique

Freud a toujours eu la double préoccupation d'élaborer en constructions théoriques les hypothèses issues de son travail clinique et de légitimer les résultats de sa recherche en les rattachant à des principes ou concepts fondamentaux.

Ainsi, parallèlement à l'interprétation des « contenus » matériels du travail clinique, Freud poursuit l'interprétation de ses propres représentations concernant l'appareil psychique, sa structure et sa dynamique. Ainsi, sont étroitement liés dans le temps et dans les textes les deux orientations de la recherche freudienne : phénoménologie et métapsychologie. Dans les deux cas, le discours freudien est un discours à la fois explicatif et interprétatif qui tend à répondre aux trois questions : des mécanismes, du sens et de l'origine ou du fondement.

En 1898, Freud utilise pour la première fois le terme de métapsychologie dans une lettre à Fliess, où il se demande s'il peut « donner à sa psychologie qui aboutit à l'arrière-plan du conscient le nom de Métapsychologie » (1).

La résonance philosophique du terme est évidente. En 1896, Freud écrivait : « Je n'ai aspiré dans mes années de jeunesse qu'aux connaissances philosophiques et maintenant je suis sur le point de réaliser le vœu en passant de la médecine à la psychologie » (2). On se demandera comment ce vœu peut être réalisé par la psychologie. Un texte de Psychopathologie de la Vie Quotidienne *peut fournir une réponse : « L'obscure connaissance des facteurs et faits psychiques de l'inconscient (autrement dit la perception endo-psychique de ces facteurs et faits) se reflète... dans la construction d'une réalité supra-sensible que la science transforme en une psychologie de l'inconscient. On pourrait se donner pour tâche de décomposer en se plaçant à ce point de vue les mythes relatifs au paradis, au péché originel, à Dieu, au mal, au bien, à l'immortalité, etc., et de traduire la métaphysique en métapsychologie. » (3).*

---

(1) *Lettre à Fliess in Naissance de la Psychanalyse*, p. 218.
(2) *Ibid.*, p. 143.
(3) *Psychopathologie de la Vie Quotidienne*, p. 299.

Bref, les démarches de la métaphysique sont légitimes, mais ses réponses sont à reconstruire par la psychologie.

L'Esquisse pour une Psychologie Scientifique *(Essai de 1895) se donne pour but d'unir à la réflexion théorique les données expérimentales, l'observation de la pathologie à partir de l'hypothèse fondamentale de la psychologie quantitative fondée sur le concept de quantité et la théorie des neurones » (1).*

[188] « Les concepts fondamentaux clairs et des définitions précises en leurs contours ne sont possibles dans les sciences de l'esprit qu'autant que celles-ci veulent faire rentrer un ordre de faits dans les cadres d'un système intellectuel créé de toutes pièces. Dans les sciences naturelles, dont la psychologie fait partie, une telle clarté dans les concepts dominants est de trop, voire impossible. La zoologie et la botanique n'ont pas commencé par des définitions correctes et adéquates de l'animal et de la plante, la biologie ne sait encore aujourd'hui avec quel contenu certain emplir le concept de vie. La physique elle-même n'aurait pu accomplir rien de son évolution, si elle avait dû attendre que les concepts de matière, force, gravitation et autres eussent atteint à la clarté et à la précision voulues. Les représentations fondamentales ou concepts dominants des disciplines propres aux sciences naturelles sont d'abord laissés dans l'imprécision, ne sont provisoirement illustrés que par l'indication du domaine phénoménal d'où ils émanent, et ne peuvent devenir clairs pleins et sans conteste que par l'analyse progressive du matériel à observer. » (2).

THÉORIE DE L'APPAREIL PSYCHIQUE

« C'est une hypothèse comme il y en a tant dans les sciences, les premières de toutes ont toujours été assez grossières. » (3).

Dans le dernier chapitre de l'Interprétation des Rêves *consacré à la psychologie des processus du rêve, Freud propose un modèle théorique de l'appareil psychique, modèle inspiré d'images optiques, qui doit permettre d'interpréter les rapports entre les diverses instances psychiques. Mais la théorie ne se réduit pas à la métaphore ; Freud rectifie la « représentation topique » par une « représentation dynamique » (4).*

Le lieu psychique

[189] « L'idée qui nous est ainsi offerte est celle d'un lieu psychique. Ecartons aussitôt la notion de localisation anatomique. Restons sur

(1) *La Naissance de la Psychanalyse*, p. 314.
(2) *Ma vie et la Psychanalyse*, p. 91.
(3) *Ibid.*, p. 139.
(4) *L'Interprétation des rêves*, p. 518.

le terrain psychologique et essayons seulement de nous représenter l'instrument qui sert aux productions psychiques comme une sorte de microscope compliqué, d'appareil photographique, etc. Le lieu psychique correspondra à un point de cet appareil où se forme l'image. Dans le microscope et le télescope, on sait que ce sont là des points idéaux auxquels ne correspond aucune partie tangible de l'appareil. Il me paraît inutile de m'excuser de ce que ma comparaison peut avoir d'imparfait. Je ne l'emploie que pour faire comprendre l'agencement du mécanisme psychique en le décomposant et en déterminant la fonction de chacune de ses parties. Je ne crois pas que personne ait encore jamais tenté de reconstruire ainsi l'appareil psychique. L'essai est sans risque. Je veux dire que nous pouvons laisser libre cours à nos hypothèses, pourvu que nous gardions notre jugement critique et que nous n'allions pas prendre l'échafaudage pour le bâtiment lui-même. Nous n'avons besoin que de représentations auxiliaires pour nous rapprocher d'un fait inconnu, les plus simples et les plus tangibles seront les meilleures. Représentons-nous donc l'appareil psychique comme un instrument, dont nous appellerons les parties composantes : « instances » ou, pour plus de clarté, « systèmes ». Imaginons ensuite que ces systèmes ont une orientation spatiale constante les uns à l'égard des autres, un peu comme les lentilles du télescope. Nous n'avons d'ailleurs même pas besoin d'imaginer un ordre spatial véritable. Il nous suffit qu'une succession constante soit établie grâce au fait que lors de certains processus psychiques, l'excitation parcourt les systèmes psychiques selon un ordre temporel déterminé. » (1).

La dynamique psychique

[190] « Lorsque nous disons qu'une pensée inconsciente s'efforce de se faire traduire en préconscient, pour pénétrer de force ensuite dans la conscience, nous n'entendons pas par là qu'il y a formation d'une seconde idée, située en un autre lieu, quelque chose comme une transcription, à côté de laquelle subsisterait le texte original. Nous n'entendons pas non plus que pénétrer dans la conscience implique un changement de lieu. Lorsque nous disons qu'une pensée préconsciente est refoulée et prise en charge par l'inconscient, nous risquons aussi de nous laisser entraîner par cette métaphore et d'imaginer qu'un certain ordre, détruit dans une région psychique, a été remplacé par un ordre nouveau, dans une autre région psychique. Laissons là ces images et disons, ce qui paraît plus près de la réalité, qu'une certaine énergie a été investie ou a été retirée à une organisation, de telle sorte que la formation psychique s'est trouvée contrôlée par une instance ou a été soustraite à son pouvoir. » (2).

D'autres schémas spatiaux rendent compte des progrès de la recherche. Ce sont les hypothèses utiles pour rendre compte des fruits

---

(1) *L'Interprétation des rêves,* pp. 455-456.
(2) *Ibid.,* p. 518.

de l'observation, ils n'expriment pas « l'essence des choses » mais les rapports entre les instances psychiques : « en avant, en arrière, superficiel ou profond n'exprime pour nous que la régulière succession des fonctions » (1).

Il s'agit « d'éclaircir et d'approfondir les données théoriques sur lesquelles pourrait se fonder le système psychanalytique. »

ICS - PCS - CS : LA PREMIÈRE TOPIQUE

Cette conception de l'appareil psychique reste dans la ligne des élaborations théoriques de L'interprétation des Rêves. *Freud y souligne le passage décisif de l'adjectif au substantif dans l'emploi du mot inconscient.*

L'inconscient en tant qu'index

[191] « L'inconscient ne nous apparaissait au début que comme le caractère énigmatique d'un processus psychique déterminé ; son rôle nous semble maintenant plus considérable : il est l'indice du fait que ce processus participe de la nature d'une certaine catégorie psychique, laquelle nous est connue par d'autres caractères plus importants encore. Nous le considérons aussi comme appartenant à un système d'activité psychique qui mérite toute notre attention. La valeur de l'inconscient en tant qu'index a de beaucoup dépassé son importance en tant que qualité de la pensée. Faute d'un terme meilleur et moins équivoque, nous dénommons « inconscient » le système qui se révèle à nous par le fait que les divers processus qui le composent sont inconscients. Je propose de désigner ce système par les lettres ICS, abréviation du mot « inconscient. » (2).

[192] « D'un point de vue positif, nous indiquerons que conformément aux données de la psychanalyse, un acte psychique comporte généralement deux phases d'état entre lesquelles s'intercale une sorte d'examen (censure). Au cours de la première phase, l'acte est inconscient et appartient au système ICS ; si la censure le rejette, le passage à la seconde phase lui reste interdit ; il prend alors le nom de « refoulé » et doit rester inconscient. Mais si l'examen a un résultat favorable, l'acte passe à la seconde phase, s'intègre au second système que nous nommons CS. Toutefois, ses relations avec la conscience ne sont pas encore clairement définies du fait de cette intégration. Il n'est pas encore conscient, bien qu'apte à devenir conscient, suivant l'expression de J. Breuer. C'est-à-dire qu'il est capable, dans certaines conditions déterminées et sans résistance particulière, de

(1) *Psychologie et médecine*, p. 138.
(2) *Métapsychologie*, pp. 23-24.

devenir objet de la perception consciente. C'est en tenant compte de cette aptitude à devenir conscient que nous appelons encore le système CS « le préconscient ». S'il s'avère que c'est une certaine censure qui détermine aussi la transformation du préconscient en conscient, nous distinguerons plus nettement l'un de l'autre les systèmes PCS et CS. Pour le moment, il suffit de retenir que le système PCS partage les caractères du système CS, et qu'une censure sévère régit le passage de l'ICS au PCS (ou au CS).

En admettant l'existence de ces systèmes (au nombre de deux ou de trois), la psychanalyse s'est éloignée d'un pas encore de la psychologie descriptive du conscient et s'est adjugé de nouveaux problèmes et de nouveaux contenus. Jusqu'ici, elle se différenciait de la psychologie surtout du fait d'une conception dynamique des phénomènes psychiques, et voilà maintenant qu'elle prétend s'intéresser aussi à la topique psychique et qu'elle désire savoir, à propos de n'importe quel acte psychique, dans quel système ou entre quels systèmes il a lieu. C'est cette aspiration qui a fait donner à la psychanalyse le nom de psychologie abyssale. » (1).

Statut de l'inconscient

La recherche freudienne renouvelle radicalement la conception classique de la vie psychique. La conscience émerge comme un îlot d'un vaste domaine sur lequel elle ne nous donne que des connaissances incomplètes et qui nous reste inaccessible en son essentielle réalité. C'est cependant là que réside le fond de toute vie psychique. L'inconscient est le psychique même, et l'hypothèse de l'inconscient est pour la science une hypothèse nécessaire et légitime.

Hypothèse nécessaire

[193] « De divers côtés on nous conteste le droit de postuler l'existence d'un psychisme inconscient et de travailler scientifiquement à l'aide de cette donnée. Nous répondrons que l'hypothèse de l'inconscient est nécessaire et légitime et que l'existence de l'inconscient est d'ailleurs prouvée de maintes façons. Elle est nécessaire parce que les renseignements que fournit le conscient sont pleins de lacunes ; tant chez les êtres normaux que chez les malades on observe souvent des actes psychiques qui, pour être compris, présupposent d'autres actes dont le conscient cependant ne sait rien témoigner. Il ne s'agit pas seulement ici des actes manqués, des rêves faits par les normaux, de tout ce qu'on appelle symptômes psychiques et phénomènes obsessionnels chez les malades, mais notre expérience journalière personnelle nous permet d'observer des idées dont l'origine nous reste inconnue et des résultats de pensée dont l'élaboration nous demeure mystérieuse. Tous ces actes conscients resteraient incohérents et incompréhensibles si nous persistions à soutenir que le conscient suffit

---

(1) *Métapsychologie*, pp. 105-106.

à nous révéler tous les actes psychiques qui se passent en nous. Par contre, ils deviennent d'une évidente cohérence lorsque nous interpolons les actes inconscients auxquels nous avons conclu. Le gain en signification et en cohérence est cependant un motif bien fondé, susceptible de nous mener au-delà de l'expérience immédiate. Et s'il est prouvé que l'hypothèse de l'inconscient permet de baser sur elle un procédé fertile en résultats et grâce auquel nous pouvons utilement influencer le cours des processus conscients, cet heureux résultat sera la preuve inattaquable du bien-fondé de notre hypothèse. Il faut alors considérer que c'est une prétention insoutenable d'exiger que tout ce qui se passe dans le psychisme doive être connu du conscient. » (1).

Hypothèse légitime

[194] « Mais l'hypothèse de l'inconscient est aussi tout à fait légitime du fait que rien, en elle, ne dévie de notre mode de penser habituel considéré comme correct. Le conscient ne permet à chacun de nous de connaître que ses propres états psychiques. Si nous admettons que notre prochain possède un conscient, c'est en procédant par analogie, et cette conclusion se fonde sur les actes et les manifestations perceptibles dudit prochain, et nous permet de comprendre son comportement. (Du point de vue psychologique, il serait d'ailleurs plus exact de dire que, sans avoir besoin d'y spécialement réfléchir, nous prêtons à toute personne notre propre constitution, donc notre conscience, et que cette identification est la condition préliminaire de notre compréhension.) » (2).

Caractères de l'inconscient

[195] « Il n'y a dans ce système ni négation, ni doute, ni degré dans la certitude. Tout cela est apporté, par les soins de la censure, entre l'ICS et le PCS. La négation est un substitut du refoulement d'un stade plus élevé. Dans l'ICS, il n'y a que des contenus à investissements plus ou moins forts. » (3).

[196] « Les processus du système ICS sont « hors le temps », c'est-à-dire qu'ils ne sont pas ordonnés dans le temps, qu'ils ne changent pas avec lui, bref qu'il n'ont avec lui aucun rapport. Le rapport temporel est le fait du système CS.

Les processus du système ICS ne tiennent pas davantage compte de la réalité. Ils sont soumis au principe de plaisir ; leur destin ne dépend que de leur puissance et de leur soumission aux exigences du principe régulateur de plaisir-déplaisir.

En résumé : absence de contradiction, processus primaire (mobi-

---

(1) *Métapsychologie*, pp. 92-93-94.
(2) *Ibid.*, pp. 97-98.
(3) *Ibid.*, p. 130.

lité des investissements), intemporalité et remplacement de la réalité extérieure par la réalité psychique, tels sont les caractères que nous pouvons nous attendre à trouver dans les processus du système ICS. » (1).

Les relations dynamiques entre les systèmes

Le refoulement des représentations est un processus qui s'effectue aux limites des systèmes ICS-PCS-CS.

Le refoulement est un retrait d'investissement

[197] « La représentation refoulée conserve son activité dans l'ICS ; elle doit donc avoir gardé son investissement. Ce qui est retiré doit être autre chose. Prenons le cas du refoulement proprement dit (celui du refoulement secondaire) tel qu'il se réalise pour la représentation préconsciente, ou même déjà consciente. Ici le refoulement peut n'avoir comme effet que d'enlever à la représentation sa charge (pré)consciente, laquelle appartient au système PCS. La représentation n'est alors plus investie, ou bien elle tire son investissement de l'ICS, ou bien encore elle conserve l'investissement du système ICS qu'elle avait déjà auparavant. Nous avons ainsi : retrait de l'investissement préconscient, maintien de l'investissement inconscient ou remplacement de l'investissement préconscient par un investissement inconscient. » (2).

La persistance du refoulement résulte d'un contre-investissement

[198] « Il y a certainement ici un autre processus qui, dans le premier cas, maintient le refoulement, et, dans le second, veille à l'établissement et à la persistance du refoulement. Ce processus ne se peut concevoir qu'en admettant l'hypothèse d'un contre-investissement grâce auquel le système PCS se protège contre la poussée de la représentation inconsciente. Les exemples cliniques montrent de quelle façon se manifeste un semblable contre-investissement qui se joue dans le système PCS. C'est lui qui représente le durable effort d'un refoulement primitif et qui en garantit aussi la persistance. Le contre-investissement est l'unique mécanisme du refoulement primitif. Au refoulement véritable (le refoulement secondaire) vient encore s'ajouter le retrait de l'investissement préconscient. Il est très possible que justement l'investissement enlevé à la représentation soit ensuite utilisé comme contre-investissement. » (3).

L'inconscient est un système vivant

[199] « Il serait pourtant inexact de se figurer que l'ICS demeure en repos tandis que le PCS seul fournit tout le travail psychique, ou bien encore que l'ICS soit quelque chose qui a cessé d'évoluer, un organe

---

(1) *Métapsychologie*, pp. 130-131.
(2) *Ibid.*, pp. 118-119.
(3) *Ibid.*, pp. 120-121.

rudimentaire, un résidu de l'évolution. Il serait également erroné de croire que le rapport entre les deux systèmes se borne à l'acte du refoulement, cependant que le PCS verse dans le gouffre de l'ICS tout ce qui le gêne. Au contraire, l'ICS est vivant, susceptible de se développer, il entretient avec le PCS des relations et coopère même avec lui. Bref, il est permis de dire que l'ICS se continue dans ce qu'on appelle ses rejetons, que les événements de la vie agissent sur lui, et que, tout en influençant le PCS, il est à son tour influencé lui-même par ce dernier. » (1).

La prise de conscience est un sur-investissement

[200] « La première censure fonctionne contre l'ICS lui-même, la seconde contre les rejetons dans le PCS de ce dernier. On pourrait croire qu'au cours du développement individuel, la censure s'est poussée en avant.

Au cours du traitement psychanalytique, nous avons la preuve indéniable de l'existence d'une seconde censure, celle qui agit entre les systèmes PCS et CS. Nous invitons le malade à élaborer de nombreux rejetons de l'ICS et l'obligeons à surmonter les obstacles qu'oppose la censure dans le but d'empêcher ces formations préconscientes de devenir conscientes. Une fois cette censure vaincue, la voie qui nous mènera à la suppression du refoulement, œuvre de la première censure, pourra se trouver libre. Une remarque encore : l'existence d'une censure entre les systèmes PCS et CS nous rappelle que la prise de conscience n'est pas qu'un simple acte de perception mais vraisemblablement aussi un véritable surinvestissement, un progrès encore de l'organisation psychique. » (2).

MOI. ÇA. SURMOI : LA DEUXIÈME TOPIQUE

En 1920, Freud remanie profondément sa Métapsychologie et divise désormais l'appareil psychique sur la base de la mise en valeur des faits pathologiques. Il décide de ne plus employer le mot inconscient au sens systématique car cela ne permet pas de rendre compte des rapports dynamiques entre les diverses instances du psychisme. Par l'expérience du traitement analytique, il a découvert que l'inconscient n'est pas seulement la caractéristique de ce qui est étranger au Moi. L'analyse des résistances révèle dans le Moi quelque chose d'inconscient et cependant de non refoulé.

La deuxième topique comprend aussi trois instances : le Ça, le Moi, le Surmoi. Mais cette classification ne recouvre pas celle de la première topique. Elle est bien davantage l'héritière de la théorie des pulsions (cf. Les pulsions et leurs destins *- 1915) que du modèle de*

---

(1) *Métapsychologie*, pp. 135-136.
(2) *Ibid.*, pp. 141-142.

l'appareil psychique. Et surtout, elle procède d'un autre regard : de l'attention portée au problème du Moi.

[201] « Tout ce qui est refoulé est inconscient, mais il y a des éléments qui sont inconscients sans être refoulés. Une partie du Moi, et Dieu sait quelle importante partie, peut également être inconsciente, et l'est certainement. Et cette partie inconsciente du Moi n'est pas latente, au même titre que le préconscient, car si elle l'était, elle ne pourrait pas être activée, sans devenir consciente, et on ne se heurterait pas à de si grosses difficultés toutes les fois qu'on voudrait la rendre consciente. Nous nous trouvons ainsi dans la nécessité d'admettre l'existence d'un troisième inconscient non refoulé : mais nous avouons que, de ce fait même, le caractère de l'inconscient perd pour nous toute signification précise. L'inconscient devient une qualité aux significations multiples qui ne justifie pas les généralisations et les déductions rigoureuses en vue desquelles nous l'utiliserions volontiers. Mais nous aurions tort de la négliger, car, à tout prendre, la propriété « conscient » ou « inconscient » constitue la seule lueur susceptible de nous guider à travers les ténèbres des profondeurs psychiques. » (1).

En effet, la thérapeutique analytique a mis au premier plan le problème du Moi : il s'agit de rendre le Moi (relativement) maître du Ça et libre à l'égard du Surmoi.

Définition et distinction des trois instances

La division entre le Moi et le Ça n'est pas celle entre le conscient et l'inconscient. Le Moi instance concrète n'est pas le conscient : notion abstraite. La conscience n'est qu'une fonction du Moi plus vaste.

[202] « ... Les choses ne sont pas aussi simples. Tout ce qui se passe dans le « Ça » est et demeure inconscient : voilà qui seul est certain, et que les processus se déroulant dans le « Moi » peuvent devenir conscients, et eux seuls. Mais ils ne le sont pas tous, pas toujours, pas nécessairement, et de grandes parties du « Moi » peuvent durablement rester inconscientes. L'accès à la conscience d'un processus psychique est une chose compliquée. Je ne puis m'empêcher de vous exposer — à nouveau sur le mode dogmatique — ce que nous en pensons. Vous vous le rappelez : le « Moi » est la couche externe, périphérique, du « Ça ». Or nous croyons qu'à la surface la plus externe de ce « Moi » se trouve une « instance » particulière, directement tournée vers le monde extérieur, un système, un organe, par l'excitation exclusive duquel le phénomène appelé conscience peut naître. Cet organe peut aussi bien être stimulé du dehors, en recevant à l'aide des organes sensoriels les excitations émanant du monde exté-

(1) *Essais de Psychanalyse*, p. 185.

rieur — que du dedans, en prenant connaissance, d'abord des sensations résidant dans le « Ça » et ensuite des processus en cours dans le « Moi » « (1).

Le Surmoi est une instance différencié du Moi

[203] « Ce « Surmoi » occupe une situation spéciale entre le « Moi » et le « Ça ». Il appartient au « Moi », a part à sa haute organisation psychologique, mais est en rapport particulièrement intime avec le « Ça ». Il est en réalité le résidu des premières amours du « Ça », l'héritier du complexe d'Œdipe après l'abandon de celui-ci. Ce « Surmoi » peut s'opposer au « Moi », le traiter comme un objet extérieur et le traite en fait souvent fort durement. Il importe autant, pour le « Moi », de rester en accord avec le « Surmoi » qu'avec le « Ça ». Des dissensions entre « Moi » et « Surmoi » sont d'une grande signification pour la vie psychique. Vous devinez déjà que le « Surmoi » est le dépositaire du phénomène que nous nommons conscience morale. Il importe fort à la santé psychique que le « Surmoi » se soit développé normalement, c'est-à-dire soit devenu suffisamment impersonnel. » (2).

Formation et fonctions des trois instances

LE MOI

Le Moi émerge du Ça. Sa première fonction est la perception dont les autres procèdent : fonction d'organisaiton, fonction d'élaboration et de synthèse, fonction de défense et de lutte (Freud le compare à un cavalier chargé de maintenir un cheval).

[204] « Il est facile de voir que le Moi est une partie du Ça ayant subi des modifications sous l'influence directe du monde extérieur, et par l'intermédiaire de la conscience-perception. Il représente, dans une certaine mesure, un prolongement de la différenciation superficielle. Il s'efforce aussi d'étendre sur le Ça et sur ses intentions l'influence du monde extérieur, de substituer le principe de la réalité au principe du plaisir qui seul affirme son pouvoir dans le Ça. La perception est au Moi ce que l'instinct ou l'impulsion instinctive sont au Ça. Le Moi représente ce qu'on appelle la raison et la sagesse ; le Ça, au contraire, est dominé par les passions. » (3.)

[205] « En ce qui concerne les caractéristiques du Moi proprement dit, et dans la mesure où il peut être séparé du Ça et du Surmoi, c'est en étudiant ses rapports avec la partie la plus superficielle de l'appareil psychique, ce que nous appelons le système de la percep-

---

(1) *Psychanalyse et Médecine*, pp. 144-145.
(2) *Ibid.*, p. 190.
(3) *Essais de psychanalyse*, p. 193.

tion, que nous parviendrons à les concevoir. Ce système est tourné vers le monde extérieur et transmet les impressions reçues, c'est durant son fonctionnement que se produit le phénomène de la conscience. Il constitue l'organe sensoriel de tout l'appareil et perçoit non seulement les excitations du dehors, mais aussi celles de l'intérieur, celles de la vie spirituelle. Est-il besoin d'expliquer que le Moi est la partie du Ça modifiée par la proximité et l'influence du monde extérieur, organisée pour percevoir les excitations et pour s'en défendre, comparable ainsi à la couche corticale dont s'entoure la parcelle de substance vivante ? Le rapport avec le monde extérieur est devenu pour le Moi d'une importance capitale ; le Moi a pour mission d'être le représentant de ce monde aux yeux du Ça et pour le plus grand bien de ce dernier. En effet, sans le Moi, le Ça, aspirant aveuglément aux satisfactions instinctuelles, viendrait imprudemment se briser contre cette force extérieure plus puissante que lui. Le Moi, du fait de sa fonction, doit observer le monde extérieur, s'en faire une image exacte et la déposer parmi ses quelques souvenirs de perception. Il lui faut encore, grâce à l'épreuve du contact avec la réalité tenir à distance tout ce qui est susceptible, dans cette image du monde extérieur, de venir grossir les sources intérieures d'excitation. Par ordre du Ça, le Moi a la haute main sur l'accès à la motilité, mais il a intercalé entre le besoin et l'action le délai nécessaire à l'élaboration de la pensée, délai durant lequel il met à profit les souvenirs résiduels que lui a laissés l'expérience. Ainsi détrône-t-il le principe de plaisir qui, dans le Ça, domine de façon absolue tout le processus. Il l'a remplacé par le principe de réalité plus propre à assurer sécurité et réussite.

En outre, c'est grâce au système de perception que s'établit entre le Moi et le temps ce rapport si difficile à décrire ; c'est, à n'en pas douter, le mode de travail de ce système qui donne naissance à la notion du temps. Mais le Moi se différencie tout particulièrement du Ça par une tendance à synthétiser ses contenus, à résumer et à uniformiser ses processus psychiques, toutes choses dont le Ça est absolument incapable. » (1).

[206] « Le « Moi » déploie son activité dans deux directions. D'une part, il observe, grâce aux organes des sens, du système de la conscience, le monde extérieur, afin de saisir l'occasion propice à une satisfaction exempte de périls ; d'autre part, il agit sur le « Ça », tient en bride les passions de celui-ci, incite les instincts à ajourner leur satisfaction ; même quand cela est nécessaire, il leur fait modifier les buts auxquels ils tendent ou les abandonner contre des dédommagements. En imposant ce joug aux élans du « Ça », le « Moi » remplace le principe de plaisir, primitivement seul en vigueur, par le « principe » dit « de réalité » qui certes poursuit le même but final, mais en tenant compte des conditions imposées par le monde extérieur.

---

(1) *Nouvelles Conférences*, pp. 101-102.

Plus tard, le « Moi » s'aperçoit qu'il existe, pour s'assurer la satisfaction, un autre moyen que l'adaptation dont nous avons parlé, au monde extérieur. On peut en effet agir sur le monde extérieur afin de le modifier, et y créer exprès les conditions qui rendront la satisfaction possible. Cette sorte d'activité devient alors le suprême accomplissement du « Moi », l'esprit de décision qui permet de choisir quand il convient de dominer les passions et de s'incliner devant la réalité, ou bien quand il convient de prendre le parti des passions et de se dresser contre le monde extérieur. Cet esprit de décision est tout l'art de vivre. » (1).

Le Ça

Le Ça est une notion plus vaste, plus riche, plus complexe que celle d'inconscient. Il ne coïncide pas avec le refoulé, il ne peut pas non plus être assimilé à quelque chose comme la somme de l'inconscient et du préconscient. Il comporte des éléments non refoulés et cependant pleinement inconscients : les résistances qui traversent le Moi et sont à l'origine même du refoulement.

C'est d'un point de vue dynamique que l'on peut essayer de rendre compte des rapports du Ça et du Moi car la même énergie indifférente et susceptible de déplacement les anime, et d'un point de vue historique car à l'origine toute cette énergie est accumulée dans le Ça alors que le Moi est en voie de formation.

[207] « C'est la partie obscure, impénétrable de notre personnalité, et le peu que nous en savons, nous l'avons appris en étudiant l'élaboration du rêve et la formation du symptôme névrotique. Ce peu a, en outre, un caractère négatif et ne se peut décrire que par contraste avec le Moi. Seules certaines comparaisons nous permettent de nous faire une idée du Ça ; nous l'appelons : chaos, marmite pleine d'émotions bouillonnantes. Nous nous le représentons débouchant d'un côté dans le somatique et recueillant les besoins pulsionnels qui trouvent en lui leur expression psychique, mais nous ne pouvons dire dans quel substratum. Il s'emplit d'énergie, à partir des pulsions, mais sans témoigner d'aucune organisation, d'aucune volonté générale ; il tend seulement à satisfaire les besoins pulsionnels, en se conformant au principe de plaisir. Les processus qui se déroulent dans le Ça n'obéissent pas aux lois logiques de la pensée ; pour eux, le principe de la contradiction est nul. Des émotions contradictoires y subsistent sans se contrarier, sans se soustraire les unes des autres ; tout au plus peuvent-elles, sous la pression économique qui domine, concourir à détourner l'énergie vers la formation de compromis. Dans le Ça, rien qui puisse être comparé à la négation ; on constate non sans surprise que le postulat, cher aux philosophes, suivant lequel l'espace et le temps sont des formes obligatoires de nos actes psychiques, se trouve là en défaut. Dans le Ça, rien qui corresponde au concept du

---

(1) *Psychologie et Médecine*, pp. 151-152.

temps, pas d'indice de l'écoulement du temps et, chose extrêmement surprenante, et qui demande à être étudiée au point de vue philosophique, pas de modification du processus psychique au cours du temps. Les désirs qui n'ont jamais surgi hors du Ça, de même que les impressions qui y sont restées enfouies par suite du refoulement, sont virtuellement impérissables. » (1).

[208] « Il va de soi que le Ça ignore les jugements de valeur, le bien et le mal, la morale. Le facteur économique ou, si vous préférez, quantitatif, intimement lié au principe de plaisir, domine tous les processus. » (2).

Le surmoi

C'est l'expérience de l'analyse thérapeutique qui a mis Freud sur la voie de la découverte du Surmoi. En effet, certaines personnes opposent à l'action du traitement comme « un besoin d'être malade » ou « réaction thérapeutique négative ». L'analyse montre que cette résistance provient d'un facteur moral, d'un sentiment de culpabilité qui constitue l'un des plus grands obstacles au traitement.

Le Surmoi est l'héritier du complexe d'Œdipe

[209] « Le Moi idéal représente ainsi l'héritage du complexe d'Œdipe et, par conséquent, l'expression des tendances les plus puissantes, des destinées libidinales les plus importantes du Ça. Par son intermédiaire, le Moi s'est rendu maître du complexe d'Œdipe et s'est soumis en même temps au Ça. Alors que le Moi représente essentiellement le monde extérieur, la réalité, le Surmoi s'oppose à lui, en tant que chargé des pouvoirs du monde intérieur, du Ça. Et nous devons nous attendre à ce que les conflits entre le Moi et l'idéal reflètent, en dernière analyse, l'opposition qui existe entre le monde extérieur et le monde psychique.

Ce que la biologie et les destinées de l'espèce humaine ont déposé dans le Ça est repris par l'intermédiaire de la formation idéale par le Moi et revécu par lui à titre individuel. Etant donné son histoire, son mode de formation, le Moi idéal présente les rapports les plus intimes et les plus étroits avec l'acquisition phylogénique, avec l'héritage archaïque de l'individu. Ce qui fait partie des couches les plus profondes de la vie psychique individuelle devient, grâce à la formation du Moi idéal, ce qu'il y a de plus élevé dans l'âme humaine, à l'échelle de nos valeurs courantes. » (3).

Le Surmoi est une instance particulière du Moi

[210] « C'est ainsi que nous avons dit à plusieurs reprises que le Moi est formé en grande partie d'identifications, lesquelles proviennent de fixations érotiques détournées du Ça, que les premières de

(1) *Nouvelles Conférences,* p. 99.
(2) *Ibid.,* p. 100.
(3) *Essais de Psychanalyse,* pp. 205-206.

ces identifications se comportent toujours dans le Moi comme une instance particulière, en s'opposant au Moi en qualité de Surmoi, et que le Moi lui-même, à mesure qu'il gagne en force et en cohésion, devient plus tard capable de résister davantage aux influences exercées par ces identifications. Le Surmoi doit la place qu'il occupe dans le Moi, ou, si l'on veut, l'attitude qu'il observe à l'égard du Moi, à un facteur qui présente une double importance et doit, par conséquent, être apprécié à un double point de vue ; en premier lieu, il représente la première identification qui s'est produite, alors que le Moi était encore faible ; en deuxième lieu, il est l'héritier du complexe d'Œdipe et, comme tel, il a introduit dans le Moi les objets les plus appréciés. Dans une certaine mesure, il est aux modifications ultérieures du Moi ce que la phase sexuelle primaire de l'enfance est à la vie sexuelle qui suit la puberté. Tout en restant accessible à toutes les influences ultérieures, il n'en garde pas moins toute la vie durant le caractère qu'il doit à ses orignies remontant au complexe, c'est-à-dire le pouvoir de s'opposer au Moi et de le dominer. Il représente la trace durable de la faiblesse et de la dépendance anciennes du Moi et manifeste sa prédominance, alors même que celui-ci a déjà atteint sa pleine maturité. De même que l'enfant se trouve contraint d'obéir à ses parents, le Moi se soumet à l'impératif catégorique du Surmoi.

Mais le fait qu'il provient des premières fixations du Ça, c'est-à-dire du complexe d'Œdipe, présente pour le Surmoi une signification encore plus grande. C'est, ainsi que nous l'avons déjà montré, grâce à ce fait qu'il se trouve mis en rapport avec les acquisitions phylogéniques du Ça et constitue la réincarnation de tous les anciens Moi qui ont laissé leur trace et leur dépôt dans le Ça. A la faveur de cette circonstance, le Surmoi reste toujours en contact étroit avec le Ça et peut représenter celui-ci auprès du Moi. Il plonge profondément dans le Ça et est, de ce fait, beaucoup plus éloigné de la conscience que le Moi. » (1).

Le Surmoi est l'héritier de l'ambivalence des identifications pré-œdpiennes et œdipiennes et des conflits intra-libidinaux

[211] « Nous avons observé que la libido de l'enfant charge cinq accumulateurs : narcissisme, passivité envers la mère, passivité envers le père, activité envers la mère et activité envers le père et qu'elle commence à s'épancher par le canal de ces désirs. Un conflit entre ces différents courants de la libido produit le complexe d'Œdipe du petit garçon. Celui-ci n'est d'abord conscient d'aucun conflit ; il prend une certaine satisfaction à la réalisation de tous ses désirs et n'est nullement troublé par leur incompatibilité. Mais graduellement le petit garçon peut difficilement concilier son activité et sa passivité envers son père et sa mère, soit parce que l'intensité de ses désirs a augmenté, soit parce qu'il ressent le besoin d'unifier ou de synthétiser tous ces

(1) *Essais de Psychanalyse*, pp. 220-221.

courants divergents de la libido. Il est particulièrement difficile au petit garçon de concilier son activité envers sa mère et sa passivité envers son père. Lorsqu'il veut exprimer pleinement son activité envers sa mère, il trouve son père entre eux. Il désire alors écarter son père qui fait obstacle à la possession de sa mère ; mais la charge de libido stockée passivement envers son père le pousse à se soumettre à celui-ci, au point de désirer devenir une femme, sa propre mère, dont il souhaite occuper la situation par rapport à son père. De cette source naît plus tard l'identification à sa mère, qui devient un élément permanent dans l'inconscient du garçon. Le désir de ce dernier d'écarter son père devient irréconciliable avec celui d'être passif envers lui. Les désirs de l'enfant sont en conflit. Aucun des accumulateurs de la libido, sauf le narcissisme, ne peut se décharger et l'enfant se trouve dans le conflit que nous appelons le complexe d'Œdipe. La solution du complexe d'Œdipe est le problème le plus difficile que rencontre l'enfant au cours de son développement psychique. Dans le cas d'un petit garçon, la peur détourne de la mère la plus grande partie de la libido au bénéfice du père, et la question la plus importante devient l'incompatibilité de son désir de tuer son père avec celui, tout aussi ardent, de lui obéir aveuglément. Une des méthodes de fuir le dilemme majeur du complexe d'Œdipe est employée par tous les garçons : c'est l'identification au père. Egalement incapable de tuer son père ou de se soumettre entièrement à lui, le petit garçon trouve une issue qui équivaut à faire disparaître son père sans toutefois avec recours au meurtre. Il s'identifie à son père. Il satisfait ainsi à la fois ses désirs de tendresse et d'hostilité envers lui. Non seulement il exprime son amour et son admiration pour son père, mais il l'écarte en l'incorporant à lui par un acte qui ressemble au cannibalisme. Désormais, c'est lui qui est le père admiré et éminent. Ce stade originel d'identification au père explique l'ambition ultérieure, que nous observons si souvent dans la jeunesse, de dépasser le père et de devenir plus grand que lui. Le père auquel le petit garçon s'identifie n'est pas celui qui existe réellement et que son fils reconnaîtra plus tard, mais un père dont les facultés et les vertus ont subi un développement extraordinaire et dont on a supprimé les faiblesses et les fautes. C'est le père tel qu'il apparaît au petit enfant. Plus tard, comparé à ce personnage idéal, le père véritable devra nécessairement paraître petit ; et lorsqu'un jeune homme veut devenir un plus grand homme que son père, il se détourne simplement de son père tel qu'il est dans la vie pour retrouver l'image paternelle de son enfance.

Ce père de l'enfance, tout-puissant, omniscient, parfait, lorsqu'il est incorporé à l'enfant devient une force psychique interne que nous appelons, en psychanalyse, idéal du Moi ou Surmoi. Le Surmoi se manifeste, pendant la vie ultérieure de l'enfant, par ses ordres et ses défenses. Son rôle négatif de défense est connu de tous sous le nom de conscience. Son rôle positif de domination, bien que peut-être moins facilement perceptible, est certainement plus important. Il s'exprime par toutes les aspirations conscientes et inconscientes de l'individu.

Ainsi, du désir insatisfait du garçon de tuer son père naissent l'identification au père, l'idéal du Moi et le Surmoi. » (1).

Le Surmoi est à l'origine du sentiment de culpabilité et de l'agressivité

[212] « A notre avis, aucun doute n'est plus possible touchant à l'origine du besoin inconscient de punition. Il se comporte comme une partie de la conscience, comme le prolongement de la conscience dans l'inconscient et découle sans doute de la même source que celle-ci, c'est-à-dire qu'il correspond à une fraction intériorisée d'agressivité, fraction dont le Surmoi s'est emparé. On pourrait, si les mots ne juraient pas les uns avec les autres, parler d'un « besoin inconscient de culpabilité » et cette qualification se justifierait au point de vue pratique. Au point de vue théorique, nous restons encore dans le doute : devons-nous admettre, en effet, que toute l'agressivité, détournée du monde extérieur, soit accaparée par le Surmoi et se dresse contre le Moi ? Ou bien pouvons-nous considérer qu'une partie de cette agressivité exerce aussi dans le Moi et dans le Ça, sous la forme d'un instinct de destruction, son étrange, inquiétante et muette activité ? L'hypothèse de la répartition nous semble être la plus vraisemblable, mais c'est tout ce que nous en pouvons dire. Lors de l'établissement du Surmoi, la partie de l'agressivité qui contribue certainement à la formation de cette instance avec celle, justement qui, dirigée contre les parents, n'avait pu se manifester au-dehors tant à cause de la fixation libidinale de l'enfant que par suite des difficultés extérieures. Voilà pourquoi la rigueur du Surmoi ne correspond pas nécessairement à la dureté de l'éducation. Il est très possible qu'à chaque occasion ultérieure de refouler l'agressivité la pulsion s'engage à nouveau dans la voie qui lui a été ouverte à ce moment décisif. » (2).

LE MOI IDÉAL, L'IDÉAL DU MOI, LE SURMOI

Ces expressions paraissent synonymes. Une lecture attentive des textes permet d'apporter quelques précisions : la notion du Moi idéal ou Idéal du Moi apparaît antérieurement à celle de Surmoi et comme sa première élaboration. Elle désigne la fonction critique du Moi et l'image de perfection qui lui est proposée. La notion de Surmoi connote des significations plus riches et désigne quelque chose de plus complexe. Le Surmoi est en grande partie inconscient, de là viennent les sentiments de culpabilité, et dans certains cas le besoin pathologique de punition.

[213] « Au cours de l'évolution individuelle, une partie des forces inhibitrices du monde extérieur se trouve intériorisée, il se crée dans le Moi une instance qui, s'opposant à l'autre, observe, critique et interdit. C'est cette instance que nous appelons le Surmoi. Dès lors,

(1) *Le Président Wilson*, pp. 78-79-80 et 81.
(2) *Nouvelles Conférences*, pp. 144-145.

le Moi, avant de satisfaire les instincts, se trouve obligé de tenir compte non seulement des dangers extérieurs, mais encore des exigences du Surmoi et il aura ainsi d'autant plus de motifs de renoncer à une satisfaction. Mais alors que le renoncement dû à des raisons extérieures ne provoque que du déplaisir, le renoncement provoqué par des raisons intérieures, par obéissance aux exigences du Surmoi, a un effet économique différent. A côté d'un déplaisir inévitable, il assure aussi un gain en plaisir, une sorte de satisfaction compensatrice. Le Moi se sent exalté et considère comme un acte méritoire son renoncement à la pulsion. Nous croyons avoir compris le fonctionnement de ce mécanisme : le Surmoi est le successeur et le représentant des parents (et des éducateurs) qui, pendant les premières années de l'individu, ont surveillé ses faits et gestes. Le Surmoi continue, sans y presque rien changer, à remplir les fonctions de ces parents et éducateurs, ne cessant de tenir le Moi en tutelle et d'exercer sur lui une pression constante. Comme dans l'enfance, le Moi reste soucieux de ne pas perdre l'amour de ce maître dont l'estime provoque en lui un soulagement et une satisfaction, et les reproches, un remords. Quand le Moi a fait au Surmoi le sacrifice de quelque satisfaction instinctuelle, il en attend, en retour, un surcroît d'amour. Le sentiment d'avoir mérité cet amour se transforme en fierté. » (1).

(1) *Moïse et le monothéisme*, pp. 170-171.

les pulsions

« Nous donnons aux forces qui agissent à l'arrière-plan des besoins impérieux du Ça et qui représentent dans le psychisme les exigences d'ordre somatique, le nom de pulsions. » (1).

La théorie des pulsions appartient à la conceptualisation métapsychologique des recherches psychanalytiques.

Ce terme pulsion traduit l'allemand Trieb *et désigne une poussée énergétique et motrice de l'organisme vers un but. Il importe de bien le distinguer du mot instinct* Instinkt *que Freud utilise pour désigner l'instinct animal, c'est-à-dire un comportement héréditaire et fixe. En français, les diverses traductions manquent de cohérence et de précision, cependant, par le contexte, quel que soit le mot employé, le sens est toujours clair.*

La pensée de Freud, appuyée au départ sur une simple hypothèse de travail : la distinction entre pulsions sexuelles et pulsions du Moi — ou de conservation — a évolué en fonction de l'approfondissement du travail clinique.

On peut distinguer trois étapes dans cette évolution :

— La première est dominée par le dualisme des pulsions sexuelles et des pulsions du Moi ;

— La deuxième introduit des modifications résultant de la découverte du narcissisme (1911-1914) ;

— La troisième, liée aux remaniements structuraux de la deuxième topique de l'appareil psychique, est dominée par l'opposition entre Eros et pulsions de mort.

LES PREMIÈRES HYPOTHÈSES. HISTORIQUE

[214] « La doctrine de l'instinct est, pour ainsi dire, notre mythologie. Les instincts sont des êtres mythiques à la fois mal définis et sublimes. Tout en ne pouvant jamais cesser d'en tenir compte au cours de notre

---

(1) *Abrégé de Psychanalyse*, p. 7.

travail, nous ne sommes pas certains de les bien concevoir. Vous savez de quelle manière l'on se représente communément les instincts ; il en a été créé pour répondre à tous les besoins : instincts d'orgueil, d'imitation, de jeu, instinct social et bien d'autres encore. On les étudie séparément en prêtant à chacun d'eux une attribution spéciale, puis on cesse de s'en préoccuper. Nous sentions, depuis longtemps, que derrière cette multitude de petits instincts se dissimulait quelque chose de puissant, de sérieux, quelque chose dont il ne fallait s'approcher qu'avec précaution. Timidement, nous tentâmes un premier pas, pensant qu'il y avait peu de chances de se fourvoyer en distinguant d'après nos deux principaux besoins : la faim et l'amour, deux espèces ou groupes d'instincts. Si jaloux que nous soyons en général de l'indépendance de la psychologie vis-à-vis des autres sciences, nous sommes bien obligés de reconnaître qu'elle se trouve ici influencée par un indéniable fait biologique, à savoir que l'être vivant tend vers les deux fins : la conservation de soi et la conservation de l'espèce, et ces deux besoins semblent n'être pas solidaires l'un de l'autre, ni avoir aucun trait commun ; bien plus encore, ils se contrarient souvent, dans la vie animale. Il convient donc de s'occuper ici de psychologie biologique et d'étudier les phénomènes psychologiques qui accompagnent les processus biologiques. C'est justement parce qu'elles illustrent cette conception que les « pulsions du Moi » et les « pulsions sexuelles » ont été intégrées dans la psychanalyse. Parmi les premières, nous avons rangé tout ce qui concerne la conservation, la revendication, l'élargissement de la personnalité. Aux secondes, nous avons attribué toute la richesse nécessaire à la sexualité infantile et à la sexualité perverse. » (1).

Les recherches psychanalytiques ont devancé toute théorie des pulsions. Or, elles présentent des situations de conflit entre « l'intérêt dérivé de sources érotiques » et « l'intérêt tout court » (2) qui exigent une élaboration conceptuelle du problème.

[215] « Ce sont là des problèmes devant lesquels nous nous trouvons encore embarrassés et désemparés. La question serait toute autre si nous pouvions nous appuyer sur quelque solide théorie des instincts. Mais nous ne possédons, à la vérité, encore rien de semblable. Nous concevons l'instinct comme étant une notion limitrophe entre le somatique et le psychique ; nous voyons en lui le représentant psychique de forces organiques. Et nous admettons la façon populaire de distinguer entre instincts du Moi et instinct sexuel, distinction qui semble concorder avec la double orientation biologique possédée par tout être vivant aspirant, d'une part, à sa conservation propre, d'autre part, à la perpétuation de l'espèce. Mais tout ce qu'on dit de plus n'est qu'hypothèses, hypothèses que nous édifions et que nous laissons

(1) *Nouvelles Conférences*, pp. 125-126.
(2) *Cinq Psychanalyses*, p. 317.

ensuite volontiers tomber, hypothèses édifiées afin de nous orienter dans le chaos des obscurs processus psychiques. Et nous espérons justement que l'investigation psychanalytique des processus psychiques morbides nous imposera certaines conclusions relatives aux questions que soulève la théorie des instincts. » (1).

Définition de la pulsion : contenu de ce concept

Il s'agit d'un concept fondamental et conventionnel dont la psychologie ne peut pas se passer et qu'elle éclaire en faisant appel à diverses disciplines.

PULSION ET EXCITATION

[216] « Comment la « pulsion » se comporte-t-elle par rapport à l'« excitation » ? Rien ne nous empêche d'intégrer le concept de la pulsion dans celui de l'excitation, ni de dire que la pulsion est une excitation au sens psychique. Gardons-nous cependant de mettre sur le même plan pulsion et excitation psychique. Pour le psychisme, il existe manifestement d'autres excitations encore que les excitations pulsionnelles, des excitations qui agissent bien plus comme des excitations physiologiques. Quand, par exemple, une lumière très forte frappe l'œil, il n'est pas question d'excitation pulsionnelle ; c'est le contraire lorsqu'il y a sensation de sécheresse de la muqueuse pharingienne ou excitation de la muqueuse stomacale.

Notre matériel nous permet maintenant d'établir une distinction entre l'excitation pulsionnelle et toute autre excitation (physiologique) capable d'agir sur le psychisme. En premier lieu, l'excitation pulsionnelle n'émane pas du monde extérieur, mais de l'intérieur même de l'organisme. C'est pourquoi elle agit d'autre manière sur le psychisme et son élimination exige d'autres moyens. De plus, tout l'essentiel d'une excitation est défini lorsque nous admettons qu'elle agit comme un choc une seule fois donné ; elle peut alors se liquider par un seul acte approprié dont le type est la fuite motrice devant la cause de l'excitation. Naturellement, ces chocs peuvent se répéter et s'additionner, mais cela ne modifie en rien la conception du phénomène, ni les conditions de suppression de l'excitation. La pulsion, par contre, n'agit jamais à la manière d'une force de propulsion momentanée, mais toujours à la manière d'une force constante. Comme son action s'exerce non de l'extérieur mais de l'intérieur du corps, la fuite devant elle ne peut servir de rien. Nous appelons plus justement « besoin » l'excitation pulsionnelle ; ce qui fait disparaître ce besoin, c'est la « satisfaction ». Celle-ci ne peut être obtenue que par

(1) *Cinq Psychanalyses*, p. 318.

une modification appropriée, adéquate, de la source interne d'excitation. » (1).

Cette hypothèse a un fondement biologique

[217] « Deuxièmement, des condidérations biologiques viennent peser en sa faveur. L'individu, effectivement, mène une double existence : en tant qu'il est à lui-même sa propre fin, et en tant que maillon d'une chaîne à laquelle il est assujetti contre sa volonté, ou du moins sans l'intervention de celle-ci. Lui-même tient la sexualité pour une de ses fins, tandis qu'une autre perspective nous montre qu'il est un simple appendice de son plasma germinatif, à la disposition duquel il met ses forces en échange d'une prime de plaisir, qu'il est le porteur mortel d'une substance — peut-être — immortelle, comme l'aîné d'une famille ne détient que temporairement un majorat qui lui survivra. La distinction des pulsions sexuelles et des pulsions du Moi ne ferait que refléter cette double fonction de l'individu. Troisièmement, l'on doit se rappeler que toutes nos conceptions provisoires, en psychologie, devront un jour être placées sur la base de supports organiques. Il semble alors vraisemblable qu'il y ait des substances déterminées et des processus chimiques qui produisent les effets de la sexualité et permettent la continuation de la vie de l'individu dans celle de l'espèce. Nous tenons compte de cette vraisemblance en remplaçant ces substances chimiques déterminées par des forces psychiques déterminées. Comme précisément je me suis en général efforcé de maintenir à distance de la psychologie tout ce qui lui est hétérogène, et même la pensée biologique, je veux avouer ici expressément que l'hypothèse de pulsions du Moi et de pulsions sexuelles séparées, et donc la théorie de la libido, repose pour une très petite part sur un fondement psychologique et s'appuie essentiellement sur la biologie. » (2).

Le concept de pulsion est un concept limite entre le somatique et le psychique. La pulsion se définit par sa source, sa poussée, son objet et son but.

[218] « La pulsion se distingue donc de l'excitation en ce qu'elle tire son origine de sources d'excitation qui se trouvent dans le corps même, en ce qu'elle agit comme une force constante et en ce que le sujet est dans l'impossibilité de la fuir, comme il pourrait le faire, s'il s'agissait de quelque excitation extérieure. En étudiant l'instinct, on distingue sa source, son objet et son but. La source, c'est l'état d'excitation corporelle, et le but, l'apaisement de cette excitation ; l'instinct devient psychiquement actif en allant de la source au but ; nous nous le figurons comme une certaine quantité d'énergie qui tend vers une direction déterminée et c'est cette poussée qui lui a fait donner le nom de pulsion. » (3).

---

(1) *Métapsychologie*, pp. 27-28-29.
(2) *La Vie sexuelle*, pp. 85-86.
(3) *Nouvelles Conférences*, p. 127.

[219] « La pulsion a toujours pour but de se satisfaire, ce qui ne saurait être obtenu que par suppression de l'état de tension qui règne à la source pulsionnelle même. Toutefois, alors même que le but final de chaque pulsion reste immuable, diverses voies peuvent y conduire, de sorte qu'il peut y avoir, pour chaque pulsion, de multiples buts plus proches ou intermédiaires. Ces buts peuvent être combinés ou bien être échangés l'un pour l'autre. L'expérience nous permet aussi de parler de pulsions « inhibées quant au but » lorsqu'il s'agit de processus qui, ayant d'abord évolué vers la satisfaction, se trouvent ensuite entravés ou détournés. Il faut admettre qu'une satisfaction partielle se trouve aussi liée à de semblables processus.

C'est dans l'objet de la pulsion ou grâce à lui que la pulsion peut atteindre son but. Par rapport à la pulsion, l'objet est le facteur le plus variable qui ne lui est pas primitivement lié et qui ne s'y rattache qu'en vertu de son aptitude à permettre la satisfaction. L'objet n'est pas nécessairement extérieur, mais peut aussi bien faire partie du corps même. Au cours des vicissitudes de la pulsion, l'objet est susceptible d'être changé à volonté ; c'est à ces déplacements de la pulsion qu'incombent les rôles les plus importants. Il arrive qu'un même objet serve à la fois à la satisfaction de plusieurs pulsions. C'est le cas qu'Alfred Adler qualifie d'intrication des pulsions. Lorsque le lien entre la pulsion et l'objet est particulièrement étroit, nous parlons d'une fixation. Elle se réalise très souvent en des périodes très précoces de l'évolution de la pulsion et met fin à la mobilité de celle-ci en s'opposant intensément à sa libération. » (1).

Le dualisme des pulsions sexuelles et des pulsions du Moi : le conflit névrotique du refoulement

[220] « D'une façon générale ce sont les mêmes organes et les mêmes systèmes d'organes qui sont à la disposition des pulsions sexuelles et des pulsions du Moi. Le plaisir sexuel n'est pas simplement rattaché à la fonction des organes génitaux ; la bouche sert au baiser aussi bien qu'à manger et à communiquer par la parole, les yeux ne perçoivent pas seulement les modifications du monde extérieur importantes pour la conservation de la vie mais aussi les propriétés des objets par lesquelles ceux-ci sont élevés au rang d'objets du choix amoureux, et qui sont leurs « attraits ». Il se confirme alors qu'il n'est facile pour personne de servir deux maîtres à la fois. Plus est intime la relation qu'un organe doué de cette fonction bilatérale contracte avec l'une des grandes pulsions, plus il se refuse à l'autre. Ce principe conduit forcément à des conséquences pathologiques si

---

(1) *Métapsychologie*, pp. 34-35.

les deux pulsions fondamentales se sont désunies, si de la part du Moi un refoulement est entretenu contre la pulsion sexuelle partielle qui est concernée. L'application à l'œil et à la vision ne fait pas de difficulté. Si la pulsion sexuelle partielle qui se sert du regard, la scoptophilie sexuelle, a attiré sur elle en raison de ses prétentions excessives la contre-offensive des pulsions du Moi, de sorte que les représentations dans lesquelles s'expriment ses aspirations succombent au refoulement et sont écartées de l'accession à la conscience, alors la relation de lœil et de la vision au Moi et à la conscience est de ce fait totalement perturbée. Le Moi a perdu sa domination sur l'organe qui maintenant se met entièrement à la disposition de la pulsion sexuelle refoulée. Cela donne l'impression que le refoulement de la part du Moi va trop loin et qu'il jette l'enfant avec l'eau du bain ; depuis que les intérêts sexuels de la vision se sont mis en avant d'une manière si insistante, le Moi ne veut absolument plus rien voir. Mais bien plus pertinente et l'autre façon de présenter les choses, qui met l'activité du côté de la scoptophilie refoulée. La pulsion refoulée, écartée de tout épanouissement psychique ultérieur, trouve sa vengeance et son dédommagement : elle peut désormais intensifier sa domination sur l'organe qui est à son service. La perte de la domination consciente sur l'organe est la fâcheuse formation substitutive que coûte le refoulement manqué, qui n'a été rendu possible qu'à ce prix. » (1).

L'ambivalence de l'amour résulte du dualisme des pulsions

[221] « Les pulsions du Moi et les pulsions sexuelles peuvent facilement entrer dans une opposition qui répète celle de haïr et d'aimer. Quand les pulsions du Moi dominent la fonction sexuelle, comme c'est le cas au stade de l'organisation sadico-anale, ils en viennent à conférer aussi au but pulsionnel les caractères de la haine. L'histoire de la genèse et des relations de l'amour nous permet de comprendre pourquoi il est si souvent « ambivalent », c'est-à-dire accompagné de sentiments de haine envers un seul et même objet. La haine combinée à l'amour émane, d'une part, des stades préliminaires non encore tout à fait dépassés de l'amour. D'autre part, elle se fonde sur les réactions de défense des pulsions du Moi, qui lors des fréquents conflits entre les intérêts du Moi et ceux de l'amour peuvent s'étayer sur des facteurs réels et actuels. Dans les deux cas, l'origine de la haine mêlée à l'amour peut donc se ramener à la source des pulsions de conservation du Moi. » (2).

---

(1) *Psychose, Névrose et Perversion,* pp. 171-172.
(2) *Métapsychologie,* p. 65.

LE NARCISSISME

Le dualisme des deux pulsions (pulsion sexuelle, pulsion de conservation) a toujours été considéré par Freud comme une hypothèse provisoire, utile pour orienter la recherche et permettre la conceptualisation de ses résultats, mais destinée à être remaniée ou remplacée quand les progrès de la recherche y engageraient.

Il est difficile de dater exactement l'apparition de la notion de narcissisme. Elle est en gestation dans l'étude des conflits psychiques ; elle se précise avec l'analyse du cas Schreber (1911). Les Trois Essais sur la Théorie de la Sexualité *mettent en évidence le stade auto-érotique par lequel passe la libido au cours de son évolution. Trois directions de recherche convergent vers l'hypothèse du narcissisme : la sexualité infantile, l'étude des démences précoces, le problème de l'homosexualité, qui d'ailleurs est présent dans l'étude de la démence comme dans celui de la psychologie enfantine.*

Freud a d'abord proposé pour désigner le stade auto-érotique le terme de « narcisme » (1) mais il ne s'est pas tenu à cette appellation.

[222] « Ce stade consiste en ceci : l'individu en voie de développement rassemble en une unité ses instincts sexuels qui, jusque-là, agissaient sur le mode auto-érotique, afin de conquérir un objet d'amour, et il se prend d'abord lui-même, il prend son propre corps, pour objet d'amour avant de passer au choix objectal d'une autre personne. Peut-être ce stade intermédiaire entre l'auto-érotisme et l'amour objectal est-il inévitable au cours de tout développement normal, mais il semble que certaines personnes s'y arrêtent d'une façon insolitement prolongée, et que bien des traits de cette phase persistent chez ces personnes aux stades ultérieurs de leur développement. Dans ce « soi-même » pris comme objet d'amour, les organes génitaux constituent peut-être déjà l'attrait primordial. » (2).

Les rapports du Moi et de la libido

Tout en continuant d'affirmer la dualité des deux pulsions primitives, Freud remanie profondément dans l'essai : Pour introduire le Narcissisme *sa conception des rapports du Moi et de la libido. C'est la même libido qui s'exprime dans l'amour que le Moi se porte à lui-même et dans les investissements objectaux, et c'est dans une proportion inverse que la libido investit les objets ou reflue sur le Moi. Il semble qu'il y ait là une évolution de la pensée freudienne vers une conception moniste des pulsions. Cependant Freud s'en est*

---

(1) *Cinq Psychanalyses*, p. 306.
(2) *Ibid.*, p. 308.

toujours défendu, récusant le rapprochement que l'on pourrait faire à ce sujet entre sa pensée et celle de Jung.

[223] « Des difficultés particulières me semblent empêcher une étude directe du narcissisme. Sa voie d'accès principale restera sans doute l'analyse des paraphrénies. Comme les névroses de transfert nous ont permis de suivre à la trace les motions pulsionnelles libidinales, de même démence précoce et paranoïa nous fourniront l'accès à l'intelligence de la psychologie du Moi. Une fois de plus, il nous faudra retrouver l'apparente simplicité du normal par conjecture à partir des distorsions et exagérations du pathologique. Par ailleurs, quelques autres voies nous demeurent ouvertes dans notre approche du narcissisme et je vais maintenant les décrire dans l'ordre : l'étude de la maladie organique, de l'hypocondrie, et de la vie amoureuse des deux sexes.

Pour estimer l'influence de la maladie organique sur la distribution de la libido, je prends la suite d'une indication donnée verbalement par S. Ferenczi. Il est universellement connu, et il nous semble aller de soi que celui qui est affligé de douleur organique et de malaises abandonne son intérêt pour les choses du monde extérieur, pour autant qu'elles n'ont pas de rapport avec sa souffrance. Une observation plus précise nous apprend qu'il retire aussi son intérêt libidinal de ses objets d'amour, qu'il cesse d'aimer aussi longtemps qu'il souffre. La banalité de ce fait ne doit pas nous empêcher de lui donner une traduction dans les termes de la théorie de la libido. Nous dirions alors : le malade retire ses investissements de libido sur son Moi, pour les émettre à nouveau après la guérison. » (1).

[224] « Libido et intérêt du Moi ont ici le même destin, et sont à nouveau impossibles à distinguer l'un de l'autre. L'égoïsme bien connu du malade recouvre les deux. Si nous trouvons qu'il va tellement de soi, c'est que nous sommes certains de nous conduire exactement ainsi dans la même situation. Que des troubles corporels viennent dissiper les dispositions amoureuses les plus intenses et leur substituer brusquement une indifférence complète, c'est un thème qui a été exploité comme il convient dans la comédie.

De même que la maladie, l'état de sommeil représente un retrait narcissique des positions de la libido sur la personne propre, ou, plus exactement, sur le seul désir de dormir. L'égoïsme des rêves vient bien s'insérer dans ce contexte. Dans ces deux cas nous voyons à défaut d'autre chose des exemples de modification dans la distribution de la libido par suite d'une modification du Moi. » (2).

[225] « La vie amoureuse des êtres humains, avec la diversité de sa différenciation chez l'homme et la femme, nous fournit un troisième

---

(1) *La Vie sexuelle*, pp. 88-89 (Pour Introduire...).
(2) *Ibid.*, p. 89.

accès à l'étude du narcissisme. De même que la libido d'objet a d'abord caché à notre observation la libido du Moi, de même, en étudiant le choix d'objet des enfants (et des adolescents), avons-nous tout d'abord remarqué qu'ils tirent leurs objets sexuels de leurs premières expériences de satisfaction. Les premières satisfactions sexuelles auto-érotiques sont vécues en conjonction avec l'exercice des fonctions vitales qui servent à la conservation de l'individu. Les pulsions sexuelles s'étayent d'abord sur la satisfaction des pulsions du Moi, dont elles ne se rendent indépendantes que plus tard ; mais cet étayage continue à se révéler dans le fait que les personnes qui ont affaire avec l'alimentation, les soins, la protection de l'enfant deviennent les premiers objets sexuels ; c'est en premier lieu la mère ou son substitut. Mais à côté de ce type et de cette source de choix d'objet, que l'on peut nommer type par étayage, la recherche psychanalytique nous en a fait connaître un second que nous ne nous attendions pas à rencontrer. Nous avons trouvé avec une particulière évidence chez des personnes dont le développement libidinal est perturbé, comme les pervers et les homosexuels, qu'ils ne choisissent pas leur objet d'amour ultérieur sur le modèle de la mère, mais bien sur celui de leur propre personne. De toute évidence, ils se cherchent eux-mêmes comme objet d'amour, en présentant le type de choix d'objet qu'on peut nommer narcissique. C'est dans cette observation qu'il faut trouver le plus puissant motif qui nous contraint à l'hypothèse du narcissisme.

En fait nous n'avons pas conclu que les êtres humains se divisaient en deux groupes rigoureusement distincts selon leur type de choix d'objet, par étayage ou narcissique ; au contraire, nous préférons faire l'hypothèse que les deux voies menant au choix d'objet sont ouvertes à chaque être humain, de sorte que l'une ou l'autre peut avoir la préférence. Nous disons que l'être humain a deux objets originaires : lui-même et la femme qui lui donne ses soins ; en cela nous présupposons le narcissisme primaire de tout être humain, narcissisme qui peut éventuellement venir s'exprimer de façon dominante dans son choix d'objet. » (1).

Narcissisme primaire et narcissisme secondaire

La découverte du narcissisme résulte d'abord de l'observation clinique des cas pathologiques. C'est à partir d'autres observations et par un « raisonnement récurrent » (2) que Freud fait l'hypothèse du narcissisme originaire de l'enfant qui n'est pas observé directement. D'où la distinction entre narcissisme secondaire et narcissisme primaire, deux notions qui n'ont pas le même statut.

[226] « Le narcissisme primaire de l'enfant, dont nous avons supposé l'existence et qui constitue l'une des présuppositions de nos théo-

(1) *La Vie sexuelle*, pp. 93-94.
(2) *Ibid.*, p. 96.

ries sur la libido, est moins facile à saisir par l'observation directe qu'à confirmer par un raisonnement récurrent à partir d'un autre point. Si l'on considère l'attitude de parents tendres envers leurs enfants, l'on est obligé d'y reconnaître la reviviscence et la reproduction de leur propre narcissisme qu'ils ont depuis longtemps abandonné. Un bon indice que nous avons déjà apprécié, dans le choix d'objet, comme stigmate narcissique, la surestimation, domine, c'est bien connu, cette relation affective. Il existe ainsi une compulsion à attribuer à l'enfant toutes les perfections, ce que ne permettrait pas la froide observation, et à cacher et oublier tous ses défauts ; le déni de la sexualité infantile est bien en rapport avec cette attitude. Mais il existe aussi devant l'enfant une tendance à suspendre toutes les acquisitions culturelles dont on a extorqué la reconnaissance à son propre narcissisme, et à renouveler à son sujet la revendication de privilèges depuis longtemps abandonnés. L'enfant aura la vie meilleure que ses parents, il ne sera pas soumis aux nécessités dont on a fait l'expérience qu'elles dominaient la vie. Maladie, mort, renonciation de jouissance, restrictions à sa propre volonté ne vaudront pas pour l'enfant, les lois de la nature comme celles de la société s'arrêteront devant lui, il sera réellement à nouveau le centre et le cœur de la création. » (1).

LA TROISIÈME THÉORIE DES PULSIONS

Elle s'élabore dans le cadre du profond remaniement conceptuel de 1920. Cependant, elle est en préparation dès 1915 (cf. L'Essai sur les pulsions et leurs destins) car l'introduction de la notion de narcissisme a rendu difficile le maintien pur et simple de la première hypothèse dualiste. La définition de la compulsion de répétition, à partir d'un certain nombre d'observations de la vie quotidienne comme aussi des cas cliniques, permet de répondre à l'exigence théorique restée insatisfaite, et remet en question le rôle du principe de plaisir.

[227] « L'observation psychanalytique a été frappée par la fréquence des cas dans lesquels la libido se retire de l'objet pour se diriger vers le Moi (intraversion) ; et en étudiant l'évolution de la libido infantile à ses phases les plus primitives, elle a pu s'assurer que c'est le Moi qui constitue le réservoir primitif et proprement dit de la libido, que c'est en partant du Moi qu'elle se propage à l'objet. C'est ainsi que le Moi avait pris rang parmi les objets sexuels et n'avait pas tardé à être reconnu comme le plus important de ces objets. La libido concentrée sur le Moi avait reçu le nom de narcissique. Cette libido narcissique était naturellement, et en même temps, une manifestation des instincts sexuels, au sens analytique du mot, instincts qu'on a été obligé d'identifier avec les « instincts de conservation » dont on avait,

(1) *La Vie sexuelle*, p. 96.

dès le début, admis l'existence. L'opposition primitive entre instincts du Moi et instincts sexuels était ainsi devenue insuffisante. Parmi les instincts du Moi, certains se sont révélés comme étant de nature libidinale ; on a constaté que des instincts sexuels étaient à l'œuvre dans le Moi, à côté d'autres instincts probablement ; et cependant on est toujours en droit d'affirmer que l'ancienne formule, d'après laquelle les psycho-névroses reposeraient sur un conflit entre les instincts du Moi et les instincts sexuels, ne contient rien qui soit à rejeter aujourd'hui. Le seul changement qui se soit produit consiste en ce que la différence entre ces deux groupes d'instincts, qui était considérée au début comme étant plus ou moins qualitative, est considérée aujourd'hui comme étant une différence topique. » (1).

La tendance à la répétition

[228] « En présence de ces faits empruntés aussi bien à la manière dont les névrotiques se comportent au cours du transfert qu'aux destinées d'un grand nombre de sujets normaux, on ne peut s'empêcher d'admettre qu'il existe dans la vie psychique une tendance irrésistible à la reproduction, à la répétition, tendance qui s'affirme sans tenir compte du principe du plaisir, en se mettant au-dessus de lui. Et ceci admis, rien ne s'oppose à ce qu'on attribue à la pression exercée par cette tendance aussi bien les rêves du sujet atteint de névrose traumatique et la manie de la répétition qui se manifeste dans les jeux des enfants. Il est certain toutefois que rares sont les cas où l'action de la tendance à la répétition se manifeste toute seule, dans toute sa pureté, sans l'intervention d'autres mobiles. En ce qui concerne les jeux des enfants, nous savons déjà quelles en sont les autres interprétations possibles. La tendance à la répétition et la recherche du plaisir par la satisfaction directe de certains penchants semblent s'unir ici d'une façon assez intime, pour former un tout dans lequel il est difficile de discerner la part de l'une et de l'autre. Les phénomènes du transfert sont manifestement l'expression de la résistance opposée par le Moi, qui s'efforce de ne pas livrer les éléments refoulés ; et quant à la tendance à la répétition que le traitement cherche à utiliser en vue des fins qu'il poursuit, on dirait que c'est encore le Moi qui, dans ses efforts pour se conformer au principe du plaisir, cherche à l'attirer de son côté. Ce qu'on pourrait appeler la fatalité, au sens courant du mot, (et que nous connaissons déjà par les quelques exemples cités plus haut), se prête en grande partie à une explication rationnelle, ce qui nous dispense d'admettre l'intervention d'un nouveau mobile, plus ou moins mystérieux. Le cas le moins contestable est peut-être celui des rêves reproduisant l'accident traumatique ; mais en y réfléchissant de près, on est obligé d'admettre qu'il existe encore pas mal d'autres cas qu'il est impossible d'expliquer par l'action des seuls mobiles que nous connaissons. Ces cas

(1) *Essais de Psychanalyse*, pp. 65-66.

présentent un grand nombre de particularités qui autorisent à admettre l'intervention de la tendance à la répétition, laquelle apparaît plus primitive, plus élémentaire, plus impulsive que le principe du plaisir qu'elle arrive souvent à éclipser. Or, si une pareille tendance à la répétition existe vraiment dans la vie psychique, nous serions curieux de savoir à quelle fonction elle correspond, dans quelles conditions elle peut se manifester, quels sont exactement les rapports qu'elle affecte avec le principe du plaisir auquel nous avons accordé jusqu'à présent un rôle prédominant dans la succession des processus d'excitation dont se compose la vie psychique. » (1).

[229] « Les manifestations de la tendance à la répétition, telles que nous les avons observées au cours des premières activités de la vie psychique infantile et du traitement psychanalytique, présentent au plus haut degré un caractère instinctif et, lorsqu'elles sont en opposition avec le principe du plaisir, un caractère démoniaque. Pour ce qui est du jeu de l'enfant, nous croyons comprendre que si l'enfant reproduit et répète un événement même désagréable, c'est pour pouvoir, par son activité, maîtriser la forte impression qu'il en a reçue, au lieu de se borner à la subir, en gardant une attitude purement passive. Chaque nouvelle répétition semble affermir cette maîtrise et, même lorsqu'il s'agit d'événements agréables, l'enfant ne se lasse pas de les répéter et de les reproduire, en s'acharnant à obtenir l'identité parfaite de toutes les répétitions et reproductions d'une impression. Plus tard, ce trait de caractère est appelé à disparaître. Une plaisanterie spirituelle, entendue pour la deuxième fois, reste presque sans effet, une pièce de théâtre à laquelle on assiste pour la deuxième fois ne laisse jamais la même impression que celle qu'on a reçue lorsqu'on a assisté pour la première fois. Bien plus : il est difficile de décider un adulte à relire un livre qu'il vient de lire, alors même que ce livre lui a plu. Chez l'adulte, la nouveauté constitue toujours la condition de la jouissance. L'enfant, au contraire, ne se lasse pas de demander à l'adulte la répétition d'un jeu qu'il lui avait montré ou auquel il avait pris part avec lui : et lorsqu'on lui a raconté une belle histoire, il veut toujours l'entendre à nouveau, à l'exclusion de toute autre, il veille à ce qu'elle soit répétée mot par mot, relève la moindre modification que le conteur se permet d'y introduire, dans l'espoir peut-être de se faire bien voir de l'enfant. Il n'y a pas là d'opposition au principe du plaisir, car la répétition, le fait de retrouver l'identité sont déjà en eux-mêmes une source de plaisir. » (2).

---

(1) *Essais de Psychanalyse*, pp. 27-28.
(2) *Ibid.*, pp. 44-45.

Rapports entre la tendance à la répétition et les pulsions instinctives

La tendance à la répétition est la propriété essentielle de la vie organique et la pulsion fondamentale.

[230] « Mais quelle est la nature des rapports existant entre les impulsions instinctives et la tendance à la répétition ? Il est permis de penser que nous sommes ici sur la trace d'une propriété générale, encore peu connue, ou, tout au moins, n'ayant pas encore été formulée explicitement, des instincts, peut-être même de la vie organique dans son ensemble. Un instinct ne serait que l'expression d'une tendance inhérente à tout organisme vivant et qui le pousse à reproduire, à rétablir un état antérieur auquel il avait été obligé de renoncer, sous l'influence de forces perturbatrices extérieures ; l'expression d'une sorte d'élasticité organique ou, si lon préfère, de l'inertie de la vie organique. » (1).

[231] « Si donc les instincts organiques sont des facteurs de conservation, historiquement acquis, et s'ils tendent vers la régression, vers la reproduction d'états antérieurs, il ne nous reste qu'à attribuer l'évolution organique comme telle, c'est-à-dire l'évolution progressive, à l'action de facteurs extérieurs, perturbateurs et détournant l'organisme de sa tendance à la stagnation. L'être vivant élémentaire serait très volontiers resté immuable dès le début de son existence, il n'aurait pas mieux demandé que de mener un genre de vie uniforme, dans des conditions invariables. Mais c'est sans doute, en dernière analyse, l'évolution de notre terre et de ses rapports avec le soleil qui a eu sa répercussion sur l'évolution des organismes. Les instincts organique conservateurs se sont assimilé chacune des modifications de la vie, qui leur ont été ainsi imposées, les ont conservées en vue de la répétition ; et c'est ainsi qu'ils donnent la fausse impression de forces tendant au changement et au progrès, alors qu'en réalité ils ne cherchent qu'à réaliser une fin ancienne en suivant des voies aussi bien nouvelles qu'anciennes. Cette fin vers laquelle tendrait tout ce qui est organique se laisse d'ailleurs deviner. La vie se mettrait en opposition avec le caractère conservateur des instincts, si la fin quelle cherche à atteindre représentait un état qui lui fut totalement étranger. Cette fin doit plutôt être représentée par un état ancien, un état de départ que la vie a jadis abandonné et vers lequel elle tend à retourner par tous les détours de l'évolution. Si nous admettons, comme un fait expérimental ne souffrant aucune exception, que tout ce qui vit retourne à l'état inorganique, meurt pour des raisons internes, nous

(1) *Essais de Psychanalyse*, p. 46.

pouvons dire : la fin vers laquelle tend toute vie est la mort ; et inversement : le non-vivant est antérieur au vivant. » (1).

Le dualisme des instincts de vie (Eros) et des instincts de mort

[232] « Pour ce qui est des « instincts sexuels », nous savions ce qu'ils sont dans leurs rapports avec les sexes et la fonction de la procréation. Nous avions conservé ce terme, après même que les données de la psychanalyse nous eurent obligé de relâcher leurs rapports avec la fonction de la procréation. Avec la découverte de la libido narcissique et avec l'extension de la notion de la libido à chaque cellule particulière, l'instinct sexuel est devenu l'Eros qui cherche à réunir les parties de la substance vivante, à maintenir leur cohésion ; et c'est alors que ce qu'on appelle vulgairement les instincts sexuels nous est apparu comme étant celles des parties de cet Eros qui est tournée vers l'objet. Notre spéculation conçoit alors cet Eros comme exerçant son action dès l'origine et comme s'opposant, à partir du moment où la substance vivante était devenue animée, à l'« instinct de mort », en tant qu'« instinct de vie ». Elle cherche à résoudre l'énigme de la vie par la lutte de ces deux instincts, lutte qui avait commencé dès l'aube de la vie et qui dure toujours. Moins claire est peut-être la transformation qu'a subie la notion « instincts du Moi ». Primitivement, nous désignions par ce terme toutes les tendances instinctives qui nous étaient peu connues et qui se laissaient séparer des instincts sexuels dirigés vers l'objet, et nous les opposions à ces derniers, qui ont leur expression dans la libido. Mais à mesure que nous approfondissions l'analyse du Moi, nous nous rendions compte que certains « instincts du Moi » sont également de nature libidineuse et ont pour objet le Moi. Ces instincts de conservation, de nature narcissique, devaient dont être rangés parmi les instincts sexuels, de nature libidineuse. L'opposition entre instincts sexuels et instincts du Moi se transforma ainsi en une opposition entre instincts du Moi et instincts orientés vers les objets, les uns et les autres de nature libidineuse. Mais alors apparut une nouvelle opposition, celle entre les instincts libidinaux (dirigés vers le Moi et vers les objets) et les autres qui doivent être attribués au Moi et font peut-être partie des instincts de destruction. La spéculation fait de cette dernière opposition une opposition entre les instincts de vie et les instincts de mort (Eros). » (2).

---

(1) *Essais de Psychanalyse*, p. 48.
(2) *Ibid.*, p. 77 (note 1).

Evolution des conceptions du sadisme et du masochisme en fonction des transformations de la théorie des pulsions

Dans un texte modifié en 1915, Freud interprète le sadisme et le masochisme en fonction des deux aspects passivité, activité de la vie sexuelle.

[233] « Le terme de sadisme, dans le langage courant, n'a pas un sens très défini ; il comprend aussi bien les cas caractérisés par le besoin de se montrer violent, ou même simplement d'être partie active, jusqu'aux cas pathologiques dans lesquels la satisfaction est conditionnée par l'assujettissement de l'objet sexuel et les mauvais traitements qui lui sont appliqués. Au sens strict du mot, ces derniers cas seuls peuvent être considérés comme perversion.

De même, le masochisme comprend tous les degrés possibles d'une attitude passive en face de la vie sexuelle et de son objet ; le point culminant sera atteint lorsque la satisfaction dépend nécessairement d'une souffrance physique ou psychique éprouvée de la part de l'objet sexuel. Le masochisme, en tant que perversion, paraît plus éloigné du but sexuel normal que le sadisme. On peut se demander s'il est jamais un phénomène primaire, et s'il ne résulte pas toujours d'une transformation du sadisme. On constate souvent que le masochisme n'est pas autre chose qu'une continuation du sadisme, qui se retourne contre le sujet, lequel prend pour ainsi dire la place de son objet sexuel. L'analyse clinique des cas graves de perversion masochiste nous amène à penser que c'est là le résultat complexe d'une série de facteurs qui exagèrent et fixent une attitude de passivité sexuelle originelle (complexe de castration ; sentiment de culpabilité). La douleur qu'on surmonte dans ces cas est analogue au dégoût ou à la pudeur qui, dans les cas précédemment examinés, s'opposaient à la libido. Le sadisme et le masochisme occupent, parmi les autres perversions, une place spéciale. L'activité et la passivité qui en forment les caractères fondamentaux et opposés sont constitutifs de la vie sexuelle en général. » (1).

Dans un texte de 1919 (« Un enfant est battu »), l'analyse des fantasmes de fustigation aboutit à des conclusions encore très proches des précédentes.

[234] « Tout d'abord il semble devoir se confirmer que le masochisme n'est pas une manifestation pulsionnelle primaire, mais qu'il provient d'un retournement du sadisme contre la personne propre,

(1) *Trois Essais sur la théorie de la sexualité*, pp. 44-45.

donc qu'il correspond à une régression de l'objet au Moi. Il faut accorder qu'il existe des pulsions à but passif dès le début, surtout chez la femme, mais la passivité n'est pas encore le tout du masochisme ; celui-ci comprend encore le caractère de déplaisir qui est si étrange dans un accomplissement de pulsion. La transformation du sadisme en masochisme paraît avoir lieu sous l'influence de la conscience de culpabilité qui prend part à l'acte du refoulement. Le refoulement se manifeste donc ici par trois sortes d'effets : il rend inconscients les résultats de l'organisation génitale, il contraint cette organisation elle-même à une régression au stade antérieur sadique-anal, et il transforme le sadisme de ce stade en masochisme passif et en un certain sens à nouveau narcissique. » (1).

Dans un texte de 1924, « Le problème économique du Masochisme », Freud reporte le sadisme en son fond identique au masochisme à la pulsion de mort qui est à la racine même de la vie psychique.

[235] « En prenant son parti d'une certaine inexactitude, on peut dire que la pulsion de mort qui est à l'œuvre dans l'organisme, le sadisme originaire, est identique au masochisme. Après que sa plus grande part a été déplacée vers l'extérieur sur les objets, ce qui demeure comme son résidu dans l'intérieur, c'est le masochisme proprement dit, érogène, qui d'une part est devenu une composante de la libido et d'autre part garde toujours pour objet l'être propre de l'individu. Ce masochisme serait donc un témoin et un vestige de cette phase de formation dans laquelle s'est accompli cet alliage, si important pour la vie, de la pulsion de mort et d'Eros. Nous apprendrons sans surprise que, dans des circonstances déterminées, le sadisme ou pulsion de destruction, tourné vers l'extérieur, projeté, peut de nouveau être introjecté, tourné vers l'intérieur, régressant ainsi à sa situation première. Il donne alors le masochisme secondaire qui se surajoute au masochisme originaire.

Le masochisme érogène prend part à toutes les phases de développement de la libido et leur emprunte la succession des costumes psychiques qu'il revêt. L'angoisse d'être dévoré par l'animal totémique (père) a sa source dans l'organisation orale primitive, le désir d'être battu par le père provient de la phase suivante, sadique-anale ; le stade d'organisation phallique introduit dans le contenu des fantasmes masochistes son précipité la castration, bien que celle-ci soit plus tard l'objet d'un déni ; de l'organisation génitale définitive dérivent naturellement les situations caractéristiques de la féminité, subir le coït et accoucher. Le rôle des fesses dans le masochisme est lui aussi facile à comprendre, abstraction faite de son fondement évident dans le réel. Les fesses sont les parties du corps privilégiées du point de vue érogène dans la phase sadique-anale comme les mamelles dans la phase orale et le pénis dans la phase génitale.

---

(1) *Névrose, Psychose et Perversion,* pp. 233-234.

La troisième forme du masochisme, le masochisme moral, est surtout remarquable en ce que sa relation avec ce que nous considérons comme sexualité se trouve relâchée. Dans les autres cas, les souffrances masochistes supposent une condition : provenir de la personne aimée, être endurées sur son ordre ; cette limitation est abandonnée dans le masochisme moral. Ce qui importe c'est la souffrance elle-même ; qu'elle soit infligée par une personne aimée ou indifférente, cela ne joue aucun rôle ; elle peut aussi être causée par des puissances ou des circonstances impersonnelles, le véritable masochiste tend toujours la joue quand il a la perspective de recevoir une gifle. » (1).

---

(1) *Névrose, Psychose et Perversion*, pp. 292-293.

IV

l'anthropologie

civilisation et culture

C'est un des principes maîtres de la recherche freudienne que celui de l'analogie profonde entre le normal et le pathologique : la thérapeutique analytique et l'analyse des symptômes névrotiques des sujets normaux ont révélé l'existence de processus psychologiques appartenant de façon fondamentale à la vie psychique.

C'est ainsi que l'exploration des rêves, en particulier des rêves typiques a conduit à l'explication de certains mythes et contes, que le symbolisme des rêves et les fantasmes des névrotiques et des psychotiques ont révélé leurs liens avec la mythologie, le folklore et les créations poétiques. La méthode analytique ouvre donc la voie à l'interprétation des grandes productions individuelles et collectives de l'humanité : la littérature, l'art, les religions.

L'analyse des processus de l'activité psychique inconsciente, du dynamisme des pulsions (refoulement, sublimation) permet l'accès aux sources mêmes de l'activité artistique, de la création peut-être, de même qu'elle permet de comprendre les sources et l'évolution du sentiment religieux.

De même que les mêmes processus sont à l'œuvre dans le psychisme de l'individu dit normal et dans celui du malade (ce qui ne signifie nullement « réduction » du normal au pathologique), les mêmes processus sont à l'œuvre dans le développement individuel et la formation et l'évolution des groupes (ce qui ne signifie nullement simple « extension » des hypothèses et conclusions de la psychologie individuelle à celle des groupes). Les raisons en sont plus profondes : c'est que l'analyse freudienne atteint l'essentiel, le fondamental, ce qui, dans l'individu exprime les forces mêmes de la vie : la lutte entre Eros et pulsions de mort.

Et pour rester sur le plan phénoménologique, c'est toute la psychologie individuelle qui est déjà, chez Freud, une psychologie relationnelle. Ce fut, à l'époque, une de ses plus incontestables originalités que de considérer l'individu non comme une sorte de « monade » mais comme une réalité bien concrète, enracinée dans sa famille, son milieu, aux prises avec les problèmes de sa genèse et de sa maturation, avec le problème de l'autre : le choix objectal.

La psychologie individuelle est relationnelle, elle est sexuée (au féminin, ou au masculin ; ou au masculin-féminin), enfin, elle est une histoire.

La psychologie sociale ou collective ne se constitue donc pas « sur le modèle » de la psychologie de l'individu, ou plutôt, si elle le fait, c'est parce que ce modèle est déjà, dans la psychologie individuelle, un modèle relationnel et génétique.

[236] « C'est qu'autrui joue toujours dans la vie de l'individu le rôle d'un modèle, d'un objet, d'un associé ou d'un adversaire, et la psychologie individuelle se présente dès le début comme étant en même temps, par un certain côté, une psychologie sociale dans le sens élargi, mais pleinement justifié du mot. » (1).

Ainsi seront interprétés : les origines de la civilisation et ses vicissitudes, l'organisation familiale, le tabou de l'inceste, la religion totémique, l'organisation politique, le droit, l'éthique, la religion.

ESSENCE DE LA CIVILISATION

[237] « Le terme de civilisation désigne la totalité des œuvres et organisation dont l'institution nous éloigne de l'état animal de nos ancêtres et qui servent à deux fins : la protection de l'homme contre la nature et la réglementation des relations des hommes entre eux. » (2).

Civilisation est synonyme de culture

[238] « La culture humaine — j'entends tout ce par quoi la vie humaine s'est élevée au-dessus des conditions animales et par où elle diffère de la vie des bêtes, et je dédaigne de séparer la civilisation de la « culture » — présente, ainsi que l'on sait, à l'observateur deux faces. Elle comprend, d'une part, tout le savoir et le pouvoir qu'ont acquis les hommes afin de maîtriser les forces de la nature et de conquérir sur elle des biens susceptibles de satisfaire aux besoins humains ; d'autre part, toutes les dispositions nécessaires pour régler les rapports des hommes entre eux, en particulier la répartition des biens accessibles. Ces deux orientations de la civilisation ne sont pas indépendantes l'une de l'autre, en premier lieu parce que les rapports mutuels des hommes sont profondément influencés par la mesure des satisfactions de l'instinct que permettent les richesses présentes ; en second lieu parce que l'individu lui-même peut entrer en rapport avec un autre homme en tant que propriété, dans la mesure où ce dernier emploie sa capacité de travail ou le prend comme objet sexuel ; en troisième lieu parce que chaque individu est virtuellement un ennemi de la civilisation qui cependant est elle-même dans l'intérêt de l'humanité en général. Il est curieux que les hommes, qui savent

---

(1) *Essais de Psychanalyse*, p. 83 (Psychologie collective et analyse du Moi).

(2) *Malaise dans la civilisation*, p. 37.

si mal vivre dans l'isolement, se sentent cependant lourdement opprimés par les sacrifices que la civilisation attend d'eux afin de leur rendre possible la vie en commun. La civilisation doit ainsi être défendue contre l'individu, et son organisation, ses institutions et ses lois se mettent au service de cette tâche ; elles n'ont pas pour but unique d'instituer une certaine répartition des biens, mais encore de la maintenir, elles doivent de fait protéger contre les impulsions hostiles des hommes tout ce qui sert à maîtriser la nature et à produire les richesses. Les créations de l'homme sont aisées à détruire et la science et la technique qui les ont édifiées peuvent aussi servir à leur anéantissement. » (1).

La beauté

C'est un élément essentiel de la civilisation, bien qu'elle ne réponde à aucune finalité pratique; l'homme civilisé a besoin de la beauté comme d'un surcroît. Créer de la Beauté, l'honorer partout où il la rencontre est le signe de l'homme civilisé.

[239] « L'ordre dont les bienfaits sont absolument indéniables permet à l'homme d'utiliser au mieux l'espace et le temps et ménage du même coup ses forces psychiques. On serait en droit de s'attendre qu'il se fût manifesté dès l'origine et de lui-même dans les actes humains ; il est étrange qu'il n'en ait pas été ainsi, bien plus, que l'homme ait montré une tendance naturelle à la négligence, à l'irrégularité, et à l'inexactitude au travail, et qu'il faille tant d'efforts pour l'amener par l'éducation à imiter l'exemple du ciel. La beauté, la propreté et l'ordre occupent évidemment un rang tout spécial parmi les exigences de la civilisation. Personne ne prétendra que leur importance soit comparable à celle, autrement vitale pour nous, de la domination des forces de la nature, ou à celle d'autres facteurs qu'il nous faudra apprendre à connaître ; et cependant personne ne les reléguerait volontiers au rang d'accessoires. » (2).

Les productions intellectuelles et spirituelles

[240] « Mais nous ne pouvons imaginer de trait plus caractéristique de la civilisation que le prix attaché aux activités psychiques supérieures, productions intellectuelles, scientifiques et artistiques, ni d'indice culturel plus sûr que le rôle conducteur attribué aux idées dans la vie des hommes. Parmi ces idées, les systèmes religieux occupent le rang le plus élevé dans l'échelle des valeurs. » (3).

---

(1) *L'avenir d'une illusion*, pp. 8-9.
(2) *Malaise dans la civilisation*, p. 42.
(3) *Ibid.*, p. 42.

[241] « A côté d'eux se rangent les spéculations philosophiques, puis enfin ce qu'on peut appeler les « constructions idéales » des hommes, idées d'une éventuelle perfection de l'individu, du peuple ou de l'humanité entière, ou exigences et aspirations qui s'élèvent en eux sur cette base. Le fait que ces créations de l'esprit, loin d'être indépendantes les unes des autres, s'enchevêtrent au contraire étroitement, rend fort ardues leur formulation aussi bien que leur dérivation psychologiques. » (1).

Les rapports sociaux. La justice et le droit

Enfin, l'ultime et le plus important effort de toute civlisation consiste à régler les rapports sociaux des hommes dans les diverses communautés où ils se trouvent engagés : communautés de travail, familles, Etat. Le droit est, dès lors, fondé sur la puissance de la collectivité seule capable de restreindre les exigences individuelles de plaisir et de s'opposer à tout arbitraire.

[242] « L'élément culturel serait donné par la première tentative de réglementation de ces rapports sociaux. Si pareille tentative faisait défaut, ceux-ci seraient alors soumis à l'arbitraire individuel, autrement dit à l'individu physiquement le plus fort qui les réglerait dans le sens de son propre intérêt et de ses pulsions instinctives. Et rien ne serait changé si ce plus fort trouvait plus fort que lui. La vie en commun ne devient possible que lorsqu'une pluralité parvient à former un groupement plus puissant que ne l'est lui-même chacun de ses membres, et à maintenir une forte cohésion en face de tout individu pris en particulier. La puissance de cette communauté en tant que « Droit » s'oppose alors à celle de l'individu, flétrie du nom de force brutale. En opérant cette substitution de la puissance collective à la force individuelle, la civilisation fait un pas décisif. Son caractère essentiel réside en ceci que les membres de la communauté limitent leurs possibilités de plaisir alors que l'individu isolé ignorait toute restriction de ce genre. Ainsi la prochaine exigence culturelle est celle de la « justice », soit l'assurance que l'ordre légal désormais établi ne sera jamais violé au profit d'un seul. Nous ne nous prononcerons pas sur la valeur éthique d'un tel « Droit ». Poursuivant son évolution, la civilisation semble alors s'engager dans une voie où elle tend à ne plus faire du droit l'expression de la volonté d'une petite communauté — caste, classe ou nation —, celle-ci se comportant à son tour, à l'égard d'autres masses de même genre mais éventuellement plus nombreuses, comme un individu prêt à recourir à la force brutale. Le résultat final doit être l'édification d'un droit auquel tous — ou du moins tous les membres susceptibles d'adhérer à la communauté — aient contribué en sacrifiant leurs impulsions instinctives personnelles, et qui d'autre part ne laisse aucun d'eux deve-

(1) *Malaise dans la Civilisation,* p. 43.

nir la victime de la force brutale, à l'exception de ceux qui n'y ont point adhéré. » (1).

ORIGINE DE LA VIE COMMUNAUTAIRE

Eros et Ananké : le besoin sexuel et la contrainte du travail

[243] « On peut supposer que la fondation de celle-ci coïncida avec une certaine évolution du besoin de satisfaction génitale, ce dernier ne se manifestant plus à la manière d'un hôte apparaissant soudain pour ensuite ne plus donner signe de vie de longtemps après son départ, mais comme un locataire qui s'installe à demeure chez l'individu. Par là fut donné au mâle un motif de garder chez lui la femelle ou, d'une façon plus générale, les objets sexuels ; les femelles de leur côté, ne tenant pas à se séparer de leurs petits, durent dans l'intérêt de ces jeunes être dénués de tout secours rester auprès du mâle plus fort. Au sein de cette famille primitive, il nous manque encore un trait essentiel à la civilisation, car l'arbitraire du chef et père était sans limite. J'ai tenté d'indiquer dans « Totem et Tabou » la voie qui conduisait de ce stade familial primitif au suivant, c'est-à-dire au stade où les frères s'allièrent entre eux. Par leur victoire sur le père, ceux-ci avaient fait l'expérience qu'une fédération peut être plus forte que l'individu isolé. La civilisation totémique est basée sur les restrictions qu'ils durent s'imposer pour maintenir ce nouvel état de choses. Les règles du Tabou constituèrent le premier code de « droit ». La vie en commun des humains avait donc pour fondement : premièrement la contrainte au travail créée par la nécessité extérieure, et secondement la puissance de l'amour, ce dernier exigeant que ne fussent privés ni l'homme de la femme, son objet sexuel, ni la femme de cette partie séparée d'elle-même qu'était l'enfant. Eros et Ananké sont ainsi devenus les parents de la civilisation humaine dont le premier succès fut qu'un plus grand nombre d'êtres purent rester et vivre en commun. Et comme deux puissances considérables conjuguaient là leur action, on aurait pu espérer que le développement ultérieur s'accomplît sans difficulté et conduisît à une maîtrise toujours plus parfaite du monde extérieur, ainsi qu'à un accroissement progressif du nombre des membres englobés dans la communauté. » (2).

(1) *Malaise dans la civilisation*, pp. 43-44.
(2) *Ibid.*, pp. 50-51.

L'amour et l'amitié

L'amour, sous ses diverses formes, est l'un des fondements de la civilisation. En tant qu'amour sexuel génital il offre les plus hautes satisfactions à l'individu, apparaît comme le prototype de tout bonheur et permet la fondation des familles. En tant que tendresse inhibée quant au but, il investit d'autres objets et permet la création de liens nouveaux au-delà de la famille et plus libres que ceux que créent l'amour sexuel génital, et surtout plus désintéressés.

[244] « Cet amour qui fonda la famille continue d'exercer son empire au sein de la civilisation aussi bien sous sa forme primitive, en tant que ne renonçant pas à la satisfaction sexuelle directe, que sous sa forme modifiée en tant que tendresse inhibée quant au but. Il perpétue sous ces deux formes sa fonction qui est d'unir les uns aux autres un plus grand nombre d'êtres humains et de les unir de façon plus énergique que ne réussit à le faire l'intérêt d'une communauté fondée sur le travail. L'imprécision avec laquelle le langage use du terme Amour est justifiée du point de vue génétique. On nomme amour la relation entre l'homme et la femme qui en raison de leurs besoins sexuels ont fondé une famille, mais amour aussi les sentiments positifs existant au sein de la famille entre parents et enfants, entre frères et sœurs, bien que nous devions dépeindre ces dernières relations comme amour inhibé quant au but, soit comme tendresse. Mais à l'origine, cet amour inhibé était justement des plus sensuels et il l'est demeuré dans l'inconscient des hommes. Pleinement sensuel ou inhibé, et débordant le cadre de la famille, l'amour va s'emparer sous ses deux formes d'objets jusqu'ici étrangers, et établir avec eux de nouvelles liaisons : génital, il conduit à la formation de nouvelles familles ; inhibé quant au but à des « amitiés » qui importent fort à la civilisation parce qu'elles échappent à maintes restrictions frappant le premier, par exemple à son exclusivité. » (1).

[245] « Toute hostilité disparaît, momentanément ou durablement, dans la foule. Tant que la formation collective se maintient, les individus se comportent comme s'ils étaient taillés sur le même patron, supportent toutes les particularités de leurs voisins, se considèrent comme les égaux et n'éprouvent pas pour eux la moindre aversion. Conformément à nos conceptions théoriques, une pareille restriction du narcissisme ne peut résulter que de l'action d'un seul facteur : de l'attachement libidineux à d'autres personnes. L'égoïsme ne trouve une limite que dans l'amour des autres, dans l'amour objectal. On nous demandera, à ce propos, si une simple association d'intérêts, sans intervention d'un élément libidineux quelconque, n'est pas de nature à déterminer une tolérance réciproque et le respect pour les autres.

(1) *Malaise dans la Civilisation*, pp. 53-54.

A cette question, il est facile de répondre qu'il ne peut s'agir dans ce cas d'une limitation permanente du narcissisme, car dans les associations de ce genre, la tolérance ne dure pas plus longtemps que l'avantage immédiat qu'on retire de la collaboration avec les autres. La valeur pratique de cette question est d'ailleurs moindre qu'on ne serait tenté de le croire, l'expérience ayant montré que, même dans les cas de simple collaboration, des relations libidineuses s'établissent régulièrement entre les camarades, et que ces relations survivent aux avantages purement pratiques que chacun retire de cette collaboration. Nous retrouvons dans les relations sociales des hommes les faits que la recherche psychanalytique nous a permis d'observer au cours du développement de la libido individuelle. La libido se rattache à la satisfaction des grands besoins vitaux et choisit pour ses premiers objets les personnes dont l'intervention contribue à cette satisfaction. Et dans le développement de l'humanité, comme dans celui de l'individu, c'est l'amour qui s'est révélé le principal, sinon le seul facteur de la civilisation, en déterminant le passage de l'égoïsme à l'altruisme. Et cela est vrai aussi bien de l'amour sexuel pour la femme, avec toutes les nécessités qui en découlent de ménager ce qui lui est cher, que de l'amour désexualisé, homosexuel et sublimé pour d'autres hommes, qui naît du travail commun.

C'est ainsi que, si nous observons dans la foule des limitations de l'égoïsme narcissique qui ne se manifestent pas en dehors d'elle, nous devons y voir une preuve irréfutable qu'une formation collective est caractérisée avant tout et essentiellement par l'établissement de nouveaux liens affectifs entre les membres de cette formation.

La question qui se pose et s'impose ici est de savoir de quel genre sont ces nouveaux liens affectifs. Dans la théorie psychanalytique des névroses, nous nous sommes occupés jusqu'à présent, d'une façon à peu près exclusive, des tendances érotiques qui, dans leurs fixations à des objets, poursuivent encore des buts sexuels directs. Il est évident qu'en ce qui concerne la foule, il ne peut pas être question de buts sexuels. Nous nous trouvons ici en présence de tendances érotiques qui, sans rien perdre de leur énergie, ont dévié de leurs buts primitifs. Or, même dans le cadre de la fixation sexuelle ordinaire à des objets, nous avons observé des phénomènes qui peuvent être interprétés comme une déviation de l'instinct de son but sexuel. Nous avons décrit ces phénomènes comme autant de degrés de l'état amoureux et nous avons vu qu'ils comportaient une certaine limitation du Moi. » (1).

---

(1) *Essais de Psychanalyse*, pp. 123-124.

LES RÈGLES DE LA VIE COMMUNAUTAIRE

Le tabou de l'inceste et la loi de l'exogamie

[246] « Au temps primitif, l'homme vivait en petites hordes dont chacune était gouvernée par un mâle vigoureux. L'époque ne peut être précisée et nos connaissances géologiques elles-mêmes ne nous apprennent rien à ce sujet. Sans doute le langage n'était-il alors qu'à peine ébauché. Un point essentiel de notre argumentation est que le destin que nous allons retracer fut celui de tous les hommes primitifs, donc celui aussi de nos aïeux.

Cette histoire ainsi racontée paraît très condensée comme si ce qui avait mis des années à s'achever, ce qui s'était répété sans cesse, ne s'était en réalité produit qu'une seule fois. Le mâle vigoureux, seigneur et père de toute la horde, disposait à son gré et brutalement d'un pouvoir illimité. Toutes les femelles lui appartenaient : les femmes et les filles de sa propre horde ainsi, sans doute, que celles ravies aux autres hordes. Le sort des fils était pénible : quand il leur arrivait de susciter la jalousie de leur père, ils étaient massacrés, châtrés ou chassés, se voyaient contraints de vivre en petites communautés et ne pouvaient se procurer de femmes que par le rapt. Il arrivait que certains d'entre eux finissent par se créer une situation analogue à celle du père dans la horde primitive. Les fils les plus jeunes avaient naturellement une situation privilégiée, protégés qu'ils étaient par l'amour de leur mère et l'âge de leur père ; ils pouvaient ainsi plus aisément succéder à celui-ci. Il semble qu'on puisse, dans un grand nombre de légendes et de mythes, retrouver des traces de l'évincement de l'aîné et de la préférence accordée au cadet. A ce premier stade d'organisation « sociale » succéda ensuite un autre où, sans doute, les frères chassés, groupés en communautés, s'associèrent pour vaincre leur père et — suivant la coutume de l'époque — le dévorer. Ce cannibalisme ne doit pas nous choquer ; il a survécu jusqu'en des époques bien plus tardives. Le point essentiel est que nous attribuons à ces hommes primitifs des sentiments et des émotions analogues à ceux que les rechercches psychanalytiques nous ont permis de découvrir chez nos primitifs actuels et chez nos enfants, ce qui revient à dire que tout en craignant et haïssant leur père, ils le vénéraient aussi et le prenaient pour exemple. En réalité chacun aurait voulu se mettre à sa place. L'acte cannibale doit donc être considéré comme une tentative d'identification au père en s'en incorporant un morceau.

Tout porte à croire qu'après le meurtre du père, les frères se disputèrent sa succession pendant très longtemps, chacun voulant posséder seul tout l'héritage. Mais un moment vint où ils comprirent le danger et l'inutilité de ces luttes. Le souvenir de la libération qu'ensemble ils avaient réalisée, les liens sentimentaux aussi qu'ils avaient noués durant leur bannissement les amenèrent à une entente, à une sorte de contrat social. Il en sortit une première forme d'organisation sociale avec renoncement aux instincts, acceptation d'obligations mutuelles, établissement de certaines institutions déclarées inviolables, sacrées, bref début de la morale et du droit. Chacun renonça au rêve de remplacer son père ou de posséder sa mère ou sa sœur. Ainsi se trouvèrent institués le tabou de l'inceste et la loi de l'exogamie. » (1).

Le surmoi collectif ou conscience morale de la collectivité

Il y a une profonde analogie entre le développement de l'individu et le développement de la collectivité. Comme l'individu, la communauté développe un Surmoi dont les exigences déterminent l'évolution culturelle. Dans les deux cas, le renoncement pulsionnel suscité par l'angoisse (cf. deuxième théorie de l'angoisse) permet l'investissement d'une énergie considérable au profit de la conscience morale dont la sévérité et l'intolérance s'intensifient à chaque nouvelle contrainte si bien que, paradoxalement, le renoncement au plaisir est à la fois la cause et la conséquence des exigences du Surmoi.

[247] « Le Surmoi d'une époque culturelle donnée a une origine semblable à celle du Surmoi de l'individu ; il se fonde sur l'impression laissée après eux par de grands personnages, des conducteurs, des hommes doués d'une force spirituelle dominatrice chez lesquels l'une des aspirations humaines a trouvé son expression la plus forte et la plus pure, et par cela même aussi la plus exclusive. L'analogie en beaucoup de cas va encore plus loin, car ces personnalités ont été de leur vivant — assez souvent, sinon toujours — bafouées par les autres, maltraitées ou même éliminées de façon cruelle. Leur sort est au fond analogue à celui du père primitif qui, longtemps seulement après avoir été brutalement mis à mort, prenait rang de divinité. La figure de Jésus-Christ est précisément l'exemple le plus saisissant de cet enchaînement commandé par le destin, si au demeurant elle n'appartient pas au mythe qui lui a donné le jour en souvenir confus de ce meurtre primitif. Mais il y a un autre point concordant, c'est le « Surmoi de la communauté civilisée », tout comme le Surmoi individuel, émet des exigences idéales sévères, dont la non-observation trouve aussi sa punition dans une « angoisse de la conscience morale » (2).

[248] « Le Surmoi collectif a élaboré ses idéals et posé ses exigences. Parmi ces dernières, celles qui ont trait aux relations des hommes entre eux sont résumées par le terme général d'Ethique. De

---

(1) *Moïse et le Monothéisme*, pp. 121-122-123.
(2) *Malaise dans la civilisation*, p. 103.

tout temps, l'on a attaché la plus grande valeur à cette dite éthique, comme si on attendait d'elle qu'elle dût accomplir de grandes choses. Elle s'attaque, en effet, il est aisé de s'en rendre compte, au point le plus faible de toute civilisation. Il convient donc de voir en elle une sorte de tentative thérapeutique, d'effort d'obtenir, à l'aide d'un impératif du Surmoi, ce que jusque-là la civilisation n'avait pu obtenir par le moyen d'autres disciplines. Ici, nous l'avons déjà reconnu, le problème consiste à écarter l'obstacle le plus grand rencontré par la civilisation, à savoir, l'agressivité constitutionnelle de l'être humain contre autrui : d'où l'intérêt tout particulier du plus récent des commandements du Surmoi collectif : « Aime ton prochain comme toi-même. » L'étude des névroses, ainsi que leur traitement, nous amènent à formuler deux objections au Surmoi de l'individu : par la sévérité de ses ordres et de ses interdictions, il se soucie trop peu du bonheur du Moi, et d'autre part il ne tient pas assez compte des résistances à lui obéir ; de la force des pulsions du Soi et des difficultés extérieures. Ainsi sommes-nous très souvent obligés dans un but thérapeutique de lutter contre lui et nous efforçons-nous de rabaisser ses prétentions. Or, nous sommes en droit d'adresser des reproches très analogues au Surmoi collectif touchant ses exigences éthiques. Car lui non plus ne se soucie pas assez de la constitution psychique humaine : il édicte une loi et ne se demande pas s'il est possible à l'homme de la suivre. Il présume bien plutôt que tout ce qu'on lui impose est psychologiquement possible au Moi humain, et que ce Moi jouit d'une autorité illimitée sur son Soi. C'est là une erreur; même chez l'homme prétendu normal, la domination du Soi par le Moi ne peut dépasser certaines limites. Exiger davantage, c'est alors provoquer chez l'individu une révolte ou une névrose, ou le rendre malheureux. » (1).

LES FORCES ANTAGONISTES A LA CIVILISATION

C'est en elle-même que la civilisation porte des forces antagonistes. Tout d'abord, elle les suscite, par une sorte de nécessité intérieure. En effet, si la civilisation est le résultat de la domestication des pulsions, elle impose à l'individu des frustrations qui seront le noyau de son hostilité contre la culture.

La répression des instincts

[249] « Les désirs instinctifs qui ont à pâtir de par elle renaissent avec chaque enfant ; et il est toute une classe d'êtres humains, les névropathes, qui réagissent déjà à ces primitives privations en deve-

---

(1) *Malaise dans la civilisation*, pp. 103-104-105.

nant associaux. Ces désirs instinctifs sont ceux de l'inceste, du cannibalisme et du meurtre. Il peut paraître étrange de rapprocher ces désirs, que tous les hommes semblent unanimes à réprouver, de ces autres désirs, au sujet desquels, dans notre civilisation, il est si vivement discuté si l'on doit ou non les laisser se satisfaire, mais psychologiquement nous y sommes justifiés. L'attitude qu'a prise la culture envers ces trois plus anciens des désirs instinctifs n'est d'ailleurs nullement uniforme ; seul, le cannibalisme semble être réprouvé par tous et peut paraître à toute autre observation qu'à l'observation analytique entièrement abandonné ; la force des désirs incestueux se fait encore sentir derrière l'interdiction ; et le meurtre, au sein de notre civilisation, est, dans certaines conditions, encore d'usage, voire commandé. Peut-être la culture évoluera-t-elle de telle sorte que d'autres satisfactions instinctives, aujourd'hui tout à fait permises, sembleront un jour tout aussi inacceptables qu'aujourd'hui le cannibalisme. » (1).

L'hypocrisie

L'évolution a permis ce que Freud appelle un progrès psychique : l'intériorisation des interdits par le Surmoi ; mais ce progrès est le fait d'un petit nombre.

[250] « Il est conforme à notre évolution que la contrainte externe soit peu à peu intériorisée, par ceci qu'une instance psychique particulière, le Surmoi de l'homme, la prend à sa charge. Chacun de nos enfants est à son tour le théâtre de cette transformation ; ce n'est que grâce à elle qu'il devient un être moral et social. Ce renforcement du Surmoi est un patrimoine psychologique de haute valeur pour la culture. Ceux chez qui il a eu lieu deviennent, de ses ennemis, ses supports. Plus leur nombre dans un milieu culturel est grand, plus assurée est cette civilisation, et mieux elle peut se passer de moyens externes de coercition. Mais le degré d'intériorisation des interdictions varie beaucoup suivant les instincts frappés par chacune de celles-ci. En ce qui touche aux plus anciennes exigences de la culture, déjà mentionnées, l'intériorisation semble largement réalisée, si nous laissons de côté l'inopportune exception consituée par les névropathes. Mais les choses changent de face si nous considérons les autres exigences instinctives. On observe alors, avec surprise et souci, que la majorité des hommes obéit aux défenses culturelles s'y rattachant sous la seule pression de la contrainte externe, par conséquent là seulement où cette contrainte peut se faire sentir et tant qu'elle est à redouter. Ceci s'applique aussi à ces exigences culturelles dites morales qui touchent tout le monde de la même façon. Quand on entend dire qu'on ne peut se fier à la moralité des hommes, il est le plus souvent question de choses de ce ressort. Il est d'innombrables civilisés qui reculeraient

---

(1) *L'Avenir d'une illusion*, p. 16.

épouvantés à l'idée du meurtre ou de l'inceste, mais qui ne se refusent pas la satisfaction de leur cupidité, de leur agressivité, de leurs convoitises sexuelles, qui n'hésitent pas à nuire à leur prochain par le mensonge, la tromperie, la calomnie, s'ils peuvent le faire avec impunité. » (1).

Les inégalités sociales

[251] « Mais quand une civilisation n'a pas dépassé le stade où la satisfaction d'une partie de ses participants a pour condition l'oppression des autres, peut-être de la majorité, ce qui est le cas de toutes les civilisations actuelles, il est compréhensible qu'au cœur des opprimés grandisse une hostilité intense contre la civilisation rendue possible par leur labeur mais aux ressources de laquelle ils ont une trop faible part. On ne peut alors s'attendre à trouver une intériorisation des interdictions culturelles chez ces opprimés ; ils sont bien plutôt prêts à ne pas reconnaître ces interdictions, ils tendent à détruire la civilisation elle-même, voire à nier éventuellement les bases sur lesquelles elle repose. » (2).

Le racisme

[252] « On ne sera que trop porté à englober dans le patrimoine spirituel d'une civilisation ses idéals, c'est-à-dire ses jugements relativement à ce qui est le plus élevé et à ce qu'il est le plus souhaitable d'accomplir. Il semblerait au premier abord que ces idéals dussent déterminer les formes d'activité du groupe culturel, mais l'ordre réel des facteurs doit être celui-ci : les idéals se modèlent sur les premières formes d'activité que la coopération des dons innés et des circonstances extérieures permettent pour une civilisation donnée, et ensuite ces premières activités se fixent sous forme d'un idéal afin de servir d'exemples à suivre. Ainsi, la satisfaction qu'un idéal accorde aux participants d'une civilisation donnée est d'ordre narcissique, elle repose sur l'orgueil de ce qui a déjà été accompli avec succès. Afin de parachever cette satisfaction, chaque civilisation se compare aux autres cultures, qui se sont consacrées à d'autres tâches et se sont érigé d'autres idéals. Grâce à ces différences, chaque civilisation s'arroge le droit de mépriser les autres. C'est ainsi que les idéals culturels deviennent une cause de discorde et d'inimitié, entre groupes culturels, ainsi qu'on peut clairement le voir entre nations. » (3).

---

(1) *L'Avenir d'une illusion*, p. 17.
(2) *Ibid.*, p. 18.
(3) *Ibid.*, p. 19.

La liberté individuelle

[253] « La liberté individuelle n'est nullement un produit culturel. C'est avant toute civilisation qu'elle était la plus grande, mais aussi sans valeur le plus souvent, car l'individu n'était guère en état de la défendre. Le développement de la civilisation lui impose des restrictions, et la justice exige que ces restrictions ne soient épargnées à personne. Quand une communauté humaine sent s'agiter en elle une poussée de liberté, cela peut répondre à un mouvement de révolte contre une injustice patente, devenir ainsi favorable à un nouveau progrès culturel et demeurer compatible avec lui. Mais cela peut être aussi l'effet de la persistance d'un reste de l'individualisme indompté et former alors la base de tendances hostiles à la civilisation. La poussée de liberté se dirige de ce fait contre certaines formes ou certaines exigences culturelles, ou bien même contre la civilisation.

Il ne paraît pas qu'on puisse amener l'homme par quelque moyen que ce soit à troquer sa nature contre celle d'un termite ; il sera toujours enclin à défendre son droit à la liberté individuelle contre la volonté de la masse. Un bon nombre de luttes au sein de l'humanité se livrent et se concentrent autour d'une tâche unique : trouver un équilibre approprié, donc de nature à assurer le bonheur de tous, entre ces revendications de l'individu et les exigences culturelles de la collectivité. Et c'est l'un des problèmes dont dépend le destin de l'humanité que de savoir si cet équilibre est réalisable au moyen d'une certaine forme de civilisation, ou bien si au contraire ce conflit est insoluble. » (1).

Le rôle des femmes

[254] « De plus, les femmes ne tardent pas à contrarier le courant civilisateur ; elles exercent une influence tendant à la ralentir et à l'endiguer. Et pourtant ce sont ces mêmes femmes qui, à l'origine, avaient établi la base de la civilisation grâce aux exigences de leur amour. Elles soutiendront les intérêts de la famille et de la vie sexuelle alors que l'œuvre civilisatrice, devenue de plus en plus l'affaire des hommes, imposera à ceux-ci des tâches toujours plus difficiles et les contraindra à sublimer leurs instincts, sublimation à laquelle les femmes sont peu aptes. Comme l'être humain ne dispose pas d'une quantité illimitée d'énergie psychique, il ne peut accomplir ses tâches qu'au moyen d'une répartition opportune de sa libido. La part qu'il en destine à des objectifs culturels, c'est surtout aux femmes et à la vie sexuelle qu'il la soustrait ; le contact constant avec d'autres hommes, la dépendance où le tiennent les rapports avec eux, le dérobent à ses devoirs d'époux et de père. La femme, se voyant ainsi reléguée

---

(1) *Malaise dans la civilisation*, p. 45.

au second plan par les exigences de la civilisation, adopte envers celle-ci une attitude hostile. » (1).

L'agressivité tendance primitive

C'est contre l'agressivité que s'édifie la civilisation, par là elle nourrit en quelque sorte la tendance primitive, la renforce et la retourne contre elle-même.

[255] « L'agressivité constitue une disposition instinctive primitive et autonome de l'être humain, et je reviendrai sur ce fait que la civilsation y trouve son entrave la plus redoutable. Au cours de cette étude, l'intuition, un moment, s'est imposée à nous que la civilisation est un processus à part se déroulant au-dessus de l'humanité, et nous restons toujours sous l'empire de cette conception. Nous ajoutons maintenant que ce processus serait au service de l'Eros et voudrait, à ce titre, réunir des individus isolés, plus tard des familles, puis des tribus, des peuples ou des nations, en une vaste unité : l'humanité même. Pourquoi est-ce une nécessité ? Nous n'en savons rien ; ce serait justement l'œuvre de l'Eros. Ces masses humaines ont à s'unir libidinalement entre elles ; la nécessité à elle seule, les avantages du travail en commun ne leur donneraient pas la cohésion voulue. Mais la pulsion agressive naturelle aux hommes, l'hostilité d'un seul contre tous et de tous contre un seul s'opposent à ce programme de la civilisation. Cette pulsion agressive est la descendante et la représentation principale de l'instinct de mort que nous avons trouvé à l'œuvre à côté de l'Eros et qui se partage avec lui la domination du monde. Désormais la signification de l'évolution de la civilisation cesse à mon avis d'être obscure : elle doit nous montrer la lutte entre l'Eros et la mort, entre l'instinct de vie et l'instinct de destruction, telle qu'elle se déroule dans l'espèce humaine. Cette lutte est, somme toute, le contenu essentiel de la vie. C'est pourquoi il faut définir cette évolution par cette brève formule : le combat de l'espèce humaine pour la vie. » (2).

L'agressivité n'est pas la résultante de certaines conditions de civilisation. Elle est originaire, elle ne disparaîtra pas quand bien même on supprimerait ses domaines d'expression privilégiés : la concurrence économique, et la concurrence sexuelle.

[256] « En abolissant la propriété privée, on retire, certes, à l'agressivité humaine et au plaisir qu'elle procure l'un de ses instruments, et sans doute un instrument puissant, mais non pas le plus puissant. En revanche, on n'a rien changé aux différences de puissance et d'influence dont l'agressivité abuse, non plus qu'à la nature de celle-ci. Car elle n'a pas été créée par la propriété mais régnait de façon

(1) *Malaise dans la civilisation*, p. 55.
(2) *Ibid.*, pp. 77-78.

presque illimitée en des temps primitifs où cette dernière était encore bien peu de chose ; à peine l'instinct de la propriété a-t-il perdu chez les enfants sa forme anale primitive que déjà l'agression se manifeste chez eux ; elle constitue enfin le sédiment qui se dépose au fond de tous les sentiments de tendresse ou d'amour unissant les humains. » (1).

[257] « Abolirait-on le droit individuel aux biens matériels, que subsisterait le privilège sexuel, d'où émane obligatoirement la plus violente jalousie ainsi que l'hostilité la plus vive entre des êtres occupant autrement le même rang. Abolirait-on en outre ce dernier privilège en rendant la vie sexuelle entièrement libre, en supprimant donc la famille, cette cellule germinative de la civilisation, que rien ne laisserait prévoir quelles nouvelles voies la civilisation pourrait choisir pour son développement. Il faut, en tout cas, prévoir ceci : quelque voie qu'elle choisisse, le trait indestructible de la nature humaine l'y suivra toujours. » (3).

---

(1) *Malaise dans la Civilisation*, p. 67.
(2) *Ibid.*, pp. 67-68.

la religion

ORIGINE DU SENTIMENT RELIGIEUX

Aux débuts de l'humanité, l'homme est dans la même situation de détresse que l'enfant. Comme lui, il s'en défend par la projection de ses désirs dans la réalité.

[258] « ...Cette situation n'est pas nouvelle, elle a un prototype infantile, dont elle n'est en réalité que la continuation. Car nous nous sommes déjà trouvés autrefois dans un pareil état de détresse, quand nous étions petit enfant en face de nos parents. Nous avions des raisons de craindre ceux-ci, surtout notre père, bien que nous fussions en même temps certains de sa protection contre les dangers que nous craignions alors. Ainsi l'homme fut amené à rapprocher l'une de l'autre ces deux situations, et, comme dans la vie du rêve, le désir y trouve aussi son compte. Le dormeur éprouve-t-il un pressentiment de mort, qui cherche à le transporter dans la tombe, l'élaboration du rêve sait choisir la condition grâce à laquelle cet événement redouté devient la réalisation d'un désir, et le rêveur se trouvera par exemple transporté dans un tombeau étrusque, dans lequel il se croira descendu plein de joie de pouvoir enfin satisfaire à ses intérêts archéologiques. De même l'homme ne fait pas des forces naturelles de simples hommes avec lesquels il puisse entrer en relation comme avec ses pareils — cela ne serait pas conforme à l'impression écrasante qu'elles lui font — mais il leur donne les caractères du père, il en fait des dieux, suivant en ceci non pas seulement un prototype infantile mais encore phylogénique. » (1).

[259] « Ainsi se constitue un trésor d'idées, né du besoin de rendre supportable la détresse humaine, édifié avec le matériel fourni par les souvenirs de la détresse où se trouvait l'homme lors de sa propre enfance comme aux temps de l'enfance du genre humain. Il est aisé de voir que, grâce à ces acquisitions, l'homme se sent protégé de

---

(1) *L'Avenir d'une illusion*, pp. 14-15.

deux côtés : d'une part contre les dangers de la nature et du destin, d'autre part contre les dommages causés par la société humaine. Tout ceci revient à dire que la vie, en ce monde, sert un dessein supérieur, dessein dont la nature est certes difficile à deviner, mais dans lequel un perfectionnement de l'être de l'homme est à coup sûr impliqué. Probablement la partie spirituelle de l'homme, l'âme, qui s'est séparée si lentement et si à contrecœur du corps, au cours des temps, sera-t-elle l'objet de cette exaltation ? Tout ce qui a lieu en ce monde doit être considéré comme l'exécution des desseins d'une intelligence supérieure à la nôtre, qui, bien que par des voies et des détours difficiles à suivre, arrange toutes choses au mieux, c'est-à-dire pour notre bien. Sur chacun de nous veille une Providence bienveillante, qui n'est sévère qu'en apparence, Providence qui ne permet pas que nous devenions le jouet des forces naturelles, écrasantes et impitoyables ; la mort elle-même n'est pas l'anéantissement, pas le retour à l'inanimé, à l'inorganique, elle est le début d'une nouvelle sorte d'existence, étape sur la route d'une plus haute évolution. Et, en ce qui regarde l'autre face de la question, les mêmes lois morales sur lesquelles se sont édifiées nos civilisations gouvernent aussi l'univers, mais là une cour de justice plus haute veille à leur observation avec incomparablement plus de force et de logique. Le bien trouve toujours en fin de compte sa récompense, le mal son châtiment, si ce n'est pas dans cette vie-ci, du moins dans les existences ultérieures qui commencent après la mort. Ainsi toutes les terreurs, souffrances, cruautés de la vie seront effacées ; la vie d'après la mort, qui continue notre vie terrestre, comme la partie invisible du spectre s'adjoint à la visible, nous apportera toute la perfection, tout l'idéal, qui nous ont peut-être fait défaut ici-bas. Et la sagesse supérieure qui préside à ces destinées, la suprême bonté qui s'y manifeste, la justice qui s'y réalise, telles sont les qualités des êtres divins qui ont créé et nous et l'univers. Ou plutôt de l'Etre divin unique en lequel, dans notre civilisation, tous les dieux des temps primitifs se sont condensés. Le peuple qui réalisa le premier une pareille concentration des qualités divines ne fut pas peu fier d'un tel progrès. Il avait mis au jour le nucleus paternel, dissimulé mais présent dant toutes les figures divines ; c'était au fond un retour aux débuts historiques de l'idée de Dieu. A présent que Dieu était l'unique, les relations de l'homme à lui pouvaient recouvrer l'intimité et l'intensité des rapports de l'enfant au père. » (1).

---

(1) *L'Avenir d'une illusion,* pp. 26-27.

LE POINT DE DÉPART DE L'ÉDIFICATION DES RELIGIONS

La démarche freudienne articule trois arguments :

1. Constatation de l'identité de structure du complexe d'Œdipe et du tabou du totémisme ;

2. Observation clinique : les phobies animales si fréquentes chez l'enfant montrent dans l'animal de la phobie un substitut du père ;

3. Adhésion à l'hypothèse darwinienne de la horde primitive.

[260] « Mon point de départ fut la frappante concordance entre deux prescriptions de tabou du totémisme : ne pas tuer le totem, et ne se servir sexuellement d'aucune femme du même clan totem, avec les deux parties du complexe d'Œdipe : ne pas se débarrasser du père, et ne pas prendre la mère pour femme. On était par là tenté d'assimiler l'animal totem au père ainsi que les primitifs le faisaient de façon expresse, en le vénérant comme l'ancêtre du clan. Deux faits vinrent alors, du côté de la psychanalyse, à mon aide : une heureuse observation... sur un enfant permettant de parler d'un retour infantile du totémisme, et l'analyse des précoces phobies d'animaux des enfants, qui montre si souvent que l'animal de la phobie est un substitut du père sur lequel la peur du père, fondée sur le complexe d'Œdipe, a été déplacée. Il ne manquait plus grand-chose pour reconnaître le meurtre du père comme étant le noyau central du totémisme et le point de départ de l'édification des religions. » (1).

[261] « Une fois par an l'animal totem, d'ordinaire tenu pour sacré, était solennellement mis à mort, dévoré, puis pleuré, tout ceci avec la participation de tous les membres de la tribu. La période de deuil se terminait par une grande fête. Rapprochais-je de ceci la conjecture de Darwin d'après laquelle les hommes auraient originairement vécu en hordes, dont chacune était sous la domination d'un mâle unique, fort, violent et jaloux, ainsi, avec ces diverses composantes s'édifiait pour moi l'hypothèse, ou, pour mieux dire, la vision d'une suite de faits telle que la suivante :

Le père de la horde primitive avait accaparé en despote absolu toutes les femmes, et tué ou chassé les fils, rivaux dangereux. Un jour cenpendant ces fils s'associèrent, triomphèrent du père, le tuèrent et le dévorèrent en commun, lui qui avait été leur ennemi, mais aussi leur idéal. Après l'acte, ils furent hors d'état de recueillir sa succession, l'un barrant pour cela le chemin à l'autre. Sous l'influence de l'insuccès et du remords, ils apprirent à se supporter réciproquement, s'unirent en un clan de frères, de par les prescriptions du totémisme, destinées à empêcher le renouvellement d'un acte sembla-

(1) *Ma vie et la Psychanalyse*, pp. 105-106.

ble, et renoncèrent en bloc à la possession des femmes pour lesquelles ils avaient tué le père. Ils en étaient maintenant réduits à des femmes étrangères : de là l'origine de l'exogamie, si étroitement liée au totémisme. Le repas totémique était la fête commémorative de l'acte monstrueux duquel émanait le sentiment de culpabilié de l'humanité (péché originel), et avec lequel avaient commencé à la fois l'organisation sociale, la religion sociale, la religion et les restrictions de la morale.

Que la possibilité d'une telle suite de faits soit à accepter ou non comme historique, l'édification de la religion n'en était pas moins posée sur le terrain du compexe paternel et élevé sur l'ambivalence qui le commande. Après qu'eut été abandonné comme substitut du père, l'animal totem, le père primitif lui-même, redouté et haï, vénéré et envié, devint le modèle de Dieu. Le défi du fils et sa nostalgie du père luttèrent l'un contre l'autre en de toujours nouvelles formations de compromis, par lesquelles d'une part le meurtre du père devait être expié, d'autre part les bénéfices en devaient être confirmés. » (1).

[262] « La psychanalyse nous a appris à reconnaître le lien intime unissant le complexe paternel à la croyance en Dieu ; elle nous a montré que le Dieu personnel n'est rien d'autre, psychologiquement, qu'un père transfiguré ; elle nous fait voir tous les jours comment des jeunes gens perdent la foi au moment même où le prestige de l'autorité paternelle s'écroule pour eux. Ainsi, nous retrouvons dans le complexe parental la racine de l'exigence religieuse. Dieu juste et tout-puissant, la Nature bienveillante nous apparaissent comme des sublimations grandioses du père et de la mère, mieux comme des rénovations et des reconstructions des premières perceptions de l'enfance. La religiosité est en rapport, biologiquement, avec le long dénuement et le continuel besoin d'assistance du petit enfant humain ; lorsque plus tard l'adulte reconnaît son abandon réel et sa faiblesse devant les grandes forces de la vie, il se retrouve dans une situation semblable à celle de son enfance et il cherche alors à démentir cette situation sans espoir en ressuscitant, par la voie de la régression, les puissances qui protégeaient son enfance. La protection que la religion offre aux croyants contre la névrose s'explique ainsi : elle les décharge du complexe parental, auquel est attaché le sentiment de culpabilité aussi bien de l'individu que de toute l'humanité, et elle le résout pour eux, tandis que l'incroyant reste seul en face de cette tâche. » (2).

Les idées religieuses et le meurtre du père primitif

Les idées religieuses sont non seulement des réalisations de désirs, mais encore des réminiscences historiques, car les foules comme les individus gardent des traces mnésiques inconscientes du passé. L'évé-

---

(1) *Ma vie et la Psychanalyse*, pp. 106-107-108.
(2) *Un souvenir d'enfant de Léonard de Vinci*, p. 77.

nement dont il s'agit, c'est le meurtre du père primitif, faute originelle d'où procèdent le sentiment de culpabilité et la nostalgie du père.

[263] « Quand nous parlons de la persistance, chez un peuple, d'une tradition ancienne, de la formation d'un caractère national, c'est à une tradition héréditaire et non à une tradition oralement transmise que nous pensons. Tout au moins ne distinguons-nous pas entre les deux et, ce faisant, nous ne nous rendons pas compte de l'audace que cette négligence implique. Cet état de choses s'aggrave encore, il est vrai, du fait de la biologie qui, à l'heure actuelle, nie absolument l'hérédité des qualités acquises. Avouons, en toute modestie, que malgré cela, il nous paraît impossible de nous passer de ce facteur, quand nous cherchons à expliquer l'évolution biologique. Il est vrai que les deux cas ne sont pas tout à fait identiques ; dans l'un il s'agit de qualités acquises difficiles à concevoir, dans l'autre, de traces mnésiques d'impressions du dehors, c'est-à-dire de quelque chose de presque concret. Mais sans doute nous est-il, au fond, impossible d'imaginer l'un sans l'autre. En admettant que de semblables traces mnésiques subsistent dans notre hérédité archaïque, nous franchissons l'abîme qui sépare la psychologie individuelle de la psychologie collective et nous pouvons traiter les peuples de la même manière que l'individu névrosé. Tout en admettant que nous n'avons comme preuves de traces mnésiques dans notre hérédité archaïque que les manifestations recueillies au cours des analyses, manifestations qui doivent être ramenées à la phylogenèse, ces preuves nous paraissent cependant suffisamment convaincantes pour nous permettre de postuler un pareil état de choses. » (1).

Le totémisme, première forme connue de la religion

[264] « J'ai utilisé certaines réflexions théoriques de Charles Darwin, d'Atkinson et surtout de Robertson Smith en les combinant avec certaines découvertes et certaines suggestions de la psychanalyse. A Darwin, j'empruntai l'hypothèse suivant laquelle les hommes avaient originairement vécu en petites hordes, dont chacune était soumise à l'autorité tyrannique et brutale d'un mâle plus âgé qui avait réduit à merci des jeunes hommes dont certains étaient ses fils, ou s'était débarrassé d'eux. J'adoptai la description donnée par Atkinson de la fin du régime patriarcal : les fils révoltés se liguèrent contre leur père, le vainquirent puis le dévorèrent en commun. Me basant sur la théorie du totem de Robertson Smith, j'admis que le clan totémique des frères succéda à la horde du père. Afin de vivre en paix, les frères victorieux renoncèrent aux femmes pour lesquelles cependant ils avaient assassiné leur père, et édictèrent l'exogamie. La puissance paternelle ayant été ainsi brisée, les familles s'organisèrent d'après le droit

(1) *Moïse et le Monothéisme*, pp. 148-149.

matriarcal. L'ambivalence des fils à l'égard de leur père persista au cours de toute l'évolution ultérieure. En lieu et place du père, un certain animal fut choisi comme totem, considéré comme l'ancêtre, l'esprit protecteur, et il fut interdit de lui faire du mal ou de le tuer. Toutefois, une fois l'an, tout le clan s'assemblait pour un festin où l'animal totem, révéré en général, était mis en pièces et dévoré en commun. Personne n'était autorisé à s'abstenir de participer à ce festin qui était une répétition solennelle du meurtre du père, meurtre qui avait marqué le début d'un nouvel ordre social, d'une nouvelle loi morale et d'une nouvelle religion. » (1).

[265] « La loi de l'exogamie dont l'expression négative est la peur de l'inceste traduisit la volonté du père et la continua après le meurtre de ce dernier. D'où sa teinte affective si marquée et l'impossibilité de toute explication rationnelle, bref son caractère sacré. Nous sommes convaincus que si nous examinions tous les autres cas d'interdiction sacrée, nous obtiendrions un résultat analogue à celui que fournit l'étude de la peur de l'inceste et nous constaterions que le caractère sacré n'est originellement rien d'autre que la volonté perpétuée du père primitif. Ainsi quelque lumière serait également projetée sur l'ambivalence jusqu'ici inexplicable des mots qui expriment le concept de « sacré ». C'est l'ambivalence qui régit les rapports avec un père. « Sacré » ne signifie pas seulement « Saint », « consacré », mais aussi ce qui se traduit par « maudit », « abominable » (« auri sacra fames »). Non seulement il ne fallait pas toucher à la volonté du père, non seulement il convenait de l'honorer hautement, mais il fallait aussi la redouter parce qu'elle exigeait un pénible renoncement aux instincts. » (2).

Evolution du totémisme

[266] « Le totémisme, avec sa vénération d'un substitut du père, avec l'ambivalence dont témoigne le repas totémique, avec l'institution de fêtes commémoratives, d'interdiction dont la non-observance entraîne la mort, le totémisme, dis-je, peut bien être considéré comme une première ébauche de religion dans l'histoire de l'humanité, ce que vient confirmer le lien étroit qui unit, dès les débuts, les règles sociales et les obligations morales. Nous ne pouvons donner ici qu'un très bref aperçu du développement ultérieur de la religion. Sans doute cette évolution se produit-elle parallèlement au progrès de la civilisation et aux changements de structure des communautés humaines. Partant de là, le totémisme évolue vers une humanisation de l'être révéré. A l'animal succèdent des dieux humains dont l'origine totémique ne nous est pas dissimulée. Le dieu conserve sa forme animale ou tout au moins une tête d'animal, ou bien le totem devient le com-

(1) *Moïse et le Monothéisme,* p. 190-191.
(2) *Ibid.,* p. 177.

pagnon inséparable du dieu ou bien entre le mythe nous représente le dieu tuant justement l'animal qui n'est autre cependant que son prédécesseur. A un moment difficilement déterminable de cette évolution apparaissent de grandes divinités maternelles, sans doute antérieures aux dieux mâles, et qui subsistent longtemps à côté de ces derniers. Entre-temps un grand bouleversement social s'est produit : au matriarcat a succédé un renouveau de l'ordre patriarcal. Les nouveaux pères, à dire vrai, ne sont pas aussi puissants que le père primitif. Trop nombreux, ils vivent en communautés plus vastes que ne l'avait fait la horde primitive ; il leur faut s'entendre et établir certaines règles sociales restrictives. Il est probable que les divinités maternelles sont apparues lors de la limitation du matriarcat en dédommagement des mères détrônées. Les dieux mâles furent d'abord représentés comme des fils aux côtés de leurs puissantes mères et c'est plus tard seulement qu'ils empruntèrent la figure paternelle. Les dieux mâles reflètent les conditions de l'époque patriarcale : ils sont nombreux, doivent se partager l'autorité et obéissent parfois à un dieu encore plus puissant qu'eux. Un pas de plus et nous voilà en face du sujet qui nous occupe ici : le retour à un dieu père, seul, unique, omnipotent. » (1).

Le meurtre du père : « scène primitive » de l'humanité ?

Freud présente cette évolution à la fois comme une hypothèse permettant de rendre compte des données de la psychologie individuelle et de la psychologie collective, et comme un récit historique. Que conclure ? Il paraît parfois difficile de trancher tant, dans de nombreux textes les expressions restent prudentes : « supposons »... « exposé historique plausible ». En revanche, d'autres textes sont affirmatifs. Il s'agirait d'un événement remontant à une époque inconnue, à une préhistoire de l'humanité, événement invérifiable, mais hypothèse légitime et nécessaire. Et il semble bien qu'en ce qui concerne l'archéologie de l'humanité, Freud n'ait pas la même prudence épistémologique qu'en ce qui concerne l'archéologie du psychisme.

Mythe ou réalité, l'hypothèse pour invérifiable qu'elle soit, ne l'est pas plus que bien des récits de névrosés. Elle est validée par l'ensemble de la recherche psychanalytique dans le « normal » et dans le « pathologique » et sa vérité consiste dans sa cohérence interne et sa référence à ce qui est originaire dans l'homme : l'œdipe, clef de voûte de la psychanalyse. Ce n'est donc pas entre vérité historique et fable que se joue le débat. Il faut poser le problème autrement, sur le modèle du problème de la scène primitive : un événement repris, reconstruit, transfiguré par le jeu des pulsions et des fantasmes conditionne l'histoire de l'individu et de l'espèce. Le meurtre du père est la « scène primitive » de l'humanité, scène répétée, multipliée,

(1) *Moïse et le Monothéisme*, pp. 124-125.

transfigurée (Moïse, le Christ) autour de laquelle s'organisent les fantasmes de désir et de culpabilité.

[267] « Supposons que l'ensemble de cet exposé historique soit plausible, nous reconnaîtrons, dans ce cas, qu'il se trouve, dans les doctrines religieuses et dans les rites, deux sortes d'éléments : d'une part, des fixations aux anciennes histoires de famille et des reliquats de celles-ci, d'autre part, des reproductions de passé, des retours, après un long intervalle de temps, de ce qui avait été oublié. » (1).

Le monothéisme : religion du père et fantasme de domination

[268] « Aucune partie de l'histoire religieuse ne nous semble aussi claire que l'établissement du monothéisme chez les Juifs et sa continuation dans le christianisme, si ce n'est l'évolution pour nous si compréhensible et où tout s'explique, du totem animal jusqu'au dieu humain toujours figuré avec son compagnon (animal). (Chacun des quatre Evangélistes chrétiens a encore son animal préféré.) Si nous voulons bien admettre un moment que c'est à la puissance mondiale de l'empire des pharaons que fut due l'apparition de l'idée monothéiste, nous voyons que cette idée, arrachée à son sol, transplantée chez un autre peuple, fut, après une longue période de latence, adoptée par ce peuple, conservée par lui comme le bien le plus précieux, tandis qu'elle lui permit de survivre en lui donnant la fierté de se croire un peuple élu. C'est la religion du père primitif à laquelle se rattache l'espoir d'une récompense d'une distinction et enfin d'une domination du monde. » (2).

Le christianisme : religion du fils conjuration du spectre de la culpabilité et fantasme de salut

[269] « La restauration du père primitif dans ses droits historiques marqua un progrès considérable, mais non pas une fin. Les autres parties de la tragédie préhistorique tendaient, elles aussi, à se faire reconnaître. Comment ce processus vint-il à se déclencher ? Voilà ce qu'il n'est pas facile de dire. Il semble qu'un sentiment croissant de culpabilité se soit emparé du peuple juif et, peut-être même, de tout le monde civilisé de cette époque, sentiment qui laissait présager le retour de ce qui avait été refoulé. Il en fut ainsi jusqu'au jour où un membre de ce peuple juif, prenant le parti d'un agitateur politico-religieux, fonda une doctrine nouvelle, la religion chrétienne, qui se sépara de la religion juive. Paul de Tarse, un juif romain,

---

(1) *Moïse et le Monothéisme*, p. 126.
(2) *Ibid.*, pp. 127-128.

s'emparant de ce sentiment de culpabilité, le ramena très justement à sa source préhistorique, en lui donnant le nom de péché originel : un crime avait été commis envers Dieu et la mort seule pouvait le racheter. Par le péché originel, la mort était entrée dans le monde. Il s'agissait en réalité, en ce qui concerne ce crime entraînant la mort, du crime du père primitif, ultéreiurement déifié. Toutefois, il ne fut nullement question de ce meurtre, mais seulement du fantasme de son expiation et c'est pourquoi ce fantasme put être salué comme un message de délivrance (Evangile). Un fils de Dieu, innocent de toute faute, s'était sacrifié, avait pris à son compte la culpabilité de tous. Il fallait bien que ce fût un fils, puisque le meurtre avait eu un père pour victime. » (1).

[270] « Dans le mythe chrétien, le péché originel résulte incontestablement d'une offense envers Dieu le Père. Or, lorsque le Christ a libéré les hommes de la pression du péché originel, en sacrifiant sa propre vie, nous sommes en droit de conclure que ce péché avait consisté dans un meurtre. D'après la loi du talion profondément enracinée dans l'âme humaine, un meurtre ne peut être expié que par le sacrifice d'une autre vie ; le sacrifice de soi-même signifie l'expiation pour un acte meurtrier. Et lorsque ce sacrifice de sa propre vie doit amener la réconciliation avec Dieu le Père, le crime à expier ne peut être autre que le meurtre du père.

C'est ainsi que dans la doctrine chrétienne l'humanité avoue franchement sa culpabilité dans l'acte criminel originel, puisque c'est seulement dans le sacrifice de l'un des fils qu'elle a trouvé l'expiation la plus efficace. La réconciliation avec le père est d'autant plus solide qu'en même temps que s'accomplit ce sacrifice, on proclame la renonciation à la femme qui a été la cause de la rébellion contre le père. Mais ici se manifeste une fois de plus la fatalité psychologique de l'ambivalence. Dans le même temps et par le même acte, le fils, qui offre au père l'expiation la plus grande qu'on puisse imaginer, réalise ses désirs à l'égard du père. Il devient lui-même dieu à côté du père ou, plus exactement, à la place du père. La religion du fils se substitue à la religion du père. Et pour marquer cette substitution, on ressuscite l'ancien repas totémique, autrement dit on institue la communion, dans laquelle les frères réunis goûtent de la chair et du sang du fils, et non du père, afin de se sanctifier et de s'identifier avec lui. C'est ainsi qu'en suivant, à travers les époques successives, l'identité du repas totémique avec le sacrifice animal, avec le sacrifice humain théoanthropique et avec l'eucharistie chrétienne, on retrouve dans toutes ces solennités l'écho et le retentissement du crime qui pesait si lourdement sur les hommes et dont ils devaient pourtant être si fiers. Mais la communion chrétienne n'est, au fond, qu'une nouvelle suppression du père, une répétition de l'acte ayant besoin d'expiation. » (2).

---

(1) *Moïse et le Monothéisme*, pp. 128-129.
(2) *Totem et Tabou*, p. 178.

Dieu et le diable. Ambivalence de la religion du père

Ces deux images résultent, par un processus psychique connu, de la décomposition d'une représentation ambivalente en deux images. C'est là un autre effet de l'ambivalence des rapports au père.

[271] « Nous savons que Dieu est un substitut du père ou, plus exactement, un père exalté, ou bien encore une copie du père, tel qu'on le voyait et qu'on le ressentait dans l'enfance, l'individu dans sa propre enfance, le genre humain dans les temps ancestraux en tant que père de la horde primitive. Plus tard, l'individu considéra son père autrement, le vit en quelque sorte amoindri, mais cette première image enfantine se maintint et se fondit avec les vestiges traditionnels du souvenir du père ancestral pour former la représentation individuelle de Dieu. Nous savons aussi, par l'histoire intime de l'individu telle que la découvre l'analyse, que les rapports avec ce père furent, peut-être dès le début, ambivalents, ou en tout cas le devinrent bientôt, c'est-à-dire qu'ils comprenaient deux courants émotifs contraires, non seulement un sentiment de soumission tendre, mais un autre encore d'hostilité et de défi. Cette même ambivalence, selon notre manière de voir, domine les rapports de l'humanité avec sa divinité. C'est par ce conflit sans fin existant, d'une part, entre la nostalgie du père, et, d'autre part, la crainte et le défi filiaux, que nous avons pu expliquer d'importants caractères et de décisives évolutions des religions. Nous savons, d'autre part, du mauvais Démon, qu'il est considéré comme antagoniste de Dieu et pourtant comme participant de très près à la nature divine. Son histoire, toutefois, n'est pas aussi bien approfondie que celle de Dieu, toutes les religions n'ont pas adopté le mauvais esprit, l'adversaire de Dieu ; son prototype dans la vie individuelle, reste d'abord dans l'ombre. Mais ce qui est certain, c'est que des dieux peuvent devenir de méchants démons lorsque de nouveaux dieux les refoulent. Quand un peuple est vaincu, il n'est pas rare que ses dieux tombés se muent en démons pour le peuple vainqueur. Le mauvais Démon de la foi chrétienne, le Diable au Moyen Age, était lui-même, selon la mythologie chrétienne, un ange déchu, de même essence que Dieu. Il n'est pas besoin de grande finesse analytique pour deviner que Dieu et Diable étaient identiques, au début, une personnalité unique, laquelle, plus tard, fut scindée en deux figures douées chacune de qualités opposées. Aux temps primitifs des religions, Dieu avait lui-même tous les traits effrayants qui, par la suite furent réunis dans son pendant contraire. » (1).

---

(1) *Essais de Psychanalyse appliquée*, pp. 226-227.

ORIGINE DU SENTIMENT DE CULPABILITÉ

C'est une disposition héréditaire laissée dans l'espèce humaine (traces mnésiques héréditaires) par une première faute : le meurtre du père.

Cette disposition constitue le terrain nourricier dans lequel va s'enraciner l'Œdipe d'où procède le Surmoi. Celui-ci a donc une double origine, phylogénétique et individuelle.

En ce qui concerne le problème de la conscience religieuse de culpabilité, on peut présenter ainsi (d'une façon très schématique) l'ensemble des démarches freudiennes :

1. La recherche clinique, le travail analytique aboutissent à la découverte du Surmoi, ou plus précisément à l'élaboration de la notion de Surmoi héritier de l'Œdipe ;

2. L'extension de la méthode analytique aux problèmes de psychologie religieuse et d'origine des religions (analyse du totémisme) et l'acte de foi de Freud dans les hypothèses de Darwin conduisent à la conclusion du meurtre du père primitif ;

3. Cette conclusion éclaire certaines observations cliniques (ex. : le Surmoi maître rigide, infiniment plus sévère que l'éducation reçue) et apporte un principe d'interprétation nouveau aux données d'où elle tire la part essentielle de son origine. Le cercle est ainsi fermé.

[272] « Si l'enfant riposte par une agressivité intense et une sévérité correspondante du Surmoi aux premières grandes privations instinctuelles, il reproduit en cela une réaction de nature phylogénétique. Sa réaction en effet n'est plus justifiée par les circonstances actuelles, comme elle l'était en revanche aux temps préhistoriques où il avait affaire à un père certainement terrible à qui on avait tout lieu d'attribuer une agressivité extrême. Les divergences entre les deux conceptions de la genèse de la conscience s'atténuent donc davantage encore si de l'histoire du développement de l'individu on passe à celle du développement de l'espèce. Mais ici surgit une nouvelle et importante différence entre ces deux processus. Nous ne pouvons pas abandonner notre conception de l'origine du sentiment de culpabilité issu du complexe d'Œdipe et acquis lors du meurtre du père par les frères ligués contre lui. L'agression ne fut pas alors réprimée, mais bel et bien réalisée, cette même agression dont la répression chez l'enfant doit être la source du sentiment de faute. Aussi ne serais-je pas surpris qu'un lecteur irrité s'écriât ici : « Alors il est tout à fait indifférent d'assassiner son père ou non : de toute façon on « attrapera » un sentiment de culpabilité ! On peut se permettre d'en douter quelque peu. Ou il est faux que ce sentiment résulte de l'agression réprimée, ou toute cette histoire de meurtre du père est un roman, et les fils des hommes primitifs n'ont pas plus souvent assassiné leurs pères que les fils actuels n'ont coutume de le faire. Du reste, si ce

n'est pas un roman, mais un fait historique plausible, nous aurions alors un cas où serait arrivé ce à quoi tout le monde s'attend, c'est-à-dire où l'on se sent coupable parce qu'on a réellement commis une chose dont on ne peut se justifier. » (1).

La religion, névrose obsessionnelle de l'humanité

De même que l'enfant passe nécessairement au cours de sa croissance par une phase plus ou moins accentuée de névrose, l'humanité passe par des états analogues et pour les mêmes raisons. La religion est la névrose obsessionnelle de l'humanité ; les dogmes religieux sont des survivances névrotiques.

[273] « Aux époques d'ignorance et de faiblesse intellectuelle qu'elle a d'abord traversées, l'humanité ne pouvait réaliser les renoncements aux instincts indispensables à la vie en commun des hommes qu'en vertu de forces purement affectives. Et le résidu de ces démarches, analogues au refoulement, qui eurent lieu aux temps préhistoriques, subsistent longtemps en tant que partie intégrante de la civilisation. La religion serait la névrose obsessionnele universelle de l'humanité ; comme celle de l'enfant, elle dérive du complexe d'Œdipe, des rapports de l'enfant au père. D'après ces conceptions, on peut prévoir que l'abandon de la religion aura lieu avec la fatale inexorabilité d'un processus de croissance, et que nous nous trouvons à l'heure présente justement dans cette phase de l'évolution. » (2).

Cérémonial religieux et cérémonial obsessionnel

Les ressemblances entre le cérémonial religieux et le cérémonial obsessionnel du point de vue de leur structure, de leur genèse, de leur signification, sont, pour Freud, évidentes.

[274] « Il est aisé de voir où se trouve la ressemblance entre le cérémonial névrotique et les actes sacrés du rite religieux : dans la peur, engendrée par la conscience, en cas d'omission, dans la complète isolation de toutes les autres activités (défense d'être dérangé) et dans le caractère consciencieux et méticuleux de l'exécution. Mais les différences sont tout aussi frappantes, différences dont quelques-unes sont si éclatantes qu'elles font de cette comparaison quelque chose de sacrilège : la plus grande diversité des actes cérémoniaux par opposition à la stéréotypie du rite (prière, génuflexion, etc.) ; le caractère privé de ceux-ci par opposition au caractère public et collectif des exercices religieux ; et surtout cette différence que les petits actes du cérémonial religieux ont un sens et une intention symbolique, tandis que ceux du cérémonial névrotique semblent niais et dénués de sens. La névrose obsessionnelle semble ici la caricature

(1) *Malaise dans la civilisation*, p. 89.
(2) *L'avenir d'une illusion*, p. 61.

mi-comique, mi-lamentable d'une religion privée. Cependant, c'est justement cette différence la plus tranchée entre le cérémonial névrotique et le cérémonial religieux qui disparaît lorsque, grâce à la technique d'investigation psychanalytique, on pénètre assez avant pour comprendre les actes obsédants. Cette investigation permet de mettre radicalement fin à l'apparence d'après laquelle les actes obsédants seraient niais et dénués de sens. Elle révèle aussi d'où provient cette apparence. On apprend à voir que les actes obsédants sont, sans exception et dans tous leurs détails, pleins de sens, qu'ils sont au service d'intérêts importants de la personnalité et qu'ils expriment et des événements à influence persistante, et des pensées chargées d'affect de l'individu. Ils réalisent ceci de deux manières, en tant que représentation directe ou bien en tant que représentation symbolique ; il convient donc de les interpréter soit biographiquement, soit symboliquement. » (1).

STATUT DES IDÉES RELIGIEUSES

Les idées religieuses sont des illusions, non des erreurs. Elles ne se soucient pas de conformité à la réalité, mais comme elles sont l'expression de désirs, elles ont le même statut que toutes les formations issues de l'inconscient. Leur vérité est dans leur signification, c'est la vérité des productions oniriques, des fantasmes, des symptômes névrotiques. Elles ne dévoilent pas l'énigme de l'univers, mais la détresse humaine, et la protestation devant cette détresse. Elles relèvent donc de l'interprétation analytique. Quant à la connaissance de la réalité extérieure, le travail scientifique est le seul chemin susceptible d'y conduire.

[275] « Une illusion n'est pas la même chose qu'une erreur, une illusion n'est pas non plus nécessairement une erreur. L'opinion d'Aristote, d'après laquelle la vermine serait engendrée par l'ordure — opinion qui est encore celle du peuple ignorant — était une erreur ; de même l'opinion qu'avait une génération antérieure de médecins, et et d'après laquelle le tabès aurait été la conséquence d'excès sexuels. Il serait impropre d'appeler ces erreurs des illusions, alors que c'était une illusion de la part de Christophe Colomb, quand il croyait avoir trouvé une nouvelle route maritime des Indes. La part de désir que comportait cette erreur est manifeste. On peut qualifier d'illusion l'assertion de certains nationalistes, assertion d'après laquelle les races indogermaniques seraient les seuls races humaines susceptibles de culture, ou bien encore la croyance d'après laquelle l'enfant serait un être dénué de sexualité, croyance détruite pour la première fois par la psychanalyse. Ce qui caractérise l'illusion, c'est d'être dérivée des désirs humains ; elle se rapproche par là de l'idée délirante en

(1) *L'avenir d'une illusion*, pp. 85-86.

psychiatrie, mais se sépare aussi de celle-ci, même si l'on ne tient pas compte de la structure compliquée de l'idée délirante. L'idée délirante est essentiellement — nous soulignons ce caractère — en contradiction avec la réalité ; l'illusion n'est pas nécessairement en contradiction avec la réalité. Une jeune fille de condition modeste peut par exemple se créer l'illusion qu'un prince va venir la chercher pour l'épouser. Or ceci est possible ; quelques cas de ce genre se sont réellement présentés. Que le Messie vienne et fonde un âge d'or, voilà qui est beaucoup moins vraisemblable : suivant l'attitude personnelle de celui qui est appelé à juger de cette croyance, il la classera parmi les illusions ou parmi les équivalents d'une idée délirante. Des exemples d'illusions authentiques ne sont pas, d'ordinaire, faciles à découvrir ; mais l'illusion des alchimistes de pouvoir transmuter tous les métaux en or est peut-être l'une d'elles. Le désir d'avoir beaucoup d'or, autant d'or que possible, a été très atténué par notre intelligence actuelle des conditions de la richesse ; cependant la chimie ne tient plus pour impossible une transmutation des métaux en or. Ainsi nous appelons illusions une croyance quand, dans la motivation de celle-ci la réalisation d'un désir est prévalente, et nous ne tenons pas compte, ce faisant, des rapports de cette croyance à la réalité, tout comme l'illusion elle-même renonce à être confirmée par le réel. » (1).

Les idées religieuses et la réalité

Cependant, les idées religieuses ont un certain rapport à la réalité, elles sont vraies d'une certaine vérité ; la vérité du souvenir et non celle de la connaissance intellectuelle impossible en ce domaine.

Mais le souvenir doit être reconnu et interprété et c'est là que le croyant s'égare et croit lire la marque de la transcendance dans ce qui n'est que la trace d'un très lointain héritage, la permanence d'un fantasme.

[276] « Les croyants prétendent que si l'idée de Dieu a eu sur les hommes une telle emprise, c'est parce qu'elle émane de la vérité éternelle qui, bien longtemps cachée, est enfin apparue pour balayer tout ce qui existait auparavant. Nous sommes obligés d'avouer que c'est là un facteur proportionné à l'ampleur du sujet autant qu'à celle de ses effets.

Nous serions saisfaits, nous aussi, d'adopter cette solution, toutefois nous nous heurtons à une difficulté. L'argumentation religieuse est basée sur une hypothèse optimiste et idéaliste. Jamais on n'a pu établir que l'intellect humain possédât une aptitude particulière à discerner la vérité ni que l'esprit humain tendît spécialement à accepter la vérité. Nous savons, au contraire, que l'intelligence humaine s'égare très facilement à notre insu et que nous ajoutons aisément foi, sans nous soucier de la vérité, à tout ce qui flatte nos désirs et

(1) *L'Avenir d'une illusion*, pp. 44-45.

nos illusions. Voilà pourquoi notre adhésion n'est pas totale. Nous aussi pensons que la solution proposée par les croyants est vraie, mais vraie historiquement et non pas matériellement. Et nous revendiquons le droit de corriger une certaine déformation subie par cette vérité quand elle réapparut. C'est-à-dire que si nous ne croyons pas à l'existence aujourd'hui d'un Dieu suprême tout-puissant, nous pensons qu'aux époques primitives, il y eut un personnage qui dut alors sembler gigantesque et qui, élevé ensuite au rang divin, resurgit dans le souvenir des hommes. » (1).

Psychologie de l'amour mystique

Son origine est libidinale, mais il implique une profonde modification de la fonction amoureuse par inhibition du but, c'est un amour qui s'aime lui-même, un amour sans objet.

[277] « Ces sujets se rendent indépendants de l'agrément de l'objet au moyen d'un déplacement de valeur, c'est-à-dire en reportant sur leur propre amour l'accent primitivement attaché au fait d'être aimé ; ils se protègent contre la perte de la personne aimée en prenant pour objets de leur amour non plus des êtres déterminés mais tous les êtres humains en égale mesure ; ils évitent enfin les péripéties et les déceptions inhérentes à l'amour génital en se détournant de son but sexuel et en transformant les pulsions instinctives en un sentiment à « but inhibé ». La vie intérieure qu'ils se créent par ces moyens, cette manière tendre, égale et détendue de sentir, inaccessible aussi à toute influence, n'a plus beaucoup de ressemblance extérieure, bien qu'elle en procède pourtant, avec la vie amoureuse génitale, ses agitations et ses orages. Saint François d'Assise est peut-être celui qui est allé le plus loin dans cette voie, voie qui conduit à l'utilisation complète de l'amour aux fins du sentiment de bonheur intérieur. Si nous reconnaissons dans ce procédé l'une des techniques destinées à réaliser le principe du plaisir, d'autres l'ont très souvent rattaché à la religion ; car principe du plaisir et religion pourraient bien se rejoindre en ces régions lointaines où l'on néglige de différencier le Moi des objets, et ceux-ci les uns des autres. » (2).

Une nouvelle religion

[278] « Le marxisme théorique a bien pris les caractères d'une conception du monde : l'énergie, la cohérence, l'exclusivisme et aussi une ressemblance étrange avec ce qu'il combat. Lui qui devait son origine et sa réalisation à la science, qui avait été bâti sur elle et d'après sa technique, a lancé une interdiction de penser aussi inexo-

---

(1) *Moïse et le Monothéisme*, p. 188.
(2) *Malaise dans la civilisation*, pp. 52-53.

rable que le fut, en son temps, celle de la religion. Il est interdit de critiquer la théorie marxiste et douter de son bien-fondé est un crime passible de châtiment, comme autrefois l'hérésie aux yeux de l'Eglise catholique. Les œuvres de Marx ont, en tant que sources de révélation, remplacé la Bible et le Coran, encore qu'elles offrent autant de contradictions et d'obscurités que ces vieux livres sacrés. Et tout en bannissant impitoyablement tous les systèmes idéalistes et toutes les illusions, le marxisme, mis en pratique, a lui-même créé de nouvelles chimères qui ne sont ni moins douteuses ni moins indémontrables que les anciennes. Il espère pouvoir, en quelques générations, transformer la nature humaine de telle façon que les hommes puissent vivre en commun au sein d'une nouvelle organisation sans plus se heurter et en accomplissant, sans y être contraints, le travail nécessaire. Pour refréner les instincts, ce qui est indispensable dans une société organisée, il les déplace, dirige vers l'extérieur les tendances agressives qui menacent toute collectivité humaine, s'appuie enfin sur l'hostilité des pauvres contre les riches et des petites gens d'antan contre les anciens détenteurs du pouvoir. C'est vraisemblablement une tâche irréalisable que de modifier ainsi la nature humaine ; l'enthousiasme que suscite actuellement dans la masse le mouvement bolcheviste, lors que cette nouvelle organisation est encore inachevée et se trouve menacée du dehors, ne nous permet pas de prévoir le moment où elle sera terminée et stable. Tout comme la religion, le bolchevisme fournit à ses croyants, pour les dédommager de leurs souffrances, de leurs privations actuelles, la promesse d'un au-delà meilleur où nul besoin ne restera insastisfait. Ce paradis est, il est vrai, situé sur la terre même et c'est dans un avenir plus ou moins proche que les hommes y pourront pénétrer ; mais souvenons-nous de ce que les Juifs eux-mêmes, dont la religion ne connaît pas de vie future, ont attendu la venue du Messie sur la terre et que le Moyen Age chrétien a toujours cru que le royaume de Dieu était proche. » (1).

Psychanalyse et représentation de l'univers

[279] « A mon avis, la psychanalyse n'est pas capable de se forger une représentation particulière de l'univers. Elle n'en a nul besoin, car, étant une partie de la science, elle peut se rallier à la conception scientifique. Celle-ci toutefois mérite à peine sa qualification emphatique ; trop imparfaite encore, elle ne pénètre pas tous les mystères et n'est ni exclusiviste ni systématique. La pensée scientifique est trop neuve encore parmi les hommes et trop de vastes problèmes lui restent à résoudre. Une conception scientifique du monde fondée sur la science ne se contente pas de mettre en valeur le monde extérieur réel, elle se montre aussi essentiellement négative en s'en tenant modes-

---

(1) *Nouvelles Conférences sur la Psychanalyse*, p. 228.

tement à la vérité et en rejetant les illusions. Si quelqu'un parmi nos contemporains ressent quelque mécontentement de cet état de choses et exige davantage pour obtenir un apaisement immédiat, qu'il cherche ailleurs ce dernier, là où il le pourra trouver. Tout en ne lui gardant pas rigueur, nous ne pouvons ni lui venir en aide ni changer pour lui notre manière de penser. » (1).

---

(1) *Nouvelles Conférences sur la Psychanalyse*, pp. 240-241.

l'Art, l'Artiste, la Création artistique

« Malheureusement, c'est sur la beauté que la psychanalyse a le moins à dire. » (1).

Peut-être, cependant, a-t-elle plus à dire que l'esthétique elle-même qui étudie le sentiment du beau mais :

[280] « ... N' a pu apporter aucun éclaircissement sur la nature et l'origine de la beauté et, comme il advient toujours dans ce cas, elle s'est abondamment dépensée en phrases aussi creuses que sonores, destinées à masquer l'absence de résultats. » (2).

[281] « Le psychanalyste ne se sent que rarement appelé à faire des recherches d'esthétique même lorsque, sans vouloir borner l'esthétique à la doctrine du beau, on la considère comme étant la science des qualités de notre sensibilité. Il étudie d'autres couches de la vie psychique et s'intéresse peu à ces mouvements émotifs qui — inhibés quant au but, assourdis, affaiblis, dépendant de la constellation des faits qui les accompagnent — forment pour la plupart la trame de l'esthétique. Il est pourtant parfois amené à s'intéresser à un domaine particulier de l'esthétique, et généralement c'en est alors un qui se trouve « à côté » et négligé par la littérature esthétique proprement dite. » (3).

LA CONCEPTION FREUDIENNE DE L'ŒUVRE D'ART

L'œuvre d'art a un sens, elle doit être interprétée. Il faut l'interroger à partir de son contenu, de sa forme qui est l'expression des

(1) *Malaise dans la civilisation*, p. 29.
(2) *Ibid.*, p. 29.
(3) *Essais de Psychanalyse appliquée*, p. 163.

intentions de l'artiste. Cela permettra de « trouver » l'artiste à partir de son œuvre (et non le contraire) et de comprendre l'émotion esthétique.

Il s'agit là de la méthode applicable à toute production humaine : la lecture du caché à partir du « dit ». Freud en donne maints exemples. Dans l'analyse attentive qu'il fait du Moïse de Michel-Ange, il descend de la forme, minutieusement interrogée, aux profondeurs d'où elle procède. Mais là (pas plus qu'ailleurs) l'analyse ne donne une réponse complète. Freud, à la fin de l'étude, se demande si Michel-Ange : « L'artiste, dans les œuvres duquel un si grand fonds d'idées lutte pour trouver son expression » (1) qui a « maintes fois été dans ses créations jusqu'à la limite extrême de ce que l'art peut exprimer » (2), n'a peut-être pas, cependant, échoué à s'exprimer pleinement. L'artiste partagerait alors avec le critique la « responsabilité de l'incertitude ».

Là, comme ailleurs, les profondeurs seraient irréductibles à une « analyse finie ».

[282] « Je commence par le déclarer : je ne suis pas un vrai connaisseur d'art, mais un simple amateur. J'ai souvent remarqué que le fond d'une œuvre d'art m'attirait plus que ses qualités de forme ou de technique, auxquelles l'artiste attache en première ligne de la valeur. Il me manque, en somme, en art, une juste compréhension pour bien des moyens d'expression et pour certains effets. Ceci dit afin de m'assurer, pour mon essai, une critique indulgente.

Mais les œuvres d'art font sur moi une impression forte, en particulier les œuvres littéraires et les œuvres plastiques, plus rarement les tableaux. J'ai été ainsi amené, dans des occasions favorables, à en contempler longuement pour les comprendre à ma manière, c'est-à-dire saisir par où elles produisent de l'effet. Lorsque je ne puis pas faire ainsi, par exemple pour la musique, je suis presque incapable d'en jouir. Une disposition rationaliste ou peut-être analytique lutte en moi contre l'émotion quand je ne puis savoir pourquoi je suis ému, ni ce qui m'étreint.

J'ai été, par là, rendu attentif à ce fait d'allure paradoxale : ce sont justement quelques-unes des plus grandioses et des plus imposantes œuvres d'art qui restent obscures à notre entendement. On les admire, on se sent dominé par elles, mais on ne saurait dire ce qu'elles représentent pour nous. Je n'ai pas assez de lecture pour savoir si cela fut déjà remarqué ; quelque esthéticien n'aurait-il pas même considéré un tel désemparement de notre intelligence comme étant une condition nécessaire des plus grands effets que puisse produire une œuvre d'art ? Cependant, j'aurais peine à croire à une condition pareille.

Ce n'est pas que les connaisseurs et les enthousiastes manquent de mots lorsqu'ils nous font l'éloge de ces œuvres d'art. Ils n'en ont

(1) *Essais de Psychanalyse appliquée*, p. 40.
(2) *Ibid.*, p. 40.

que trop à mon avis. Mais, en général, chacun exprime, sur chaque chef-d'œuvre, une opinion différente, aucun ne dit ce qui en résoudrait l'énigme pour un simple admirateur. Toutefois, à mon sens, ce qui nous empoigne si violemment ne peut être que l'intention de l'artiste, autant du moins qu'il aura réussi à l'exprimer dans son œuvre et à nous la faire saisir. Je sais qu'il ne peut être question ici, pleinement, d'intelligence compréhensive ; il faut que soit reproduit en nous l'état de passion, d'émotion psychique qui a provoqué chez l'artiste l'élan créateur. Mais pourquoi l'intention de l'artiste ne saurait-elle être précisée et traduite en mots comme toute autre manifestation de la vie psychique ? Peut-être cela ne se peut-il pour les chefs-d'œuvre sans l'application de l'analyse. L'œuvre elle-même devra ainsi être susceptible d'une analyse si cette œuvre est l'expression, effective sur nous, des intentions et des émois de l'artiste. Mais pour deviner cette intention, il faut que je découvre d'abord le sens et le contenu de ce qui est représenté dans l'œuvre, par conséquent que je l'interprète. Une telle œuvre d'art peut donc exiger une interprétation ; ce n'est qu'après l'accomplissement de celle-ci que je pourrai savoir pourquoi j'ai été la proie d'une émotion si puissante. J'ai même l'espoir qu'une telle impression ne sera pas affaiblie par une analyse de ce genre. » (1).

Les thèmes mythiques

Interprétation du Moïse de Michel-Ange

[283] « Moïse, en tant qu'homme, était, d'après les témoignages de la tradition, irascible et sujet à des emportements passionnés. Dans un de ces accès de sainte colère, il avait tué l'Egyptien qui maltraitait un Israélite, ce qui le contraignit à quitter le pays et à s'enfuir au désert. Dans un éclat de passion analogue, il avait fracassé les Tables écrites par Dieu lui-même. Quand la tradition témoigne de pareils traits de caractère, sans doute est-elle sans parti pris et a-t-elle gardé l'empreinte d'une grande personnalité ayant réellement existé. Mais Michel-Ange a placé sur le tombeau du Pape un autre Moïse, supérieur au Moïse de l'histoire ou de la tradition. Il a remanié le thème des Tables de la Loi fracassées, il ne permet pas à la colère de Moïse de les briser, mais la menace qu'elles puissent être brisées apaise cette colère ou tout au moins la retient au moment d'agir. Par là, il a introduit dans la figure de Moïse quelque chose de neuf, de surhumain, et la puissante masse ainsi que la musculature exhubérante de force du personnage ne sont qu'un moyen d'expression tout matériel servant à rendre l'exploit psychique le plus formidable dont un homme soit capable : vaincre sa propre passion au nom d'une mission à laquelle il s'est voué. » (2).

---

(1) *Essais de Psychanalyse appliquée*, pp. 9-10-11.
(2) *Ibid.*, p. 30.

Interprétation d'un thème mythique en littérature

Le choix d'un homme entre trois femmes : le roi Lear et ses filles

[284] « Le vieux roi Lear se décide, de son vivant encore, à partager son royaume entre ses trois filles, et ceci en proportion de l'amour qu'elles sauront lui manifester. Les deux aînées, Goneril et Regane, s'épuisent en protestations d'amour et en vantardises ; la troisième, Cordélia, s'y refuse. Le père devrait reconnaître et récompenser cet amour silencieux et effacé de la troisième, mais il le méconnaît, il repousse Cordélia et partage le royaume entre les deux autres, pour son propre malheur et celui de tous. N'y a-t-il pas là de nouveau une scène représentant le choix entre trois femmes, dont la plus jeune se trouve être la meilleure et la plus parfaite. » (1).

La femme parfaite, la femme silencieuse est la représentation de la Mort

[285] « Il pourra paraître surprenant que cette troisième femme, si parfaite, possède dans bien des cas, outre sa beauté, encore certaines particularités. Ce sont des qualités qui semblent tendre à faire partie de quelque ensemble, sans, toutefois, que nous puissions nous attendre à les rencontrer à un degré égal dans chaque exemple. Cordélia se fait indistincte, peu apparente, comme le plomb ; elle reste muette, elle « aime et se tait ». Cendrillon se cache pour qu'on ne puisse pas la trouver. Nous pouvons peut-être assimiler le fait de se cacher à celui d'être muet. » (2).

[286] « Lear est un vieillard. Nous l'avons dit : c'est à cause de son âge que les trois sœurs sont présentées comme ses filles. La relation de père à enfants, d'où pourraient découler tant de fructueuses inspirations dramatiques, le poète ne s'en sert plus au cours du drame. Mais Lear n'est pas seulement un vieillard, c'cst aussi un mourant. La proposition si extraordinaire du partage de l'héritage perd ainsi toute son étrangeté. Cependant cet homme voué à la mort ne veut pas renoncer à l'amour de la femme, il veut se faire dire à quel point il est aimé. Qu'on se reporte ensuite à l'émouvante scène dernière, l'un des sommets du tragique dans le drame moderne : Lear porte le cadavre de Cordélia sur la scène. Cordélia, c'est la Mort. En retournant la situation, celle-ci nous apparaît compréhensible et familière. C'est la déesse de la Mort qui emporte du terrain du combat le héros mort, comme la Valkyrie de la mythologie germanique. La sagesse éternelle drapée dans le vêtement du mythe antique conseille au vieil homme de renoncer à l'amour, de choisir la mort, de se familiariser avec la nécessité de mourir.

Le poète nous permet de toucher du doigt le thème antique en

---

(1) *Essais de Psychanalyse appliquée*, pp. 89-90.
(2) *Ibid.*, p. 91.

faisant opérer le choix entre les trois sœurs par un homme vieilli et mourant. L'élaboration régressive qu'il entreprend ainsi du mythe, altéré par les déformations du désir, en laisse transparaître le sens primitif au point que même une interprétation superficielle et allégorique des trois figures féminines du thème nous devient possible. On pourrait dire que ce sont les trois inévitables relations de l'homme à la femme qui sont ici représentées : voici la génératrice, la compagne et la destructrice. Ou bien les trois formes sous lesquelles se présente, au cours de la vie, l'image même de la mère : la mère elle-même, l'amante que l'homme choisit à l'image de celle-ci et, finalement, la Terre-Mère, qui le reprend à nouveau. Mais le vieil homme cherche vainement à ressaisir l'amour de la femme tel qu'il l'a reçu d'abord de sa mère ; seule la troisième des filles du Destin, la silencieuse déesse de la Mort, le recueillera dans ses bras. » (1).

La création artistique. Substitut a la satisfaction instinctive

[287] « On reconnut que le royaume de l'imagination était une « réserve » organisée lors du passage douloureusement ressenti du principe du plaisir au principe de réalité, afin de permettre un substitut à la satisfaction instinctive à laquelle il fallait renoncer dans la vie réelle. L'artiste comme le névropathe s'était retiré loin de la réalité insatisfaisante dans ce monde imaginaire, mais à l'inverse du névropathe, il s'entendait à trouver le chemin du retour et à reprendre pied dans la réalité. Ses créations, les œuvres d'art, étaient les satisfactions imaginaires de désirs inconscients, tout comme les rêves, avec lesquels elles avaient d'ailleurs en commun le caractère d'être un compromis, car elles aussi devaient éviter le conflit à découvert avec les puissances de refoulement. Mais à l'inverse des productions associales narcissiques du rêve, elles pouvaient compter sur la sympathie des autres hommes, étant capables d'éveiller et de satisfaire chez eux les mêmes inconscientes aspirations de désir. De plus elles se servaient, comme « prime de séduction », du plaisir attaché à la perception de la beauté de la forme. Ce que la psychanalyse pouvait faire, c'était — d'après les rapports réciproques des impressions vitales, des vicissitudes fortuites et des œuvres de l'artiste — reconstruire sa constitution et les aspirations instincives en lui agissantes, c'est-à-dire ce qu'il présentait d'éternellement humain. » (2).

Le thème d'Œdipe

Le thème d'Œdipe est précisément l'un de ces thèmes humains éternels. A la lumière de la psychanalyse, la tragédie s'éclaire d'un sens nouveau par la compréhension des mobiles les plus profonds de l'auteur. Il paraît intéressant de souligner à ce propos que l'origine de la psychanalyse est à son tour éclairée par la tragédie. En effet,

---

(1) *Essais de Psychanalyse appliquée*, pp. 102-103.
(2) *Ma vie et la Psychanalyse*, pp. 101-102.

c'est aussi bientôt après la mort de son père que Freud découvrit en lui-même, au début de son auto-analyse, les composantes du drame œdipien.

[288] « Le choix, voire la création du thème sinistre, avait toujours semblé une énigme, de même son action bouleversante sur les spectateurs du drame antique qui en est tiré, ainsi que l'essence de la tragédie du destin en général : tout ceci s'expliquait en comprenant qu'une loi de la vie psychique avait ici été saisie dans sa pleine importance affective. La fatalité et l'oracle n'étaient que les matérialisations de la nécessité interne ; le fait que le héros péchait sans le savoir et contre son intention constituait la juste expression de la nature inconsciente de ses aspirations criminelles. De la compréhension de cette tragédie du destin, il ne restait qu'un pas à faire jusqu'à l'intelligence de la tragédie de caractère qu'est Hamlet, admirée depuis trois cents ans sans qu'on puisse en indiquer le sens ou comprendre les mobiles du poète. Il est donc remarquable que ce névrosé créé par le poète échoue sur le complexe d'Œdipe, comme ses innombrables confrères du monde réel, car Hamlet est mis en face du devoir de venger sur un autre les deux actes qui constituent l'essence de l'aspiration œdipienne, sur quoi son propre et obscur sentiment de culpabilité vient paralyser son bras. Hamlet a été écrit par Shakespeare bientôt après la mort de son père. » (1).

Fantasmes et création picturale

Le fantasme du vautour de Léonard de Vinci

Le souvenir d'enfance de Léonard de Vinci apparaît à l'analyse comme un souvenir écran, au symbolisme particulièrement riche, porteur de ses impressions d'enfance, des éléments conflictuels de son histoire, de ses identifications et de son manque.

L'interprétation qu'en donne Freud constitue l'analyse de Léonard de Vinci en ce qu'elle a d'essentiel : la présence lointaine et nostalgique du sourire de la mère. Il ne faut pas, toutefois, considérer l'œuvre comme la traduction ou l'expression du fantasme ; la vie fantasmatique donne une voix au refoulé, par l'œuvre, par la sublimation lui propose un autre destin.

[289] « Je semble avoir été destiné à m'occuper tout particulièrement du vautour, car un de mes premiers souvenirs d'enfance est, qu'étant encore au berceau, un vautour vint à moi, m'ouvrit la bouche avec sa queue et plusieurs fois me frappa avec cette queue entre les lèvres. » (2).

---

(1) *Ma vie et la Psychanalyse*, p. 100.
(2) *Un souvenir d'enfance de Léonard de Vinci*, pp. 65-66.

[290] « Nous pouvons maintenant nous figurer ainsi la genèse du fantasme au vautour de Léonard : il lisait un jour, dans un « Père de l'Eglise » ou dans un livre d'histoire naturelle, que les vautours sont tous femelles et savent se reproduire sans l'aide de mâles, alors surgit en lui un souvenir qui prit la forme de ce fantasme, mais qui signifiait que lui aussi était un tel fils de vautour, enfant ayant eu une mère, mais pas de père. Et à ce souvenir s'associa, suivant le seul mode permettant à des impressions aussi précoces de ressurgir, un écho de jouissance éprouvée dans la possession du sein maternel. L'allusion que faisaient les vieux auteurs à la Vierge avec l'Enfant, sujet cher à tous les artistes, dut contribuer à faire paraître précieux et significatif son fantasme à Léonard. Il lui permettait donc de s'identifier avec l'Enfant Jésus, consolateur et rédempteur de tous, et non pas d'une seule femme.

Quand nous décomposons en ses éléments un fantasme d'enfance, nous cherchons à séparer son contenu de souvenir réel des facteurs plus tardifs qui le modifient le déforment.

Chez Léonard, nous croyons maintenant connaître le contenu réel de son fantasme ; la substitution du vautour à la mère donne à entendre que le père manque à l'enfant qui se sentit seul avec la mère. Le fait de la naissance illégitime de Léonard est d'accord avec son fantasme au vautour ; cette circonstance seule lui permit de se comparer à un fils de vautour. Par ailleurs, le second fait certain de son enfance que nous connaissions est qu'à l'âge de cinq ans, il avait été recueilli dans la maison paternelle.

C'est ici que l'interprétation du fantasme au vautour acquiert de la valeur et peut nous apprendre que Léonard passa les premières années décisives de sa vie, non chez son père et sa belle-mère, mais chez sa mère, la pauvre délaissée, la véritable, où il eut le temps de ressentir l'absence de son père. » (1).

INTERPRÉTATION DU TABLEAU DE LÉONARD DE VINCI : SAINTE ANNE

[291] « A scruter un peu profondément ce tableau, nous comprenons tout à coup ceci : Léonard seul pouvait faire une telle œuvre, comme seul il pouvait imaginer le fantasme au vautour. Ce tableau synthétise l'histoire de son enfance ; les détails de l'œuvre s'expliquent par les plus personnelles impressions de la vie de Léonard. Dans la maison de son père, il ne trouva pas que sa bonne belle-mère, Donna Albiera, mais encore sa grand-mère paternelle, Monna Lucia, qui — nous pouvons le supposer — fut tendre envers lui comme sont d'ordinaire les grand-mères. Cette circonstance le familiarisa avec l'idée de l'enfance placée sous la sauvegarde d'une mère et d'une grand-mère. Une autre particularité frappante de ce tableau prend une signification plus grande encore. Sainte Anne, la mère de Marie et la grand-mère de l'Enfant, qui devait être une femme déjà âgée, est ici sans doute un peu plus mûre et grave que Marie, mais représentée cependant

(1) *Un souvenir d'enfance de Léonard de Vinci*, pp. 85-86-87.

sous les traits d'une jeune femme dont la beauté n'a encore subi aucune flétrissure. Léonard a en réalité donné à l'Enfant deux mères, l'une qui tend les bras vers lui, l'autre qui reste au second plan, et il les a parées toutes deux du sourire bienheureux du bonheur maternel. » (1).

[292] « L'enfance de Léonard fut aussi singulière que ce tableau. Il avait eu deux mères, d'abord sa vraie mère, Caterina, à qui on l'arracha entre trois et cinq ans, et ensuite une jeune et tendre belle-mère, la femme de son père, Donna Albiera. En rapprochant cette circonstance de son enfance d'une autre : la présence chez son père, d'une mère et d'une grand-mère à la fois, en en faisant une unité mixte, Léonard conçut sa « Sainte Anne ». La figure maternelle la plus éloignée de l'enfant, la grand-mère, correspond, par son apparence et sa situation dans le tableau par rapport à l'enfant, à la vraie et première mère : Caterina. Et l'artiste recouvrit et voila, avec le bienheureux sourire de la Sainte Anne, la douleur et l'envie que ressentit la malheureuse quand elle dut céder à sa noble rivale, après le père, l'enfant. » (2).

La genèse du tableau : comparaison entre le carton de Londres et le tableau du Louvre

[293] « En partant du carton, on voit comment Léonard éprouva le besoin de faire cesser la fusion quasi onirique des deux femmes, qui répondait à ses souvenirs d'enfance, et de séparer l'une de l'autre les deux têtes. Il le fit en détachant la tête et le haut du corps de Marie de la figure maternelle et penchant Marie en avant. Pour motiver ce déplacement, il fallut que l'Enfant Jésus quittât les genoux de sa mère pour le sol, et alors ne restait plus de place pour le petit Jean, qui fut remplacé par l'agneau. » (3).

Le sourire de la Joconde et le destin de Léonard

[294] « Léonard en réussissant à rendre dans le visage de la Joconde le double sens de ce sourire : promesse d'une tendresse sans bornes et menaçant présage de malheur, restait encore fidèle au contenu de ses premiers souvenirs. Car la tendresse excessive de sa mère lui fut fatale, scella son destin et les carences de son être et de sa vie. » (4).

« L'amour de la mère pour le nourrisson qu'elle nourrit et soigne est quelque chose d'autrement profond que son affection ultérieure pour l'enfant qui a commencé de croître. C'est une relation d'amour comportant la satisfaction plénière, et qui comble non pas seulement tous les désirs psychiques, mais assouvit aussi tous les besoins phy-

---

(1) *Un souvenir de'nfance de Léonard de Vinci*, pp. 151-152.
(2) *Ibid.*, pp. 151-153.
(3) *Ibid.*, p. 156 (note).
(4) *Ibid.*, pp. 157-158.

siques. Et si elle représente une des formes du bonheur accessible aux humains, cela tient en grande partie à la possibilité qu'offre la relation entre mère et enfant de satisfaire en même temps, sans reproches, des désirs anciens, refoulés, et qu'on devrait qualifier de pervers. » (1).

[295] « Quand Léonard, parvenu à l'apogée de sa vie, rencontra à nouveau ce sourire de béatitude extatique, semblable à celui qui se jouait sur les lèvres de sa mère tandis qu'elle le caressait, lui-même était depuis longtemps la proie d'une inhibition qui lui interdisait de jamais plus demander de telles tendresses à des lèvres de femme. Mais il était devenu peintre et s'efforça de recréer avec son pinceau ce sourire, et il en dota tous ses tableaux. » (2).

Fantasme et création poétique

[296] « Ne devrions-nous pas rechercher, chez l'enfant déjà, les premières traces de l'activité poétique ? L'occupation préférée et la plus intensive de l'enfant est le jeu. Peut-être sommes-nous en droit de dire que tout enfant qui joue se comporte en poète, en tant qu'il se crée un monde à lui, ou, plus exactement, qu'il transpose les choses du monde où il vit dans un ordre nouveau tout à sa convenance. Il serait alors injuste de dire qu'il ne prend pas ce monde au sérieux ; tout au contraire, il prend très au sérieux son jeu, il y emploie de grandes quantités d'affect. Le contraire du jeu n'est pas le sérieux, mais la réalité. En dépit de tout investissement d'affect, l'enfant distingue fort bien de la réalité le monde de ses jeux, il cherche volontiers un point d'appui aux objets et aux situations qu'il imagine dans les choses palpables et visibles du monde réel. Rien d'autre que cet appui ne différencie le jeu de l'enfant du « rêve éveillé ». Le poète fait comme l'enfant qui joue ; il se crée un monde imaginaire qu'il prend très au sérieux, c'est-à-dire qu'il dote de grandes quantités d'affect, tout en le distinguant nettement de la réalité. Et la langue allemande, en particulier, a maintenu cette parenté du jeu enfantin et de la création poétique en appelant Spiele (jeux) celles des créations littéraires qui ont besoin de trouver cet appui à des objets palpables et qui sont susceptibles de représentations : on dit Lustspiel (comédie), Trauerspiel (tragédie) et on appelle Schauspieler (acteur) la personne qui les « joue ». Mais de cette irréalité du monde poétique résultent des conséquences très importantes pour la technique artistique, car bien des choses qui, si elles étaient réelles, ne sauraient provoquer de plaisir, y parviennent cependant dans le jeu de la fantaisie et bien des émotions, en elles-mêmes pénibles, peuvent devenir une source de jouissance pour l'auditeur ou le spectateur. » (3).

---

(1) *Un souvenir d'enfant de Léonard de Vinci*, p. 160.
(2) *Ibid.*, p. 161.
(3) *Essais de Psychanalyse appliquée*, pp. 70-71.

Fantasmes et rêves dans la création littéraire

[297] « Je pus prouver, à propos d'une petite nouvelle en soi sans grande valeur, Gradiva, de W. Jensen, que les rêves inventés par un écrivain sont susceptibles des mêmes interprétations que les réels, donc que, dans l'activité créatrice du poète, les mêmes mécanismes de l'inconscient entrent en jeu qui nous sont déjà connus par le travail d'élaboration du rêve. » (1).

[298] « Un jeune archéologue, Norbert Hanold, a découvert dans une collection d'antiques, à Rome, un bas-relief lui ayant tellement plu qu'il est heureux d'en obtenir un excellent moulage, moulage qu'il peut suspendre en son cabinet d'études, dans une petite ville universitaire allemande, et étudier à loisir. Cette image représente une jeune fille dans tout l'épanouissement de la jeunesse ; elle marche et relève un peu sa robe à plis nombreux, de telle sorte que se voient les pieds chaussés de sandales. L'un des pieds repose à plat sur le sol ; l'autre, le quittant déjà, le frôle à peine du bout des orteils, tandis que la semelle et le talon s'élèvent presque perpendiculaires. Cette démarche inusitée et d'une grâce si particulière avait, sans doute, attiré l'attention de l'artiste et fascine à présent, à des siècles de distance, les regards de notre archéologue.

L'intérêt du héros de ce récit pour ce bas-relief constitue le fait psychologique fondamental du petit roman. » (2).

Fantasmes et retour du refoulé

A partir de cette rencontre, l'imagination du jeune homme lui présente la jeune fille comme actuelle, vivante, d'où son nom « Gradiva » : « Celle qui avance ». *Il la cherche dans les femmes croisées dans la rue. Dans un rêve angoissant, il la voit ensevelie avec Pompéi, il pleure sa mort ; poussé « par un sentiment indéfinissable » (3), il part pour Pompéi où il la voit sortir du bas-relief de l'une des maisons et traverser la rue. « Est-ce une hallucination, est-ce un vrai fantôme, ou une personne réellement en vie », « un spectre de midi ? » (3). Elle lui parle, lui apprend son vrai nom « Zoé ». Il croit reconnaître en elle une amie d'enfance : Zoé Bertgang.*

[299] « Dans les fantasmes de Norbert Hanold touchant Gradiva, nous avons déjà cru reconnaître les rejetons de souvenirs refoulés relatifs à son amitié d'enfance pour Zoé Bertgang. On peut s'attendre avec une régularité particulière à un retour offensif de tels refoulements, quand les sentiments érotiques du sujet sont restés attachés aux impressions refoulées, quand la vie amoureuse a été frappée par

---

(1) *Ma vie et la Psychanalyse*, p. 103.
(2) *Délires et rêves dans la « Gravida » de Jensen*, pp. 111-112.
(3) *Ibid.*, pp. 137-151.

le refoulement. Là s'applique de plein droit le vieil adage latin qui, sans doute à l'origine, ne visait que des exorcismes par des influences externes et non des conflits internes : *Naturam furca expellas semper redibit.* Mais ce proverbe ne dit pas tout : il ne fait qu'énoncer le fait du retour de ce qui a été refoulé, il ne décrit pas le mécanisme vraiment merveilleux de ce retour, comme au moyen de la plus traîtresse des ruses. Ce qui justement servait à refouler — telle la fourche du proverbe — devient l'agent du retour du refoulé ; dans et derrière l'instance refoulante, le refoulé finit par s'affirmer triomphalement. » (1).

[300] « Le développement du trouble psychique commence au moment où une impression fortuite réveille les impressions d'enfance oubliées, impressions tout au moins partiellement nuancées d'érotisme. Mais réveillées n'est certes pas le mot juste, si nous prenons en considération ce qui va suivre. Il nous faut rendre la représentation si juste du romancier dans les termes techniques de la psychologie. En présence du bas-relief, Norbert Hanold ne se souvient pas avoir déjà vu cette attitude du pied chez son amie d'enfance, il ne se souvient d'ailleurs de rien, et pourtant tout l'effet du bas-relief dérive d'un tel rapport avec cette impression datant de son enfance. Celle-ci prend ainsi vie, devient active, si bien qu'elle commence à manifester des effets ; mais elle n'accède pas à la conscience, elle demeure inconsciente. » (2).

[301] « Lorsqu'un rêve laisse après lui, pendant un temps anormal, la croyance à la réalité des images oniriques, au point que le sujet ne puisse s'y arracher, il ne s'agit pas là d'une illusion du jugement due à la vivacité des images oniriques, mais d'un acte psychique en soi, d'une assurance relative au contenu du rêve et qui dit qu'il y a là vraiment une réalité conforme au rêve, et que le rêveur a raison d'y ajouter foi. A nous en tenir à ces deux règles, il nous faut conclure que ce rêve nous informe du lieu où la Gradiva recherchée se trouve, information qui est conforme à la réalité. Nous connaissons, en effet, le rêve de Hanold ; l'application à ce rêve de ces règles nous conduit-elle à lui trouver un sens raisonnable quelconque ?

Quelque étrange que ce soit, oui. Ce sens est seulement travesti de façon particulière afin de ne pas se laisser pénétrer d'emblée. Hanold apprend en rêve que celle qu'il cherche habite la même ville que lui et est sa contemporaine. Voilà qui est exact pour Zoé Bertgang, à cela près que, dans le rêve, cette ville n'est pas la ville universitaire allemande, mais Pompéi, que l'époque n'est pas le présent, mais l'année 79 de notre ère. C'est comme une défiguration par déplacement ; ce n'est pas Gradiva qui est transportée à notre époque, mais le rêveur qui l'est dans le passé. Cependant le point essentiel et nou-

(1) *Délires et rêves dans la « Gravida » de Jensen*, p. 139.
(2) *Ibid.*, p. 154.

veau, le fait qu'il partage avec celle qu'il cherche et le lieu et le temps, est par là aussi exprimé. Pourquoi alors cette transposition, ce travestissement, qui doivent nous tromper, comme le dormeur lui-même sur le sens propre et le contenu de ce rêve ? Mais nous avons déjà les moyens de donner à cette question une réponse satisfaisante.

Rappelons-nous tout ce que nous avons dit de la nature et de l'origine des fantasmes, ces avant-coureurs du délire. Ce sont les succédanés, les dérivés des souvenirs refoulés, qu'une résistance empêche de se présenter à la conscience sous leurs traits véritables, mais qui y parviennent cependant au prix des modifications et des déformations que leur imprime la résistance de la censure. Ce compromis une fois établi, ces souvenirs sont devenus des fantasmes, que le conscient méconnaît facilement, c'est-à-dire qui peuvent être compris dans le sens du courant psychique dominant. Qu'on se représente les images du rêve comme les créations délirantes, physiologiques pour ainsi dire de l'homme, comme le résultat du compromis issu de ce combat entre le refoulé et la dominante psychique, combat qui a sans doute lieu chez tout homme parfaitement sain d'esprit à l'état de veille. » (1).

CRÉATION ET CONNAISSANCE PSYCHOLOGIQUE

Le créateur a une connaissance inconsciente des processus psychiques

[302] « Si l'intelligence, qui a amené le romancier à créer son roman fantaisiste de telle sorte qu'il puisse s'analyser à la façon d'une réelle observation médicale, si cette intelligence est de l'ordre d'une connaissance, nous serions curieux d'en connaître les sources. L'un des membres de ce groupe qui, comme nous le disions au début, s'intéressait aux songes de Gradiva et à leur interprétation possible, s'adressa au romancier pour lui demander s'il avait quelque connaissance de ces théories scientifiques, si voisines des siennes propres. Le romancier répondit, comme on pouvait le prévoir, par la négative, et même avec quelque mauvaise humeur. C'est sa fantaisie qui avait créé Gradiva, il y avait pris plaisir, ceux à qui elle ne plaisait pas n'avaient qu'à la laisser. Il ne se doutait pas à quel point elle avait plu aux lecteurs. Il est très possible que la récusation du romancier ne s'arrête pas là. Il niera peut-être tout simplement la connaissance des règles que, d'après nous, il a si bien suivies, et niera peut-être avoir eu toutes les intentions que nous avons dépistées dans son œuvre. Ce n'est, après tout, pas invraisemblable ; alors, de deux choses l'une : ou nous avons fait une vraie caricature d'interprétation en imputant, à une œuvre d'art inoffensive, des intentions que son auteur ne soupçonnait

---

(1) *Délires et rêves dans la « Gradiva » de Jensen*, pp. 166-167-168.

même pas ; nous aurions ainsi montré une fois de plus combien il est facile de trouver ce que l'on cherche, et ce dont on est soi-même pénétré, éventualité dont l'histoire de la littérature fournit les exemples les plus curieux. Que chaque lecteur décide en lui-même s'il peut adopter ou non ce point de vue : nous nous en tenons naturellement, quant à nous, à l'autre, qui nous reste à exposer. Nous le croyons, le romancier peut parfaitement ignorer ces règles et ces intentions, au point de nier de bonne foi en avoir eu connaissance, et cependant, nous n'avons trouvé dans son œuvre rien qui n'y soit. Nous puisons sans doute à la même source, pétrissons la même pâte, chacun avec nos méthodes propres, et la conformité des résultats semble témoigner que nous avons tous deux bien travaillé. Notre démarche consiste en l'observation consciente des processus psychiques anormaux chez autrui, afin d'en pouvoir deviner et énoncer les lois. Le romancier s'y prend certes autrement ; il concentre son attention sur l'inconscient de son âme à lui, prête l'oreille à toutes ces virtualités et leur accorde l'expression artistique, au lieu de les refouler par la critique consciente. Il apprend par le dedans de lui-même ce que nous apprenons par les autres : quelles sont les lois qui régissent la vie de l'inconscient ; mais point n'est besoin pour lui de les exprimer, ni même de le percevoir clairement ; grâce à la tolérance de son intelligence, elles sont incorporées à ses créations. Nous tirons ces lois de l'analyse de ses œuvres de la même manière que nous les démêlons dans des cas morbides réels, aussi sommes-nous prisonniers de ce dilemme : ou bien le romancier et le médecin ont aussi mal compris l'un que l'autre l'inconscient, ou bien nous l'avons tous deux bien compris. » (1).

LA QUESTION ULTIME : L'ESSENCE DU GÉNIE CRÉATEUR

L'investigation psychanalytique peut-elle rendre compte du génie créateur ?

Elle peut interpréter l'œuvre comme expression d'une individualité. Elle peut repérer ses sources et ses facteurs. Elle peut décrire les processus psychologiques de la création qui sont des processus généraux du psychisme dans toutes ses manifestations normales ou pathologiques (rôle de la libido, des fantasmes et des souvenirs, du refoulement), elle peut montrer la présence de la sublimation. Mais elle s'arrête là. Décrire, interpréter, montrer n'est pas donner la raison dernière.

[303] « Quelle que soit la vérité touchant la vie de Léonard, nous ne pouvons abandonner notre tentative de l'expliquer psychanalytiquement sans avoir rempli encore un devoir. Nous devons tracer les

---

(1) *Délires et rêves dans la « Gradiva » de Jensen*, pp. 204-205.

frontières générales qui s'imposent à la psychanalyse dans le domaine de la biographie, et ceci, afin que tout ce qui échappa ici à l'explication ne nous soit pas imputé à insuccès. La recherche psychanalytique dispose comme matériel des données biographiques suivantes : d'une part, hasard des événements et influence du milieu ; de l'autre, réactions connues d'un individu donné. S'appuyant sur sa connaissance des mécanismes psychiques, elle cherche à fonder dynamiquement la personnalité de l'individu d'après ses réactions, à dévoiler aussi bien ses forces psychiques primitives que leur transformation et développement ultérieurs. Cela lui réussit-il, alors l'attitude dans la vie, d'une personnalité donnée s'explique par le concours de la constitution et du destin, des forces internes et des puissances externes. Et lorsqu'une telle tentative, comme c'est peut-être le cas pour Léonard, ne donne pas de résultats certains, la faute n'en est pas à la méthode de la psychanalyse, à ses défauts, à ses insuffisances, mais à l'incertitude et aux lacunes des documents que nous possédons sur cette personnalité. Seul est alors responsable de l'insuccès l'auteur qui voulut contraindre la psychanalyse à émettre un jugement sur des pièces aussi insuffisantes. Mais même en possession de la plus ample documentation historique et du maniement certain de tous les mécanismes psychiques, l'investigation psychanalytique en deux points importants resterait impuissante à rendre compte de la nécessité qui commanda à un être de devenir ce qu'il fut et de ne devenir rien d'autre. Nous avons dû admettre que, chez Léonard, le hasard de sa naissance illégitime et l'excessive tendresse de sa mère exercèrent l'influence la plus décisive sur la formation de son caractère et sur sa destinée, le refoulement survenu après cette phase d'enfance ayant conditionné et la sublimation de la libido en soif de savoir et l'inactivité sexuelle de toute sa vie. Mais ce refoulement après les premières satisfactions érotiques de l'enfance aurait pu ne pas avoir lieu ; il n'aurait peut-être pas eu lieu chez un autre individu ou eut pu avoir bien moins d'amplitude. Il nous faut reconnaître ici une marge de liberté que la psychanalyse reste impuissante à réduire. De même, le résultat de cette poussée de refoulement ne peut être considéré comme le seul possible. Une autre personne n'aurait sans doute pas réussi à soustraire la plus grande partie de sa libido au refoulement par la sublimation en soif de savoir. Soumise aux mêmes influences que Léonard, elle aurait subi soit un durable préjudice au travail de la pensée, soit une prédisposition indomptable à la névrose obsessionnelle. La psychanalyse reste donc impuissante à expliquer ces deux particularités de Léonard : sa tendance extrême au refoulement des instincts et son extraordinaire capacité à la sublimation des instincts primitifs.

Les instincts et leurs métamorphoses sont la chose dernière que la psychanalyse puisse connaître. A partir de cette frontière, elle doit céder le terrain à l'investigation biologique. La tendance au refoulement et la capacité de sublimation doivent être rapportées aux bases organiques du caractère, bases sur lesquelles ensuite s'élève l'édifice psychique. Le don artistique et la capacité de travail étant intimement liés à la sublimation, nous devons avouer que l'essence de la fonction artistique nous reste aussi psychanalytiquement inaccessible. » (1).

Le génie et la nature

Le génie serait-il donc, selon Freud, un don mystérieux, une énigme qui tiendrait en échec la recherche scientifique ?

La réponse situe la psychanalyse par rapport :

— à l'investigation biologique en laquelle Freud semble mettre un certain espoir :

[304] « L'investigation bilogique contemporaine tend à expliquer les traits essentiels de la constitution organique humaine par le mélange de dispositions mâles et femelles, au sens matériel... » (2).

— à une philosophie de la nécessité naturelle :

[305] « Dans notre vie justement tout est hasard, depuis notre naissance de par la rencontre du spermatozoïde et de l'ovule, hasard qui rentre cependant dans l'ensemble des lois et des nécessités de la nature, et manque seulement de rapport avec nos désirs et nos illusions. La ligne de partage entre les déterminations de notre vie personnelle de par les « nécessités » de notre constitution, ou bien de par les « hasards » de notre enfance, a beau être encore incertaine dans son tracé, il ne nous est plus permis de douter de l'importance des premières années de notre enfance. Nous avons encore trop peu de respect pour la Nature qui, selon les paroles sibyllines de Léonard, paroles qui annoncent déjà celles d'Hamlet, « est pleine d'infinies raisons qui ne furent jamais dans l'expérience. » ....

Chacun des hommes, chacun de nous répond à l'un des essais sans nombre par lesquels ces « raisons de la Nature se pressent vers l'existence » (3).

---

(1) *Un souvenir d'enfance de Léonard de Vinci*, pp. 208 à 212.
(2) *Ibid.*, p. 213.
(3) *Ibid.*, pp. 214-215.

MASSON Éditeur
120, bd St-Germain, 75280 Paris Cedex 06
Dépôt légal : juin 1991

Imprimerie de l'Indépendant
53200 Château-Gontier
Mai 1991